HEYNE BIOGRAPHIEN

Zum Autor:

Donald Thomas, Absolvent des Baillol College in Oxford, unterrichtete an den Universitäten von London und Wales. In zahlreichen Veröffentlichungen hat er sich besonders mit der Frage der literarischen Zensur auseinandergesetzt. Er lebt heute als freier Publizist in London.

Donald Thomas

MARQUIS DE SADE

Das skandalöse Leben des »göttlichen« Marquis

Wilhelm Heyne Verlag
München

HEYNE BIOGRAPHIE
12/194

Aus dem Englischen übersetzt
von Deli Walter

Titel der Originalausgabe:
The Marquis De Sade

Printed in Germany 1990
Umschlagfoto: Archiv für Kunst und Geschichte, Berlin
Innenbilder: Archiv für Kunst und Geschichte, Berlin;
Süddeutscher Verlag, Bilderdienst, München;
Bildarchiv Preußischer Kulturbesitz, Berlin
Gesamtherstellung: Presse-Druck Augsburg

ISBN 3-453-04258-1

Inhalt

Prolog

Am 15. Dezember 1956 wurde in Frankreich ein Gerichtsverfahren eröffnet: ein Verfahren, das sich ein Jahr und fünf Monate hinzog, bis das französische Appellationsgericht nach Durchlaufen aller möglichen Instanzen schließlich sein Urteil fällte. Der Fall war in jeder Hinsicht ungewöhnlich und erregte allgemeines Aufsehen. Berühmte Anwälte plädierten, unter anderem Maître Garçon, und zu den Zeugen gehörten keine Geringeren als Jean Cocteau und Jean Paulhan von der Académie Française. Allein die Zeugen waren interessant genug, um dem Fall die Aufmerksamkeit der Weltpresse zu sichern. Doch der Hauptschuldige des ganzen Verfahrens fehlte. Er war bereits seit 140 Jahren tot. Sein voller Name lautete Donatien-Alphonse-François, Comte de Sade. Den Titel eines ›Comte‹ erbte er nach dem Tode seines Vaters im Jahre 1767, doch hat er ihn kaum benutzt. Bis zu seiner Mündigkeit hatte er den Titel eines Marquis getragen, und als Marquis de Sade wollte er in die Geschichte eingehen. Unter diesem Titel lebt sein Name weiter als Synonym von Grausamkeit und obszöner Gewalt. Und seit dem Aufkommen der Psychopathologie nennt man eine gefürchtete und verabscheuenswerte Verirrung der menschlichen Natur nach ihm: den Sadismus. Bei jeder Erwähnung des Marquis de Sade erschaudert die Welt und spitzt gleichzeitig heimlich die Ohren. Zwar hatte er einige Fürsprecher unter Künstlern und Schriftstellern, die ihm den Beinamen ›Der göttliche

Marquis‹ verliehen, doch die stellten nur eine Minderheit dar.

Der Versuch des Pariser Verlegers Jean-Jacques Pauvert, eine begrenzte Auflage von de Sades komplettem Werk herauszubringen, brachte den Prozeß 1956 in Gang. Pauvert beabsichtigte, insgesamt dreißig Bände zu publizieren, von welchen einige selbst den prüdesten Leser nicht beleidigen konnten, während man andere bis dahin als so verderblich für Geist und Moral angesehen hatte, daß sie in den zwei Jahrhunderten seit ihrer Entstehung kaum jemals veröffentlicht wurden.

Niemand konnte die Wirkung, welche *Die 120 Tage von Sodom* oder *Juliette* oder *Justine* auf den jeweiligen Leser haben würden, vorhersagen. Im 19. Jahrhundert glaubte man, daß, wer immer auch die Werke dieses ›Ungeheuers‹ las, Gefahr lief, sich körperlich und seelisch zu ruinieren. Man erzählte sich, daß Mädchen nach der Lektüre von de Sades Romanen verrückt geworden seien oder sich umgebracht haben. Selbst im Jahre 1956 fragte der Präsident Jean Paulhan bei der Vernehmung, ob er nicht glaube, daß de Sades Bücher einen gefährlichen Einfluß auf ihre Leser haben könnten. Monsieur Paulhan stimmte bedingt zu, berichtete aber auch von einem Mädchen, das nach der Lektüre von de Sades Werken in ein Kloster gegangen sei.

Nach allen Klagen und Gegenklagen, die erhoben wurden, blieb der Eindruck, daß der ›abwesende Angeklagte‹ noch immer als zynischer und rachsüchtiger Geist umging und die Menschen mit Angst und Faszination heimsuchte. Seine Leiche hatte man 1814 auf dem Friedhof des Irrenhauses von Charenton in irgendein unbekanntes Grab geworfen, doch seine wilde Intelligenz lebte in Romanen und Schmähschriften weiter. Zweimal war er einem Todesurteil knapp entgangen, siebenundzwanzig Jahre hatte er in Gefängnissen und Irrenhäusern zugebracht, doch ungebrochen verkündete der Marquis de Sade seine erschrekkende Philosophie menschlichen Verhaltens, die er heimlich in den langen Monaten und Jahren der Gefangenschaft niedergeschrieben hatte. In seiner neuen Weltanschauung gab es keinen Gott, keine Moral, keine Liebe, keine Hoffnung – nur den Untergang des Menschen in einer vernichtenden erotischen und mörderischen Raserei. Mord, Diebstahl, Vergewaltigung, Perversion und Inzest waren Stationen auf dem Weg zum Ende.

Wäre dies alles nur die irre Phantasie eines Verrückten gewesen, hätte es 1956 keinen Prozeß gegeben: de Sades Bücher wären zu absurd gewesen, um eine Gesamtausgabe oder irgendeine andere Art der Veröffentlichung zu rechtfertigen. Doch Sades Darstellung paßt erschreckend genau in eine gottlose Welt und in ein Universum, das nur den Materialismus anerkennt. Im 18. Jahrhundert konnten die Helden und Heldinnen seiner Romane ihre größten Pläne natürlich nicht ausführen. Juliette zum Beispiel bedauerte zutiefst, daß sie den Vesuv nicht zu einem Ausbruch bringen konnte, um eine ganze Stadt zu vernichten; es gelang ihr nur, 1500 Menschen zu töten, indem sie den Wasservorrat einer Stadt vergiftete. 1956 wurde sich das 20. Jahrhunder beklommen bewußt, daß es sich die Atomspaltung und die Bakteriologie nutzbar gemacht hatte, um seinen eigenen Untergang in einem Ausmaß vorzubereiten, von dem de Sades Helden nur träumen konnten.

Man hat natürlich eingewandt, daß de Sades Romane nur zeigen wollten, was zwangsläufig geschehen werde, wenn die Menschheit Gottes Autorität nicht mehr anerkennt. De Sade selbst mag Gott geleugnet haben, doch ist seine Blasphemie von einer derartigen Besessenheit, daß wir Grund genug haben, in seinem Wahnsinn eher religiöse als sexuelle Motive zu suchen. Was immer auch die Hintergründe gewesen sein mögen, er war während der beiden vergangenen Jahrhunderte einer der satanischsten Propheten, die das Undenkbare dachten und darüber in Erzählungen berichteten, die in ihrer Mehrzahl, seit sie geschrieben waren, prompt verboten wurden. Voltaire hat gezeigt, daß auf dieser ›besten aller möglichen Welten‹ nicht alles zum besten steht; de Sade hat ein Universum enthüllt, das vom Bösen und der Zerstörung regiert wird und in welchem ein brutales, erotisches Präludium als einziger Trost für den unbeweinten Untergang der menschlichen Rasse verbleibt.

Die französischen Gerichte diskutierten über Wert und Unwert der gesammelten Werke des göttlichen Marquis und fällten 1958 ihre endgültige Entscheidung. Bücher mit nur mild erotischem oder sadistischem Inhalt ließ man durchgehen, sie durften frei veröffentlicht werden. Drei weitere Werke, die zusammen neun Bände ausmachten, wurden verboten. Es handelte sich dabei um *Philosophie im Boudoir, Die 120 Tage von Sodom* und *Die neue Justine*. Letztere war die dritte und endgültige Version von de Sades berühmtem Roman, den er zwischen 1787 und 1797 geschrieben und umgeschrieben hatte.

Nach all den Debatten erwies sich, daß die Entscheidung des Gerichtshofes kaum mehr als akademisch war. Im folgenden Jahrzehnt wurde zugleich mit vielen anderen Anmaßungen der Zensur auch der Bann, mit dem de Sades Bücher belegt waren, einfach hinweggewischt. In Frankreich erschien de Sades Gesamtwerk in Ausgaben, die zwar theoretisch begrenzt, tatsächlich aber groß genug waren, um überall erhältlich zu sein. Jene englischen Übersetzungen, die bis dahin in den Bücherständen an der Seine ausgelegen hatten, wurden nun in eindrucksvollen Bänden in Amerika herausgebracht, und ein Schwarm kritischer und gelehrter Geister nahm sich ihrer an. Man examinierte die Bücher und erklärte, daß sie von größter Bedeutung für das neue, revolutionäre Zeitalter seien, welchem die westliche Welt entgegenging. Für intellektuelle und Revolutionäre jener Dekade wurde der Marquis zur Kultfigur, wie er das zwanzig oder dreißig Jahre zuvor schon für einige der Surrealisten gewesen war. Es mag unhöflich sein zu vermuten, daß die Mehrzahl der Leser nicht etwa Intellektuelle der Neuen Linken waren, sondern Leute, die de Sade für einen unübertrefflichen Erzähler hielten, sobald es sich um die Schilderung einer lesbischen Orgie, einer Flagellations-Szene oder um die höchst merkwürdigen Dinge handelte, die eine Gruppe von Mönchen mit der Heldin des Buches in der Abgeschiedenheit ihres Klosters unternahm. Es ist kaum anzunehmen, daß diese Käufer sich mit revolutionären Ideen trugen. Falls sie überlegten, ob der Marquis de Sade alles, was er in seinen Büchern beschrieb, jemals selbst verübt hatte, und dann erfuhren, daß dies tatsächlich der Fall war, fühlten sie sich gewiß nicht zu revolutionären Gewaltakten angeregt, sondern dachten eher wehmütig an die Vergnügungen, die ein französischer Edelmann des 18. Jahrhunderts sich leisten konnte.

Trotz der amerikanischen Ausgabe von de Sades Büchern erschienen diese niemals in England, abgesehen von einer dermaßen zusammengestrichenen Ausgabe, die den Wert dieser Veröffentlichung in jeder Hinsicht zweifelhaft werden ließ. Zehn Jahre nach Beginn des Gerichtsverfahrens in Paris gab es auch in England einen Prozeß. In Atmosphäre und Details war er von der höflichen, literarischen Debatte, wie sie in Frankreich stattgefunden hatte, weit entfernt. Am 19. April 1966 wurden vor dem Geschworenengericht von Chester Ian Brady und Myra Hindley des Mordes an einem siebzehnjährigen Burschen, einem zwölfjährigen Jungen und einem siebzehnjährigen Mädchen angeklagt. Man hatte die notdürftig verscharrten Leichen in dem rauhen, windgepeitschten Hochmoor der Penninischen Berge zwischen Manchester und Huddersfield gefunden, und nach diesem Fundort wurde der Fall benannt: Man sprach allgemein von den ›Moor-Mördern‹. Seit dem Prozeß gegen Dr. Crippen hatte kein anderer Mordfall derartiges Aufsehen erregt. Es bestand überdies begründeter Verdacht, daß die beiden Angeklagten auch für das Verschwinden eines weiteren minderjährigen Mädchens und eines zwölfjährigen Jungen verantwortlich waren. Doch die sexuelle Abartigkeit der Mörder allein konnte das Ausmaß des öffentlichen Interesses an diesem Prozeß und des Abscheus nicht erklären.

Es war vielmehr Auftreten und Verhalten der beiden Angeklagten, welches sogar erfahrene Polizeioffiziere und Journalisten gleicherweise entsetzte. Vor dem endgültigen Tod des Mädchens, dessen die beiden Mörder angeklagt waren, hatten sie alle Stadien des Sterbens fotografiert und auf Tonband aufgenommen. Sie hatten die Tonbandaufnahme sorgfältig auf ein zweites Band übertragen, so daß sie diese in den folgenden Wochen jederzeit zu ihrem Vergnügen abhören konnten. Als Teil der Beweisaufnahme war es nötig, dieses Tonband während des Verfahrens im Gerichtssaal abzuspielen. Richter, Geschworene und Polizisten, die das Band anhören mußten, sagten übereinstimmend, daß die Qual dieser Aufzeichnungen das Schrecklichste war, das sie je in einer Gerichtsverhandlung erfahren mußten. Die Angeklagten schienen allen Vorwürfen gegenüber nicht nur gleichgültig zu sein, sondern erweckten den Eindruck, auf direkten Befehl eines unfaßbaren Geistes, dessen Macht größer war als alle Kraft des Gesetzes, gehandelt zu haben. Dann wurde sein Name genannt, und seine Ideen gingen in die Beweisführung ein, als der Generalstaatsanwalt einen Absatz aus *Juliette* vorlas. Bald wußte die ganze Welt, daß dieses entsetzliche Verbrechen auf den posthumen Befehl des berüchtigten Marquis de Sade zurückzuführen sei.

Donatien-Alphonse-François de Sade

Jean Cocteau und Jean Paulhan mochten über die philosophische Bedeutung de Sades nachgedacht haben. Die Neue Linke mochte seine revolutionären Gedanken bewundern. Gelehrte und Akademiker konnten ihn als die große Entdeckung im französischen Sittenbild des 18. Jahrhunderts preisen. Die Offiziere der britischen Kriminalpolizei von Lancashire waren jedenfalls an de Sades philosophischer Bedeutung nicht interessiert. Sie sahen sich mit der Realisierung seiner Ideen konfrontiert. Was der normale Routinefall eines Sexualverbrechens hätte sein können, war plötzlich durch de Sades Einfluß zu einem Fall von sexueller Verirrung geworden, der seine letzte Würze erst durch Mord erhielt. Was sonst ein reguläres Verbrechen gewesen wäre, war jetzt als Vermächtnis des ›Göttlichen Marquis‹ perverse Freude an den Qualen eines Opfers geworden. Das wurde jedenfalls behauptet.

Die Mörder besaßen eine Reihe von Büchern, die sie zweifellos beeinflußt hatten. Viele waren einfache Nazi-Bücher, einige davon richtige ›Bauernfänger‹, deren Inhalt den unheimlichen, vielversprechenden Titelbildern keineswegs entsprach. Etliche der Bücher waren schon seit Jahren auf dem Markt, und nur wenige wie *High Heels and Stockings* oder *The Kiss of the Whip* waren neueren Datums. Bei keinem der Bücher bestand auch nur die geringste Gefahr, daß es wegen Obszönität verboten werden könne.

Zwei Bücher in der Sammlung bezogen sich jedoch direkt auf de Sade. Das erste, ein Werk des bekannten Autors und Anthropologen Geoffrey Gorer, war *Das Leben und die Idee des Marquis de Sade,* dreißig Jahre vorher publiziert. Das Buch befaßt sich vor allem mit de Sades philosophischen und politischen Ansichten und weist ihn als Schüler des französischen Philosophen Lamettrie aus. Dieses Buch ist genausowenig pornographisch wie etwa Bertrand Russells *Geschichte der westlichen Philosophie* und betont besonders, daß sich de

Sades sexuelle Besessenheit auf seine Romane eher frustrierend als belebend auswirkt. Das zweite Buch, eine amerikanische Übersetzung der *Justine*, basierte auf de Sades erster Version und war so milde und entschärft, daß es offiziell in angesehenen Buchhandlungen verkauft wurde. Man sollte meinen, daß diese beiden Bücher einen etwaigen De-Sade-Epigonen viel eher entmutigen als anspornen würden.

Und doch ist offensichtlich, daß de Sades Einfluß im Fall der Moor-Mörder eine Rolle spielte, wenn auch nicht in der Art, wie Restif de la Bretonne sie in seinem *Monsieur Nicolas* beschreibt, in dem er berichtet, daß Danton de Sades Bücher las, um sich während der Zeit des Terrors von 1793 zu neuen Akten der Grausamkeit anzutreiben. Zu keiner Zeit waren jene Bücher, die Dantons Phantasie entzündeteten, in Reichweite der Moor-Mörder. Ihre durchaus planmäßigen Handlungen beweisen, daß die Quelle ihrer Inspiration weit eher dem kommerziellen Fetischismus von *High Heels and Stockings* gleicht als den Exzessen de Sades. Die Fotos von Myra Hindley in schwarzer Unterwäsche oder Bilder der Striemen, welche die Peitsche ihres Partners hinterlassen hatte, reflektieren eher die standardisierte Schundroman-Erotik des 20. Jahrhunderts.

Wenn de Sade einen gefährlichen Einfluß auf die Mörder ausübte wie auch Hitler und sein Nationalsozialismus, so war der Grund hierfür sehr viel einfacher und direkter. Unter normalen Umständen bleiben die Gedanken und Triebe, die zu solchen Morden führen, aus Angst vor gesellschaftlicher Ächtung und vor Schlimmerem, auf den Geist des potentiellen Täters beschränkt und werden niemals ausgeführt. Doch der potentielle Täter mag entdecken, daß die Führer im nationalsozialistischen Deutschland mörderische Instinkte guthießen. Er mag herausfinden, daß er gar nicht allein ist, sondern daß ein berühmter französischer Edelmann im 18. Jahrhundert diese Dinge, die auf seine, des potentiellen Täters Phantasie so anziehend wirken, nicht nur anpries, sondern sie auch praktizierte. Eine Tat, die traditionsgemäß als unmoralisch und kriminell angesehen wird, erhält so ihr intellektuelles Ansehen. Der Marquis de Sade benutzte seinen eigenen Angaben nach das sexuelle Verhalten seiner Hauptpersonen, um dadurch seine Philosophie zu veranschaulichen. Seine Nachahmer, die aus seinem Namen ihre Legitimation beziehen, versuchen ihre eigene sexuelle Besessenheit auf den Status einer ›Philosphie‹ zu erheben und begehen in ihrem Namen Morde.

Für die Mentalität der Moor-Mörder reichte eine verwässerte Ausgabe der *Justine* und eine Studie über de Sades Platz unter den französischen Philosophen des 18. Jahrhunderts, um ihnen das bißchen geistige Rechtfertigung zu geben, welches sie benötigten. Sie hätten es ebensogut durch zehn Minuten Lektüre einer Enzyklopädie unter dem Stichwort ›de Sade‹ bekommen können, was eigentlich noch gefährlicher ist, weil man dazu weniger Mühe und weniger geistige Fähigkeiten braucht.

Wäre de Sade den Mördern unbekannt geblieben, hätte es ihnen doch nicht an vergleichbarer Inspiration gemangelt. Bei einem ähnlichen Verbrechen in Chicago im Jahre 1924 fanden Leopold und Loeb ihre Rechtfertigung bei Nietzsche, dessen Ansichten die späteren Moor-Mörder in ihrer Bewunderung für den Faschismus sicherlich noch bestärkt hätten. Des deutschen Philosophen berühmter Ausspruch »Du gehst zu Frauen? Vergiß die Peitsche nicht!« umfaßt zumindest einen Aspekt von de Sades Ideen mit sarkastischer Genauigkeit.

Die außerordentliche Wirkung de Sades noch zweihundert Jahre nachdem seine Bücher und Taten ihn berühmt und berüchtigt machten, beruht zum Teil darauf, daß einige seiner Bücher über lange Zeit verboten waren. Das Manuskript von *Die 120 Tage von Sodom,* das er zwischen den Quadersteinen seiner Gefängniszelle in der Bastille versteckt hatte, verschwand während des Aufruhrs im Juli 1789, wurde Ende des 19. Jahrhunderts bei einer französischen Familie, die es seit langem im Besitz hatte, wiederentdeckt und wurde schließlich im Jahre 1904 veröffentlicht. Insofern kann er als ›neuer‹ Autor angesehen werden, dessen Name kaum in einer Abhandlung über französische Literatur erschien. Zu seinen Lebzeiten hofften seine Familie und auch die Behörden, daß sie – wenn sie ihn für den Rest seines Lebens gefangensetzten – sich weiteren Ärger mit ihm ersparen würden. Doch er trotzte ihnen und bewies seinen Widerstand, indem er einen Band nach dem anderen mit Drohungen und Schmähungen füllte, die er reichlich mit Beschreibungen sexueller Exzesse der einen oder anderen Art schmückte. Nach seinem Tode wurde sein Name und wurden seine Werke weiterhin in einer Art von Gewahrsam gehalten. Doch wie ihrem Urheber gelang es seinen Büchern, die Schranken ihrer Verwahrung zu durchbrechen.

Der bloße Name des Mannes, den Henry James »den skandalösen, lang ignorierten, nahezu unbeschreiblichen Autor« nennt, ist zum Inbegriff alles Bösen im menschlichen Verhalten geworden. Sein Name verbindet sich mit jener Art von Psychopathen, die zu Mördern, Folterknechten oder Tyrannen werden, und solchen, deren Taten zu widerlich sind, um sie aufzuzählen. Aus seiner Lebensgeschichte kennt man vor allem die berüchtigten Vorfälle: wie er ein Mädchen in seinem Haus in Arceuil übel auspeitschte oder die beinahe tödlich verlaufene Orgie mit einer Gruppe von Prostituierten in einem Marseiller Bordell. Orgien, denen er sich im Winter 1774/75 in seinem Schloß La Coste hingab und die weniger nach außen drangen, gaben Anlaß zu düsteren Vermutungen. Sein öffentliches Image entspricht dem seiner handelnden Personen, die in jeder erdenklichen Form von Laster schwelgen und wie Saint-Fond in *Juliette* triumphierend kreischen über die unerhörte Leistung, gleichzeitig Mord, Inzest, Prostitution und Sodomie zu begehen.

Die Macht des ›Unbeschreiblichen‹, Angst, Ekel oder Schrecken zu erregen, ist nach wie vor eindrucksvoll und führte zu den merkwürdigsten Erscheinungen. Das Britische Museum zum Beispiel weist jene Bücher, die nicht öffentlich zugänglich sind, unter verschiedenen Rubriken auf. Die sogenannten ›Cupboard-Bücher‹ werden zwar nur nach Angabe einer präzisen Begründung zur Einsicht überlassen, doch werden sie seit jeher im Katalog geführt. Die ›Private-Case-Bücher‹, eine berühmte Sammlung von Pornographien, werden jetzt auch im Katalog genannt und dürfen nach einer speziellen Abmachung eingesehen werden. Dann folgt die Abteilung der ›Suppressed Books‹, der verbotenen Bücher, die nicht freigegeben werden und von denen das Britische Museum nicht einmal zugibt, daß es sie besitzt. Doch nach Ansicht des verstorbenen T. H. White besteht das Zentrum des bibliographischen Infernos aus einigen unveröffentlichten Manuskripten des Marquis de Sade. Da die Museumsbehörden den Einfluß dieser Literatur auf den Geist eines normalen Sterblichen fürchten, haben sie beschlossen, daß diese Bücher nur in Gegenwart des Erzbischofs von Canterbury und zweier weiterer Treuhänder gelesen werden dürfen. In jenem anderen Inferno, in dem der Geist des ›Göttlichen Marquis‹ ohne Zweifel schmachtet, muß diese Entscheidung einen Ausbruch teuflischen Gelächters hervorgerufen haben.

Der Grandseigneur

Seine Geburt stand unter den günstigsten Vorzeichen, die man sich nur wünschen konnte. Dicht beim Jardin du Luxembourg, wo man zwanzig Jahre zuvor angeblich einen Blick auf die Nackt-Parties der Herzogin von Berry erhaschen konnte, stand das weitläufige Gebäude des Condé-Palastes, das Stadthaus einer der berühmtesten Familien Frankreichs. Im 17. Jahrhundert war Louis, Prinz von Condé, der gefeiertste Feldherr Europas. Paris und Versailles waren erfüllt von den Nachrichten seiner Siege in Spanien, Holland und Deutschland. Sein Enkel heiratete eine Tochter Ludwigs XIV. und wurde als Herzog von Bourbon 1723 für kurze Zeit Premierminister des jungen Ludwigs XV.

Die Macht und der Einfluß der Familie Bourbon-Condé waren gewaltig. Sie überdauerten sogar die Revolution und erhoben sich nach der Herrschaft Napoleons von neuem. In dem großen Haus am Luxembourg-Garten lebte ›der Herzog‹, wie er bei Hofe genannt wurde, mit seiner Frau, der Prinzessin Caroline, und dem fünfjährigen Söhnchen, Prinz Louis-Joseph von Bourbon. Im Condé-Palast lebte auch Marie-Eléonore, eine Verwandte der Prinzessin; sie trug den Ehrentitel einer Hofdame. Marie-Eléonore war nicht nur mit dem Haus Bourbon-Condé verbunden, sie war auch mit dem großen Kardinal Richelieu entfernt verwandt. Ihr Ehemann, Jean-Baptiste, war Soldat und Diplomat. Er hatte als Stabsoffizier gedient, war französischer Gesandter in Rußland gewesen, hatte 1733 die Geheimverhandlungen mit der englischen Regierung geführt und sollte 1741 den Bündnisvertrag zwischen Frankreich und Spanien aushandeln. Die engen Beziehungen seiner Frau zum jüngeren Zweig des Königshauses und Jean-Baptistes Geschicklichkeit als erfahrener Diplomat brachten dem Namen seiner Familie im öffentlichen Leben Frankreichs unter Louis XV. beachtliches Prestige ein. Jean-Baptiste, Comte de Sade, und seine Frau Marie-Eléonore gehörten zu jenen Kreisen, auf welche die französische Monarchie sich stützen konnte.

Jacques Louis David:
›Der Jardin de Luxembourg‹,
wo auch der Condé-Palast stand, in dem de Sade
seine ersten Jahre verbrachte

Der Graf und die Gräfin de Sade hatten 1733 geheiratet, doch ihr erstes Kind, eine 1737 geborene Tochter, starb noch im Kindesalter. 1739 wurde Marie-Eléonore wieder schwanger. Da der Comte de Sade in diplomatischer Mission an den Hof von Köln reisen mußte, arrangierte es die Familie Bourbon-Condé, daß Marie-Eléonore ihr Kind im Condé-Palast zur Welt bringen sollte. Der neue Erdenbürger mochte sich vielleicht als geeigneter Spielgefährte für den kleinen Prinzen Louis-Joseph erweisen. Marie-Eléonore gebar ihren Sohn, ihr einziges Kind, welches das Säuglingsalter überlebte, am 2. Juni 1740. Am 3. Juni wurde es in der Kirche St. Sulpice auf den Namen Donatien-Alphonse-François getauft.

Das Erbe, das den neugeborenen Marquis de Sade erwartete, war ebenso eindrucksvoll wie die Umstände seiner Geburt. Dem Reichtum und der Herkunft nach schien das Haus de Sade zu den allerersten Familien Frankreichs zu gehören. Es hatte große Besitzungen in der Provence, von wo die Familie ursprünglich stammte, ein Schloß und Ländereien in La Coste, in Saumane, in Mazan und in der Nähre von Arles. Auch in Paris hatten die de Sades Besitzungen. Es stand außer Zweifel, daß der junge Marquis, wenn er eines Tages all diesen Reichtum erben würde, der Traum aller unverheirateten Töchter aus den vornehmsten Familien Frankreichs sein würde. Vorausschauende Mütter liebäugelten frühzeitig mit seinem Geld und seinen Beziehungen zum Königshaus – zum Wohle ihrer erwartungsvollen Töchter.

Dabei lag es ausschließlich an den diplomatischen Erfolgen Jean-Baptiste de Sades, daß seine Familie sich jetzt im Zentrum des öffentlichen Lebens Frankreichs befand. Die de Sades waren eigentlich italienischer Abstammung, doch seit wenigstens sechs Jahrhunderten in der Provence ansässig. War es im 17. Jahrhundert noch der Glanz des Hofes von Versailles, den ganz Europa bewunderte, wurde im 18. Jahrhundert Paris der kulturelle Mittelpunkt. Hier versammelte sich die vornehme Gesellschaft in ihrer zerbrechlichen Künstlichkeit, aufmerksam beobachtet von Pamphletenschreibern und Biographen. Doch die Vorfahren des Comte de Sade waren durchaus berechtigt, sich dem Zentrum europäischer Kultur viel näher zu fühlen als jeder andere Pariser.

Die Ruinen des Schlosses La Coste,
Stammsitz der Familie de Sade

Ihr Schloß La Coste lag auf einem kahlen Hügel außerhalb des kleinen Dorfes. Ein paar Meilen weiter östlich, in der hügeligen Gegend des Vaucluse, lag die kleine Stadt Apt. Etwas weiter westlich floß die Rhône und lag die alte Stadt Avignon, aus welcher die Familie de Sade nach La Coste gekommen war. Ihre unerschütterlichen Türme und die Mauern des Palastes an der Rhône erinnerten noch an jene Tage, als die Päpste hier ihr Exil fanden. Im 14. Jahrhundert hatte eine der Enkelinnen Hugues de Sade den Kammerherrn von Papst Clemens VII. geheiratet, während sein Neffe, Jean de Sade, päpstlicher Hofkaplan wurde.

Etwa fünfzig Meilen von La Coste lag eine Stadt, deren beschwingte Rokoko-Architektur und leicht frivole Atmosphäre in starkem Gegensatz zur mittelalterlichen Gedrungenheit der Befestigung von Avignon stand. Aix-en-Provence war das Gerichts- und Verwaltungszentrum dieser Gegend, eine Stadt, in welcher der junge Marquis de Sade sich später einmal für eines seiner extravagantesten Vergehen verantworten sollte. Westlich unterhalb von Aix lag die von den Römern gegründete Stadt Arles am Rande der Camargue. Auch hier hatte die Familie de Sade Landbesitz. Südlich von Aix war das Meer und war Marseille, eine Stadt, die für ihr organisiertes Laster hinreichend bekannt war, um einen jungen Mann anzulocken, dessen Verlangen so unersättlich und pervers war, daß er nirgendwo sonst auf Erfüllung seiner Wünsche hoffen durfte. Und noch weiter jenseits lagen Florenz und Rom, lag das wahre Zentrum europäischen Geistes.

Die Kultur von Versailles und Paris repräsentierte den städtischen Klassizismus des 18. Jahrhunderts. Doch die geistige Haltung und das Auftreten der Grandseigneurs aus der Provence orientierte sich eher an den Fürsten der Renaissance als an dem Beamtentum des 18. Jahrhunderts. Die Schlösser der aristokratischen Grundbesitzer fand man nicht zwischen den friedlichen Feldern und Weinbergen im warmen, goldenen Licht der unteren Provence. Sie thronten vielmehr wie das Schloß der de Sades in La Coste zwischen den scharfen, kahlen Bergen des Vaucluse in Landschaften, die ein unheilvolles Drama anzukündigen schienen, wie auf einem Gemälde von Salvator Rosa oder auf den ersten Seiten eines Schauerromans.

Wenn ein Angehöriger der Familie de Sade von La Coste aus den Horizont ringsum überblickte, konnte er zwar nicht behaupten, Herr und Gebieter des gesamten Landes zu sein, doch für ihre unmittelbaren Bedürfnisse besaß die Familie mehr als genug. Wenn der Marquis de Sade mit seinen extravaganten Wünschen bei den Mädchen von Paris auch manche Schwierigkeiten hatte, in La Coste gab es anscheinend keine Probleme mit dem Nachschub junger Frauen für seine Bedürfnisse.

In der Provence hatte man sexuellen Abartigkeiten gegenüber seit jeher eine gewisse Nachsicht an den Tag gelegt. Die weltlichen wie auch die geistlichen Behörden schienen Byrons Beobachtungen vorwegzunehmen, der meinte: »Was die Männer Verliebtheit und die Götter Ehebruch nennen, findet man dort, wo das Klima schwül ist, am häufigsten.« Entsprechend milde waren die Urteile. Im Jahre 1319 wurde zum Beispiel in Avignon ein päpstlicher ›Tarif‹ herausgegeben, welcher die Bußgelder für sexuelles Fehlverhalten festlegte. Ein für schuldig Erkannter, der eine Frau auf widernatürliche Weise benutzt hatte, erhielt eine ungewöhnlich hohe Geldstrafe. Hatte er sich in gleicher Weise an einem Knaben oder einem Tier vergangen, war die Strafe weitaus geringer. Vielleicht war man der Ansicht, daß er sich in den beiden letzten Fällen gar nicht anders als unnatürlich hätte verhalten können, während es bei einer weiblichen Partnerin immerhin eine klare Alternative gegeben hätte, die sein abartiges Benehmen überflüssig machte. Auch für den Mord an der Ehefrau war ein bestimmter Betrag zu zahlen. Hatte der Mann sie jedoch umgebracht, weil er eine andere heiraten wollte, mußte er die dreifache Strafe zahlen – vielleicht, um ihm klarzumachen, daß nichts umsonst zu haben sei. Einen Bischof zu töten war wiederum bedeutend kostspieliger als seine eigene Frau umzubringen oder widernatürlichen Verkehr mit einem Knaben oder einem Tier zu treiben. Der Bischofsmord war sogar teurer als die Strafe für eine Frau, die mehreren Liebhabern erlaubte, sich ihrer gleichzeit zu bedienen. Dennoch war das immer noch billiger als die Strafe, die einen Mann erwartete, der zugegeben hatte, seine Frau sodomitisch mißbraucht zu haben.

In jener Zeit des Kampfes um die Vorherrschaft in Europa und immer wieder ausbrechender Bürgerkriege hatten die meisten Behörden allerdings Dringenderes zu erledigen, als sich um das private sexuelle Verhalten ihrer Untertanen zu kümmern. Der päpstliche Strafenkatalog ist jedoch kennzeichnend für eine weltlich weise und ziemlich unbeschwerte Haltung gegenüber der Sexualität.

Die wahren Schwierigkeiten des Marquis de Sade lagen nicht darin, daß er etliche der von ihm engagierten Mädchen kräftig auspeitschte oder sie in unorthodoxer Weise sexuell benützte. Sein Pech war, daß er Mitte des 18. Jahrhunderts lebte, zu einer Zeit also, in welcher man bereits damit rechnen konnte, daß die Mädchen sich beklagen und auch Gehör finden würden. Hätten die Verfehlungen, die man ihm vorwarf, in einer früheren Periode stattgefunden, hätten sie vermutlich wenig oder überhaupt kein Aufsehen erregt. Jedenfalls zeigt sich deutlich die Verwirrung seiner höchstpersönlichen Philosophie, wenn er einerseits darauf brannte, die bestehende Ordnung durch eine wilde Revolution umzustürzen, sich andrerseits aber bitterlich beklagte, wenn man ihn hinderte, seine Mädchen wie ein mittelalterlicher Despot zu tyrannisieren.

Bei seiner Geburt im Jahre 1740 schien es höchst unwahrscheinlich, daß der Marquis de Sade – wie erfolgreich er auch dem Beispiel seines Vaters im öffentlichen Leben nacheifern mochte – jemals den Ruhm einiger seiner Vorfahren übertreffen würde. Tatsächlich war er nicht der einzig Berühmte seiner Familie, soweit es die Weltliteratur betraf. Er hatte eine echte Rivalin in der Gestalt von Laura de Sade. Sie hatte 1325 Hugues de Sade geheiratet und wurde als Petrarcas ›Laura‹ identifiziert, und sie war es, die der berühmte Dichter des späten Mittelalters in seinen Sonetten verehrte. Von Petrarca selbst wissen wir, daß er Laura in der Kirche St. Claire in Avignon am 6. April 1327 zum erstenmal begegnete. Von da an war sie der Mittelpunkt seiner Gedichte und jener platonischen Leidenschaft, mit der er sie anbetend verehrte. Selbst noch nach ihrem Tode im Jahre 1348 blieb sie das Idol des Dichters, der sie – wie sein Freund Dante seine Beatrice – zu seiner Muse erhoben hatte.

Es gab später einige Diskussionen darüber, ob Petrarcas Laura tatsächlich Laura de Sade gewesen sei, doch die Familie de Sade zweifelte nicht daran. Ein Onkel des Marquis, der Abbé de Sade, widmete sich intensiv dem Studium seiner Vorfahrin. Drei Jahre lang, von 1764 bis 1767, arbeitete er an einem Buch, das den Titel *Mémoires pour la vie de François Petrarque* erhielt. Auch der Marquis selbst, der sich getröstet fühlte, als Laura ihm während seiner Haft im Traum erschien, bewahrte ihr gegenüber die gleiche Loyalität. Als 1792 die Revolutionäre die Kirche in Avignon demolierten, in der Laura begraben lag, versuchte er, ihre sterblichen Überreste in eine Kirche auf seinen eigenen Ländereien umbetten zu lassen. Wie bei ihm üblich, mischte sich seine Begeisterung über die Zerstörung des alten Regimes mit einer aristokratischen Verachtung für den revoltierenden Pöbel, den er als »Straßenräuber« und »Dummköpfe« bezeichnete.

Im Teil V seines Romans *Juliette* bemerkt die Engländerin Lady Clairwil, wie absurd es sei, die Toten zu respektieren. Doch machte de Sade eben auch Ausnahmen von dieser Regel, wenn es sich wie bei Laura um eine Familienangehörige handelte. Einer anderen Vorfahrin, Charlotte de Beaune, mag er sich auf völlig andere Weise verbunden gefühlt haben. Abgesehen von ihrer Liaison mit Henri IV. und dem Herzog von Guise, wurde sie die Favoritin der Catherina von Medici. Wie auch die übrigen Hofdamen hatte sie der Königin nackt aufzuwarten und sich anscheinend auch jener Prozedur zu unterziehen, die der Chevalier de Brantôme »ein gerichtliches Nachspiel« nannte. Um sich selbst auf das Treffen mit »einem strammen Liebhaber« vorzubereiten, peitschte die Königin einige der nackten Damen aus und züchtigte jene, »deren Dienste etwas zu wünschen übriggelassen hatten«, mit einer Birkenrute. Brantôme berichtet, daß die Königin dabei besonderes Vergnügen beim Betrachten der »Bewegungen ihrer Körper und Hinterbacken« fand, die »ungewöhnliche und amüsante Aussichten« enthüllten. Er erzählt auch, daß die Königin ihre Hiebe manchmal so dosierte, daß die Damen lachen mußten, ein andermal wieder derart, daß sie weinten.

Diese höfischen Possen im Schloß von Chenonceaux in den 1570er Jahren gleichen der sexuellen Vorliebe und den literarischen Phantasien des Marquis de Sade zweihundert Jahre später so sehr, daß man sie eher für die Fortführung einer Familientradition als für ein moralisches Verbrechen von Bedeutung halten könnte. Doch Charlotte de Beaune war für die Familie nicht mehr und nicht weniger typisch, als Laura es gewesen war. Seit die Familie de Sade im 12. Jahrhundert in Avignon aufgetaucht war, hatten ihre Mitglieder stets in irgendeiner Form geistliche oder weltliche Macht ausgeübt. Ein Erzbischof von Marseille im 15. Jahrhundert, ein Kommandant der gleichen Stadt im 16. Jahrhundert, ein Bischof von Cavaillon, ein Marschall von Frankreich, ein Stellvertreter des Bischofs von Toulouse waren weitaus typischer für die Familiengeschichte als die ätherische Dichtermuse Laura oder die weibliche Favoritin der bisexuellen Catherina von Medici. Von Zeit zu Zeit mag ein Abbé, der schließlich dem Zölibat unterworfen war, wegen irgendeiner Ausschweifung angeklagt worden sein, doch solche Vorwürfe beeinträchtigten weder die Familienehre noch die öffentliche Karriere des Angeklagten. Der Betreffende zog sich diskret für ein paar Monate auf seinen Landsitz zurück, und das genügte im allgemeinen, um den guten Ruf des Mannes wiederherzustellen.

Der italienische Dichter und Humanist Francesco Petrarca, Lithographie nach einer Zeichnung von Dubois

Doch mit dem Auftreten des Jean-Baptiste, Comte de Sade, als Familienoberhaupt schien selbst die Sorge um so geringfügige Vergehen unnötig zu werden. Auf einem Porträt von Nattier sieht er genauso solide und würdig aus wie sein Ruf. Mit sorgfältig frisierter Perükke und in korrekter Haltung erweckt er den Eindruck eines Mannes, der immer schon etwas dicklich und niemals wirklich jung gewesen ist. Er war ein gottesfürchtiger Mann, der sich aus Diplomatie und Kriegshandwerk auf seinen Landsitz, den er nahe Paris erworben hatte, zurückzog und sich gewissenhaft dem Kirchgang widmete. Er schrieb auch reichlich hochtrabende Versdramen – die einzige Parallele zur späteren Betätigung seines Sohnes. Und hätte dieser Sohn als Autor von Bühnenstücken mehr Erfolg gehabt, wären die berüchtigten Romane vielleicht nie entstanden.

Jedenfalls erwartete man von einem Edelmann am Hofe Ludwigs XV. natürlich nicht, daß er sich persönlich um die Einzelheiten der Erziehung seines Sohnes kümmerte, selbst dann, wenn seine diplomatischen und militärischen Pflichten dies gestattet hätten. Auf alle Fälle wurde der Sohn im Condé-Palast aufs beste versorgt und behütet, während die Comtesse de Sade ihren Mann bei seinen diplomatischen Missionen ins Ausland begleitete. So befand sich der kleine Donatien-Alphonse-François in einer Situation, an die er sich bald gewöhnte und die er meist weidlich zu nutzen wußte: Er war sich selbst überlassen.

Man hat dem Marquis de Sade oft vorgeworfen, daß er in seinen Büchern eine Welt voll wüster, erotischer Phantasie entstehen ließ, die mit der Realität wenig oder gar nichts gemein hatte. In Wirklichkeit jedoch waren die Laster, über die er berichtete, in der einen oder anderen Form Teil der Kultur seiner Zeit. Die Regierung Ludwigs XIV., die ihren Höhepunkt in der Prachtentfaltung von Versailles erreicht und den militärischen Triumph von Condé und Turenne gefeiert hatte, war 1715 einer Katastrophe nahe. Der Herzog von Marlborough hatte die französische Armee von Blenheim bis Malplaquet gejagt und ihr Prestige, die größte Militärmacht Europas zu sein, zerstört. Die Kriege endeten schließlich mit dem Frieden von Utrecht, doch ihre Folgen, Bankrott und Armut, begannen damit erst.

Als wenn das nicht schon genug gewesen wäre, wurden die letzten Jahre des Königs durch den Tod seines Sohnes, des Dauphins, verdüstert. Dann starb sein ältester Enkel, der präsumptive Nachfolger. Als Ludwig XIV. starb, ging das Schicksal Frankreichs in die Hände seines Neffen Philipp, Herzog von Orléans, über. Er übernahm die Regentschaft für den minderjährigen Ludwig XV. Von ihm hatte der verstorbene König einst behauptet, er sei das lebende Vorbild für jede Art von Verbrechen. Obgleich Philipps Mutter protestierte und behauptete, ihr Sohn besitze zahlreiche Talente, mußte sie gleichzeitig zugeben, daß er nicht die geringsten Anstalten traf, diese guten Anlagen zu nutzen. Selbst sie als Mutter konnte sich der Wahrheit über den Regenten und seine Frauengeschichten nicht entziehen. Er benütze eine Frau, sagte sie einmal, mit der gleichen geistigen Einstellung, mit der er seinen Nachtstuhl benütze.

Es ist daher kaum überraschend, wenn de Sade als szenischen Hintergrund für die monströsen Taten seiner Helden in *Die 120 Tage von Sodom* jene verhängnisvollen Nachkriegsjahre wählte. Und obwohl er dem Regenten innerlich gute Absichten im Kampf gegen Wucherer und Kriegsgewinnler zugebilligt hatte, stattete er seine Hauptfiguren mit den gleichen Lastern aus, für die der Herzog von Orléans berüchtigt war. So wie die blutschänderischen Helden seines Romans ihre Töchter dem allgemeinen Harem einverleibten und sie zu ihrem eigenen Vergnügen benutzten, hatte der Regent seine Töchter verheiratet und war dann, am auffälligsten im Fall der Herzogin von Berry, ihr Liebhaber geworden. Der Herzog von Berry war im großen und ganzen kein eifersüchtiger Ehemann, doch als er die widernatürliche Untreue seiner Frau entdeckte, beklagte er sich ganz unverblümt und mit zahlreichen Kraftausdrücken bei Hofe.

Ludwig XV. als Apollo von Lambert Sigisbert Adam (Victoria und Albert Museum, London)

Der Regent führte eine derart weitgehende religiöse Freiheit ein, wie es sie unter dem mehr orthodoxen Regime Ludwigs XIV. nicht gegeben hatte. Nachdem dieser tot und begraben war, wurden die Gefängnistore geöffnet und die Opfer freigelassen. Die Motive dafür waren weniger Humanität als Gleichgültigkeit. Es war allgemein bekannt, daß unter dem Einband des Gebetbuchs des Regenten ein Band von Rabelais verborgen war und daß er sich, wie Saint Simon beschreibt, nächtelang bemühte, den Teufel in seiner verführerischsten Form durch Schwarze Magie herbeizurufen. Er war also nicht der geeignete Mann, um an so geringfügigen Verirrungen wie etwa der Ketzerei der Jansenisten direkt Kritik zu üben.

Der religiöse Zynismus des Regenten scheint ihn denn auch zu einem geeigneten Vorbild für einen der fiktiven Helden de Sades zu machen. In Wahrheit wurde sein Zynismus durch den vieler vornehmer Kleriker noch in den Schatten gesellt. Diese gaben sich nicht nur ihren Lastern hin, sondern machten auch gar keinen Versuch, ihr Tun zu verheimlichen. Als der Abbé Servien sich eines Nachts durch die Menschenmenge vor der Oper drängte, drehte sich ein junger Kavalier um und fragte: »Was will denn dieser päderastische Prediger hier?« Worauf der Abbé ihm höflich antwortete: »Mein Herr, ich habe nicht die Ehre, ein Prediger zu sein.«

Wenn es einen Mann gab, der als Vorbild für de Sades Helden dienen konnte, so war es Abbé Dubois, ein Religionsverächter, korrupt im öffentlichen Leben und pervers auf sexuellem Gebiet. In seinen jungen Jahren hatte es ihm ein Mädchen aus Limousin angetan, und weil sie sich ihm erst nach der Hochzeit hingeben wollte, heiratete er sie kurzerhand. Natürlich hätte diese Ehe für seine künftige geistliche Karriere ein beträchtliches Hindernis darstellen können. Also kehrte er nach Limousin zurück, trank den Gemeindepriester unter den Tisch und vernichtete die Heiratsurkunde. Vom Regenten wurde er sehr geschätzt, und man schreibt ihm zu, einige der Zerstreuungen für dessen Abendtafel erfunden zu haben. Einer dieser Späße bestand darin, daß ein Mann und eine Frau, die Beine jeweils um den Nacken des Partners geschlungen, auf dem Rücken des Abbé – der am Boden kniete und sich mit den Händen aufstützte – rhythmisch hin und her schaukelten. Man kann dieses Spiel nicht gerade geistreich nennen, aber dem Regenten mit seiner Vorliebe für Rabelais gefiel es wahrscheinlich. Es ist nicht bewiesen, ob Madame de Tencin an einem derartigen Spiel teilnahm, obgleich sowohl der Regent wie auch Abbé Dubois ihre Gunst genossen. Sie hatte die Aufmerksamkeit des Regenten erregt, als sie heimlich in sein Schlafzimmer geschlüpft war und dort auf einem Podest nackt und in höchst herausfordernder Stellung als lebende Venus posiert hatte, um so von ihm entdeckt zu werden, als er sich zur Nacht zurückzog.

In de Sades Romanen entgehen Wüstlinge vom Schlage eines Dubois nicht nur den Folgen ihrer Amoralität, sie werden auch noch dafür belohnt. Ähnlich erging es Dubois, der zum Premierminister ernannt wurde. Um sein Prestige zu erhöhen, schien es geraten, ihn zum Kardinal zu ernennen, und zuvor wünschenswert, ihn die Nachfolge Fénelons als Erzbischof von Cambrai antreten zu lassen. Selbst unter der Herrschaft des Herzogs von Orléans erhoben sich gegen diesen Plan Proteste. Dubois, theoretisch unverheiratet, hatte sich niemals bemüht, die erforderlichen Weihen zu bekommen. Sollte er zum Erzbischof von Cambrai ernannt werden, würde es nötig sein, ihm sämtliche Weihen auf einmal zu verleihen. (Man hatte scherzhaft vorgeschlagen, das offizielle Gemälde seiner Konsekration ›Die erste Kommunion des Kardinal Dubois‹ zu nennen, und da Dubois nicht einmal getauft war, wurde dieser Vorschlag ernsthaft diskutiert.)

Während man noch debattierte, mischte Dubois sich ein und erinnerte daran, daß schon vor ihm einem Mann sämtliche Weihen in einer einzigen Zeremonie verliehen wurden – tatsächlich war das beim heiligen Ambrosius der Fall gewesen. Dem absurden Vergleich zwischen einem der großen Heiligen der Kirche und dem Erfinder des Schaukelspiels im Stil von Rabelais folgte verblüfftes Schweigen. Dann folgte das erste, halb unterdrückte Kichern, dann amüsiertes Schnauben und schließlich wieherndes Gelächter. Schließlich erkannte sogar Dubois selbst die Komik seines Vergleichs und stimmte in die allgemeine Heiterkeit ein. Er wurde ohne weitere Präliminarien zum Erzbischof von Cambrai geweiht.

Um sich für den Platz einer Hauptfigur in *Die 120 Tage von Sodom* oder *Juliette* zu qualifizieren, fehlten Dubois zumindest noch einige schwerwiegende Verbrechen. Doch was ihm noch fehlte, das lieferte einem allgemeinen Gerücht zufolge der Regent selbst. Nicht ohne Grund war er in Frankreich als ›Philipp, der Giftmörder‹ bekannt. Bevor er die Regentschaft übernehmen konnte, mußte erst einmal der Dauphin gestorben sein, was auch prompt geschah. Dann war es wünschenswert, daß auch der älteste Sohn des Dauphin starb. Auch das geschah. Es bestand der starke Verdacht, daß beide Todesfälle durch Gift verursacht worden waren oder daß man zumindest mit Gift nachgeholfen hatte. Verdächtig war auch das Schicksal des Herzogs von Berry. Kurz nachdem er bei Hofe gegen den blutschänderischen Verkehr seiner Frau mit ihrem Vater, dem künftigen Regenten, protestiert hatte, besuchte der Herzog seine Frau in Versailles. Er dinierte mit ihr, wurde umgehend von heftigen Magenkrämpfen befallen und starb kurz danach, so daß die Herzogin ihrem Vater nun wieder zur Verfügung stand.

Der Lebensstil des Regenten entsprach seinem Ruf. Er besaß ein herrliches Prozellanservice aus Sèvres, jedes Stück davon so bemerkenswert und kunstvoll obszön, daß das Service Mitte des 19. Jahrhunderts bereits auf 30000 Pfund geschätzt wurde. Im Stil der Helden de Sades verachtete er jegliche Religion und fand bei seinen Orgien ein besonderes Vergnügen an jeder Form von Blasphemie. In dem zynischen Hedonismus einer seiner berühmten, schlagfertigen Antworten läßt sich bereits deutlich ein Sadescher Dialog erkennen: Ein Mädchen erklärte ihm, daß er niemals ihr Herz erringen werde. Auf ihr Herz, erwiderte der Regent, könne er gut verzichten, vorausgesetzt, daß er alles andere von ihr erhalte.

Der Einfluß, den das Beispiel des Regenten auf alle Schichten des Volkes bis hin zu den ältesten Adelsgeschlechtern ausübte, war beachtlich. Selbst wohlerzogene Damen wurden von dem Drang befallen, sich in der ungewöhnlichsten Weise zu prostituieren. Die Marquise de Gacé gefiel sich in der Rolle der tanzenden Salome bei einem Trinkgelage hochgestellter Herren. Als der letzte Schleier gefallen war, ließ sie sich nackt ins nächste Zimmer treiben, damit die dort wartenden Lakaien »mit ihr tun konnten, was sie wollten«. Einige Kirchenmänner waren gelehrige Schüler von Dubois. Der Kardinal d'Auvergne konnte weder das Vaterunser noch das Credo hersagen, und in der Kapelle des Erzbischofs von Narbonne wurden Weihrauch, Choräle und Pornographie in etwa gleichem Maße geboten. Wenn die kirchlichen Skandale im Frankreich des 18. Jahrhunderts erhöhte Aufmerksamkeit erregten, lag es an dem hohen moralischen Anspruch, den die Kirche sich selbst gegeben hatte. Um so stärker litt sie unter dem beklagenswerten Benehmen einiger ihrer Abbés und Prälaten.

Da war der Herzog von Richelieu, Nachfahre des berühmten Kardinals und entfernter Verwandter der Comtesse de Sade. Sein Ruf stand dem des Regenten nicht im geringsten nach, und seine sexuellen Entglei-

Medaillons mit erotischen Motiven aus der Mitte des 18. Jahrhunderts

sungen erreichten die des Marquis de Sade. Er war ein hervorragender Soldat, kämpfte 1743 in Dettingen gegen die Engländer und führte zwei Jahre später bei Fontenoy den Angriff der französischen Gardekavallerie. Er entriß Admiral Byng die Insel Minorca, und als die Engländer den Admiral deswegen erschießen wollten, schrieb er ihnen einen offenen Brief, in welchem er ihnen mitteilte, daß Admiral Byng sein Bestes getan habe und der Verlust der Insel wahrlich nicht sein Fehler sei.

Doch neben seiner Ritterlichkeit hatte dieser entfernte Verwandte de Sades auch andere Seiten. Wie der Regent war auch er der Schwarzen Magie verfallen und versuchte den Teufel zu beschwören, indem er einen Ziegenbock, Inkarnation satanischer Macht, mit Hostien fütterte. In Wien fand man nach einer vorangegangenen Orgie Richelieus einen verblutenden Mann. Offenbar hatte man ihn tödlich verwundet, damit er über das, was er gesehen hatte, nichts mehr berichten konnte. Schließlich gab Richelieus Verhalten Anlaß zu der Annahme, er habe als Modell für Valmont in den *Gefährlichen Liebschaften* gedient. Zu seinen Eroberungen zählten die Herzogin von Burgund und andere Damen des Königshauses. Zu Fräulein von Valois, die später den Herzog von Modena heiratete, war nur schwer Zugang zu finden. Doch Richelieu mietete sich im königlichen Palast neben ihrem Appartement ein und ließ einen geheimen Durchgang zwischen den aneinander grenzenden Kaminen bauen.

Die Liebschaften mit den Damen des Königshauses brachten ihm seinen ersten Aufenthalt in der Bastille ein, wo er jedoch durch den Besuch zweier Prinzessinnen getröstet wurde, während andere vornehme Damen in geschlossenen Wagen trauernd vor dem Gefängnis auf und ab fuhren. Zwei dieser Damen, die Marquise von Polignac und die Marquise von Nesle, gingen mit Messern aufeinander los, um zu entscheiden, welcher von ihnen der Vorrang in seinem Bett gebühre. Zwar gelang es, sie zu trennen, doch nicht, bevor auf beiden Seiten Blut geflossen war.

Richelieu hatte seine eigenen Duelle zu bestehen. Er kämpfte mit dem Prinzen von Condé und dem Herzog von Gacé. Er tötete den Fürst de Lixin und den Baron Pentenrieder und wurde wieder in die Bastille geschickt. Er lebte beinahe lange genug, um noch guillotiniert zu werden, denn er starb erst kurz vor dem Ausbruch der Revolution im Alter von zweiundneunzig Jahren.

Derartige Episoden kennzeichnen den Zustand des Adels in den letzten zwanzig Jahren vor der Geburt des Marquis de Sade. Selbst für einen jungen Edelmann, der nach dem Guten strebte, war der Pfad der Tugend dornig genug. Und für einen, der für Laster und sexuelle Ausschweifungen empfänglich war, bot das Leben alle Möglichkeiten. Dennoch war die Mißachtung aller überlieferten Werte nicht die Ursache, sondern ein Symptom des allgemeinen Verfalls.

Habgier und Dummheit hatten die Basis der Gesellschaft ebenso zerstört wie die überspannten Formen sexueller Zügellosigkeit. Vielleicht wurden einige einfachere Leute wirklich durch die Laster des Regenten und seiner Anhänger beeinflußt. Tatsächlich galt seine Regierungszeit allgemein als eine gute Zeit, die den düsteren Jahren Ludwigs XIV. folgte. Doch ganz Frankreich hatte unter den Entbehrungen zu leiden, die auf die Versuche des Regenten, die Wirtschaft zu sanieren, folgten. 1718 hatte man die Rettung Frankreichs dem Schotten John Law anvertraut. Dieser hielt es für die einfachste Lösung, Banknoten zu drucken, die nicht durch Sachwerte, sondern durch Staatskredite gedeckt wurden – ein verheerendes Prinzip. Laws Bank war außerdem verantwortlich für die Compagnie des Indes, die im Hinblick auf spekulative Sachwerte

Schuldscheine, sogenannte Assignate, im Wert von 100 Millionen Livre ausgab. Das ganze Land wurde vom Spekulationsfieber erfaßt. Als es zwei Jahre später abflaute, stellte sich heraus, daß der Wert der in Umlauf gebrachten Assignate nicht 100, sondern 2600 Millionen Livre betrug.

Nicht alle konnten die Entwicklung der Dinge voraussehen, und nur wenige besaßen die skeptische Intelligenz eines Canillac. »Mein Herr«, sagte er zu Law, »seit Jahren schreibe ich Wechsel aus, gebe sie an andere Leute weiter und habe noch niemals meine Schulden bezahlt. Und jetzt haben Sie mein System gestohlen!«

Doch einfältigere Leute als Canillac schwelgten in Entzücken über die sagenhaften Reichtümer, die sie scheinbar erworben hatten und die angeblich griffbereit in dem nur halb erforschten Land am Mississippi lagen. Der Kurs einer 500-Livre-Assignate stieg mit unglaublicher, aber erfreulicher Schnelligkeit, bis er Anfang 1720 auf 18 000 Livre stand. Doch dann, wie ein Jahr später auch in England bei dem ›Südsee-Schwindel‹, kam die Abrechnung. Das wackelige Gebäude der ›Compagnie des Indes‹ begann zu wanken und brach dann mit erschreckender Schnelligkeit zusammen. Der Zusammenbruch ruinierte viel weitere Kreise, als man jemals für möglich gehalten hatte, und die Wirkung auf den Handel und die Moral in ganz Frankreich war viel größer als der mehr begrenzte Bankrott der ›South Sea Company‹ in England.

Das Papiergeld, das ganz Frankreich zu mühelosem Reichtum verhelfen sollte, hatte praktisch nur noch den Wert bedruckten Papiers. Einige der Investoren versahen mit philosophischer Ruhe ihre Aborte mit ganzen Stapeln von Assignaten. Die Schauspielerin Mazé, ein Liebling des Publikums, nahm ihren Verlust bedeutend schwerer. Sorgfältig geschminkt, mit fleischfarbenen Strümpfen angetan, damit ihre Schön-

Medaillons mit erotischen Motiven aus der Mitte des 18. Jahrhunderts

heit ohne unziemliche Entblößung bewundert werden konnte, ging sie mitten am Tage feierlich zur Seine und stürzte sich in den Fluß.

Der wirtschaftliche Verfall hatte natürlich die schwersten Folgen für jene, die am meisten zu verlieren hatten. Wie viele andere Adelige fand auch der Comte de Sade, daß der wirtschaftliche Niedergang, der sich als Folge von Laws Mißwirtschaft über ganz Frankreich ausbreitete, das Fundament seines Reichtums unterminierte. Großgrundbesitz war von zweifelhaftem Wert, wenn die Pächter dem Besitzer das Pachtgeld nicht mehr bezahlen konnten. Für einen Mann wie den Comte de Sade wäre es zwar gesellschaftlich undenkbar, sonst aber durchaus möglich gewesen, selbst die Kontrolle über seine Ländereien zu übernehmen, seine Pächter an die Arbeit zu schicken und den Ertrag ihrer Arbeit mit Profit zu verkaufen. Aber der Comte de Sade fühlte sich lediglich verpflichtet, seinem König als Soldat oder als Diplomat zu dienen – und überdies waren die vier weit voneinander entfernt gelegenen Güter viel zu ausgedehnt, um auf so einfache Weise verwaltet zu werden. Es war üblich, einen Rechtsanwalt als Pachteinnehmer zu engagieren und von ihm die Zinsgelder und Einkünfte zu kassieren. Auf diese Weise brauchten die Großgrundbesitzer weder auf ihre Pflichten noch auf ihre Vergnügungen in der Hauptstadt zu verzichten.

Es wäre absurd, anzunehmen, daß die Familie de Sade durch den Verfall der französischen Wirtschaft oder die drückende Armut, die das Leben vieler Durchschnittsfamilien bedrohte, auch nur in die Nähe des Bankrotts geraten wäre. Doch die Zeiten wurden zunehmend schwieriger, und der Comte de Sade hatte sich gezwungen gesehen, ein oder zwei diskrete Anleihen aufzunehmen. 1740 jedenfalls war es bereits klar, daß der kleine Donatien-Alphonse-François sich später einmal um eine gute Partie würde bemühen müssen.

Das brauchte aber den jungen Mann nicht weiter zu beschweren. Zwar nahm der Comte de Sade eine Heirat ebenso ernst, wie er alles in seinem Leben ernstgenommen hatte, doch konnten ihm die Witzeleien, die in Paris die Runde machten, kaum entgangen sein. Eine davon besagte, daß es in den frühen Jahren der Kirche für einen guten Christen üblich war, seine Keuschheit zu beweisen, indem er die ersten drei Nächte nach der Hochzeit seiner Frau entsagte. »Aber heute«, behaupteten die Witzbolde, »sind das die einzigen Nächte, in denen eine Frau ihren Mann überhaupt jemals zu Gesicht bekommt.«

Zugegeben, daß der Sohn des Comte de Sade sich nach einer *petite maison* und den exklusiveren Bordellen sehnen mochte, die ihn verlocken konnten, die Meisterstücke des Herzogs von Richelieu oder des Abbé Dubois zu übertreffen, doch die Familienehre und die Pflicht, die er seinem Rang und seinem König schuldete, wiesen ihn gebieterisch in eine entgegengesetzte Richtung.

Bereits in frühester Jugend war der Marquis de Sade, wie er sich selbst erinnerte, »stolz, zornig und leidenschaftlich«, und das tatsächlich in einer Maßlosigkeit, die ihn berüchtigt machte, ehe er noch die erste Hälfte seines Lebens überschritten hatte.

»Mütterlicherseits war ich mit den höchsten Adelsfamilien Frankreichs verwandt, von väterlicher Seite her mit den vornehmsten Familien der Languedoc. Ich wurde in Paris geboren und bin inmitten von Reichtum und Luxus aufgewachsen. Sobald ich überhaupt fähig war, etwas zu glauben, glaubte ich, daß die Natur und das Schicksal sich vereint hätten, um mich mit ihren Gaben zu überschütten. Und ich glaubte das, weil alle Leute mich in dümmster Weise darin bestärkten.«

Der kleine de Sade, verhätschelt und verzogen, entwickelte sich bald zum wahren Herrn des Condé-Palastes. Ein Jahr nach dem Tode des Regenten, der 1740 im Alter von achtundvierzig Jahren gestorben war, starb auch dessen Frau, Prinzessin Caroline. Die Comtesse de Sade blieb als eine Art Erzieherin und Beschützerin im Condé-Palast und sorgte für den verwaisten Prinzen Louis-Joseph und ihren eigenen, vier Jahre jüngeren Sohn. Obwohl Louis-Joseph von Bourbon der ältere Junge war, zeigte sich bald, daß nicht er im Condé-Palast die Oberhand hatte. Die Comtesse und ihre Gesellschafterinnen begannen die Entwicklung des kleinen Marquis de Sade mit wachsender Unruhe zu beobachten. Er bestand darauf, so schrieb er später, daß jedermann sich seinem Willen beugte und seinen kindlichen Wünschen unterwarf. Wurde ihm ein Wunsch erfüllt, folgte sofort ein neuer, womöglich ganz entgegengesetzter; denn nicht der Wunsch war wichtig, sondern die Tatsache und die Befriedigung, daß die viel älteren Frauen seine Macht anerkannten.

Anfänglich nahm man sein Benehmen hin. Es gab immer noch die fromme Hoffnung, daß der Knabe diesem Stadium entwachsen würde. Und war das nicht der Fall – nun, schließlich war er ja dazu bestimmt, einer der höchsten Adeligen zu werden, und da konnte es nicht weiter schaden, wenn man ihm als Kind die Launen durchgehen ließ, die man ihm später in jedem Fall nachsehen mußte. Ohne Frage waren zwei seiner Charakterzüge bereits entwickelt, als er erst vier Jahre alt war: Unduldsamkeit gegenüber jeder Autorität und fanatische Raserei, mit welcher er seine emotionellen Wünsche auszudrücken und zu befriedigen versuchte.

Im Alter von vier Jahren war sein Charakter noch eher abstoßend als gefährlich. Doch im Frühsommer 1744 gab es große Aufregung im Condé-Palast und Gerede von einem ›Zwischenfall‹ – der erste von vielen Zwischenfällen, die später die Laufbahn des Marquis begleiten sollten. Es geschah unter der nachsichtigen Obhut eines vorwiegend aus Frauen bestehenden

Haushalts, in welchem den beiden Kindern Sanftmut und Friedfertigkeit beigebracht werden sollte – Eigenschaften, die später von Institutionen wie etwa der Kavallerieschule wieder gedämpft werden konnten. De Sade und Prinz Louis-Joseph, der doppelt so alt wie sein Gefährte war, hatten miteinander gespielt. Die Kinder hatten sich beim Spiel gelangweilt und zu streiten begonnen. Der achtjährige Prinz hatte auf seiner Überlegenheit an Alter und auch an Rang bestanden. Ohne jede Vorwarnung stürzte sich der vierjährige

Das Schloß der Familie de Sade in Saumane (Vaucluse)

Marquis de Sade auf ihn und begann, ihn mit der Kraft und der Wut eines Rasenden zu schlagen. Der Marquis war von zartem Körperbau und sah eher wie ein Mädchen aus, doch die Heftigkeit seiner Attacke grenzte an Wahnsinn. Prinz Louis-Joseph war unfähig, sich des Angriffs zu erwehren, und bezog, wie der Marquis es nannte, »eine gesunde Tracht Prügel«, bis der Krawall die Erzieherinnen herbeirief, die den kleinen de Sade von seinem Opfer wegzerren mußten.

Normalerweise würde man einem Streit zwischen Kindern, auch solchen vom blauesten Blut, keine große Aufmerksamkeit schenken. Doch es war der Stil und die Härte, mit welchen der Marquis vorgegangen war, die den Erwachsenen des Condé-Palastes einen gehörigen Schrecken einjagten. Man entschied, daß dieses vierjährige Ungeheuer das Haus verlassen müsse. Doch wohin sollte er gehen? Der Comte und die Comtesse de Sade hätten ihn natürlich nach La Coste oder auf eine ihrer anderen Besitzungen bringen können. Doch der Comte sollte im Dienste des Königs gerade zu dieser Zeit ins Ausland reisen, und die Comtesse sollte ihn begleiten. Eine diplomatische Mission war natürlich nicht der geeignete Platz für ein vierjähriges Kind, besonders wenn der Krieg, den man zu beenden hoffte, noch nicht zu Ende war. Die unkontrollierbaren Ausbrüche ihres einzigen Sohnes würden ihn zu einer besonders unerwünschten Beigabe ihrer Suite machen. Wie der Marquis später berichtete, beschloß man, ihn zu seiner Großmutter nach Avignon zu schicken. Dort lernte er zum ersten Male das Leben in der Provence kennen.

Der kleine Marquis kam im August 1744 in Avignon an. Seine Großmutter, die den Grund seines Besuches entweder mißverstand oder ignorierte, wollte nichts weiter, als den kleinen Jungen, der einmal Titel und Besitz ihrer ehrwürdigen Familie erben sollte, mit Liebe und bedingungsloser Hingabe überschütten. »Sie war durchaus erfolgreich«, schrieb de Sade vier Jahrzehnte später in seiner Gefängniszelle, »und brachte es fertig, alle meine Fehler noch zu verstärken.«

Ein oder zwei Jahre in Gesellschaft ihres Enkels im vornehmen Stadthaus von Avignon genügten der Großmutter vollauf. Es wurde also nötig, einen anderen Erzieher für dieses ungebärdige Kind zu finden. Die Wahl fiel auf Abbé de Sade, den jüngeren der beiden überlebenden Brüder des Vaters. In Frankreich war es wie auch in England üblich, daß die vornehmen Familien einen ihrer Söhne der Kirche ›weihten‹. Im Falle des Abbé de Sade allerdings ließ sich darüber streiten, ob die Kirche nicht ohne ihn besser gefahren wäre.

Das Schloß Saumane im Vaucluse, nicht weit von La Coste gelegen, war sein Heim. Auf einem steinigen Berg, oberhalb terrassierter Felder und steiniger Gipfel gelegen, war es mehr ein Landhaus als ein Schloß. Doch sowohl seine Lage wie auch seine Architektur gaben ihm einen Hauch von Raubrittertum und dunklen Praktiken, Eigenheiten, die den Romanen des 18. Jahrhunderts ihre phantastische Atmosphäre gaben.

Als der Winter kam, zogen sich Abbé und Neffe mit dem gesamten Haushalt und allen erreichbaren Bequemlichkeiten in das Schloß zurück. Die Tore gegen Schnee und Wind verrammelt, verbrachten die Bewohner des Schlosses einen angenehmen Winter. Doch der Abbé genoß auch das Klosterleben in St. Léger d'Ebreuil, eine Pfründe, die der König ihm geschenkt hatte. Das Haus von St. Léger lag westlich in der Auvergne nicht weit von Vichy. Es war in keiner Weise so bequem wie das Schloß in Saumane, und der Abbé wäre niemals so verrückt gewesen, dort den Winter zu verbringen. Statt dessen hielt er sich dort von Zeit zu Zeit im Sommer auf und reiste wieder ab, sobald das Wetter und die Gesellschaft ihm lästig wurden. Dennoch war er kein müßiger Mann. Er erfreute sich eines guten Rufes als Altertumsforscher. Mehrere Jahre lang hatte er in der Provence Dokumente und Familienchroniken durchforscht und sich in alten Papiere vergraben, die später die Grundlage für sein großes Buch über das Leben Petrarcas bilden sollten. Damit sollte endlich das Verhältnis des Dichters zu Laura de Sade über jeden Zweifel erhaben dokumentiert werden.

Das Leben in der Provence mit ihren Bergen, steilen Felsen, Schluchten und reißenden Flüssen weckte in dem Kind den Sinn für das Geheimnisvolle und Dramatische, für die Atmosphäre unbeschränkter Herrschaft und hemmungsloser Ausschweifungen, denen sich die Bösewichter auf ihren einsamen Schlössern hingeben konnten. Die erste Anregung für *Die 120 Tage von Sodom* gab der Winteraufenthalt bei Abbé de Sade und seinen Gästen in der Behaglichkeit von Saumane. Man findet das gesamte Gebäude mit seinen unterirdischen Gewölben, seinen schönen Treppenhäusern, Galerien, Wohnräumen und Fenstern, die das dicke Mauerwerk der massiven Außenwände durchbrachen, in vielen Schilderungen der späteren Romane de Sades wieder.

Während der drei Jahre, die er bei seinem Onkel verbrachte, scheint der junge de Sade kaum irgendeine systematische Erziehung genossen zu haben. Doch die Einführung in das provencalische Leben in seiner unbehinderten, freien Form machte einen tiefen Eindruck auf den Jungen. In späteren Jahren erzählte er Geschichten, deren Ursprünge, wie er sagte, hoch oben in den Dörfern rings um La Coste und Saumane zu suchen waren, wo die Felsenhänge so steil und die Pfade so abschüssig waren, daß selbst die Ziegen sie kaum erklimmen konnten, und wo die Sexualmoral mancher Einwohner etwa der Moral der Ziegenböcke entsprach. In einer Erzählung aus der Provence *Der Ehemann als Priester* beschreibt de Sade ein Karmeliterkloster nahe La Coste, das allgemein als Zuflucht für Trunkenbolde,

Weiberhelden, Sodomiten und Spieler galt. Einer der ›Heiligen‹ des Klosters war Pater Gabriel, der sich in Madame Rodin, eine junge Frau aus dem Dorf, verliebt hatte. Sie war eine kleine Brünette, achtundzwanzig Jahre alt, mit schelmischem Blick und rundem Hinterteil. Pater Gabriel wandte sich eines Tages in scheinbar großer Aufregung an Madame Rodins Ehemann und berichtete, daß ein Mann, der ihm viel Geld schulde, gerade dabei sei, die Stadt zu verlassen. Er müsse ihn folglich sofort erwischen und könne beim besten Willen nicht die Messe abhalten, die er andrerseits fest zugesagt habe. Rodin sei zwar kein Priester, aber schließlich könne er doch etwas Latein – und wenn er einspringen und anstelle von Pater Gabriel die Messe lesen würde, wäre die Situation gerettet. Rodins ängstliche Frage, ob das auch schicklich sei, wurde mit beruhigenden Floskeln beiseite geschoben. Während Rodin also die Messe las, ging der Priester zu dessen Frau und befriedigte sie »mehr als einmal«. De Sade vermerkt, daß Pater Gabriel, »ausgestattet wie ein Zuchthengst« keine Schwierigkeiten hatte, »die junge Dirne von seinem warmen, südlichen Temperament zu überzeugen«. Als Rodin zurückkehrte, verkündete Gabriel, daß er sein Geld bekommen und den Schuldner auf der Stirn gekennzeichnet habe. Sobald Mann und Frau alleine waren, sagte Rodin, er wisse genau, daß der Priester als Verführer bekannt sei, und daß er schon so manchen Mann zum Hahnrei gemacht habe, doch in diesem Fall sei wirklich einmal der Schuldner der Betrogene, und er lachte herzlich über die dummen Ehemänner. Dann berichtete er seiner Frau von der Messe, die er anstelle des Paters gelesen hatte, und die junge Frau erzählte, daß auch sie ein religiöses Erlebnis gehabt habe und deutete an, daß sie möglicherweise dabei auf überirdische Weise schwanger geworden sei.

Welche Mängel die Erziehung des jungen Marquis auf Schloß Saumane auch gehabt haben mag, jeden falls lernte er die weltliche, zynische Haltung und die Hingabe an den Genuß schätzen, die den Haushalt eines adeligen Abbés in der mittelalterlichen Abgeschiedenheit des Vaucluse kennzeichneten. Vereint man solche Erfahrungen mit der Gewalttätigkeit und Halsstarrigkeit, die schon im Charakter des Kindes ausgeprägt waren, findet man den Schlüssel für das spätere Verhalten des Erwachsenen.

Als der Junge zehn Jahre alt wurde, entschied man, daß der Abbé de Sade für seine Erziehung nichts weiter tun könne. Nach sechsjährigem Exil im südlichen Frankreich mußte er nach Paris zurückkehren und eine Schule besuchen, besser gesagt *die* Schule für die Söhne des Adels. Das Collège Louis-le-Grand in der Nähe des Condé-Palastes wurde von Jesuiten geleitet. Freilich erwartete man nicht, daß de Sade sich mit anderen Schülern näher befreundete. Er erhielt seine eigenen Zimmer und einen Privatlehrer, den Abbé Amblet. De Sade meinte später, er habe – vielleicht zum erstenmal – gefühlt, daß er unter den Einfluß eines Mannes von hoher Intelligenz und von Grundsätzen geraten war, doch seine Verbindung zu dem Abbé war zu kurz, um für ihn wirklich von Nutzen zu sein. Bis zum Alter von vierzehn Jahren unterwarf er sich der Zucht des Collège, und wenigstens daraus zog er seinen Nutzen, wenn auch nicht in der Art, wie die Jesuitenpater es gewünscht haben mochten.

Vor allem lernte er die Regeln intellektueller Disziplin und Ordnung kennen, zu denen später die moralische Anarchie seiner Romane in unvereinbarem Kontrast stehen sollte. Die Historie lieferte ihm das Material, die Mathematik die Struktur für die groteske Welt solcher Bücher wie *Die 120 Tage von Sodom*. In seinen Gefängnisbriefen entwickelte er dann eine wahre Zahlenmanie und erklärte, daß die Anzahl seiner zügellosen Helden der Quadratwurzel aus Anzahl von Mädchen und Burschen in einem gemeinsamen Harem entsprechen müsse oder auch der Zahl von Frauen, Kupplerinnen und Gigolos, die bei den Orgien assistieren sollten. So wurden die strengen Regeln und das Bestrafungssystem des Collège Louis-le-Grand in de Sades Romanen auf das genaueste nachgeahmt und gleichzeitig parodiert. Eine der wenigen Vergnügungen in der Schule waren die Theateraufführungen. Hierher stammte wahrscheinlich de Sades lebenslängliche Begeisterung für das Theater. Als Stückeschreiber hatte er keinen Erfolg, und er war, wie man aus noch erhaltenen Proben sehen kann, weder talentiert, noch hatte er originelle Einfälle. Dennoch versuchte er später während seiner Haftzeit Stücke zu schreiben, lange bevor er sein Heil in der Schriftstellerei suchte. Es war sein Ziel, ein großer, patriotischer Nachfolger der Tragiker des 17. Jahrhunderts zu werden. Den Grundstein für diesen Ehrgeiz bildeten die Aufführungen heroischer Dramen und sorgfältig ausgesuchter Komödien, welche von den Jesuiten nicht nur zugelassen, sondern zu denen die Schüler geradezu angespornt wurden.

Nach vier Jahren des üblichen Unterrichts in Literatur, Religion, Geschichte und Mathematik verließ de Sade das Collège Louis-le-Grand. Er bekam einen Adelsbrief, der seinen Stammbaum nachwies und der ihn zum Eintritt in die Schule der Leichten Kavallerie berechtigte. Er hatte diese Karriere gewählt, obwohl in Europa gerade Frieden herrschte. Er wollte Soldat werden.

De Sade verbrachte kaum mehr als ein Jahr in der Militärakademie in Versailles, was der Comte de Sade für ausreichend hielt, denn die Ausbildung kostete immerhin 3000 Livres pro Jahr. Ende 1755 wurde er als Offizier einem Garderegiment überstellt. Mit fünfzehn Jahren war das für die damalige Zeit nicht ungewöhnlich. Schließlich war in der englischen Armee General Wolfe bereits mit vierzehn Jahren zum 12. Garderegiment abgestellt worden und nahm mit sechzehn Jahren als Regimentsadjudant an der Schlacht von Dettingen teil. De Sades Ausbildung in Versailles und seine Aufnahme im Königlichen Garderegiment konnten ihm die Gelegenheit geben, die Aufmerksamkeit Ludwigs XV. auf sich zu lenken. Man hatte also alles für ihn getan, was getan werden konnte. Jetzt lag es an ihm, in der Schlacht zu beweisen, daß er für die höchsten militärischen Posten befähigt war. Obwohl er hübsch und sanft aussah, steckte doch eine Wildheit in ihm, die ihn, einmal entfesselt, gut durch ein halbes Dutzend Schlachten treiben konnte. Die üblichen Laster hatte er inzwischen kennengelernt und genossen. Was ihm das Soldatenleben darüber hinaus in dieser Hinsicht bot, brachte er ohne moralische Entrüstung hinter sich. Für seine Beförderung brauchte er jetzt nur noch einen Krieg.

Als de Sade im Dezember 1755 zu seinem Regiment überstellt wurde, war zwar Frieden in Europa, doch der britische Admiral Boscawen, der nahe Neufundland operierte, hatte begonnen, die französische Schiffahrt an der anderen Seite des Atlantik zu behindern. In einem sorgfältig vorbereiteten Protest zogen die Franzosen ihre Gesandten von den beiden Höfen in England und Hannover zurück. Im Frühjahr 1756, als die Regimenter Ludwigs XV. südwärts nach Toulon, ihrem Verladehafen am Mittelmeer, und nach Osten zur Unterstützung ihrer österreichischen Alliierten gegen Friedrich den Großen marschierten, sickerten Nachrichten über französische Truppenbewegungen durch. England antwortete auf die Herausforderung am 17. Mai mit der Kriegserklärung. Es unterstützte die preußischen Kriegsanstrengungen mit Geld und hannoverschen Truppen. Doch die Franzosen hatten die Initiative übernommen. Drei Tage später schnappten sie Minorca und Port Mahon Admiral Byng direkt unter der Nase weg. Danach, am 16. Juni, erklärten die Franzosen ihrerseits den Engländern den Krieg.

Was jetzt folgte und was man später den Siebenjährigen Krieg nannte, barg in sich die Hoffnung einer Läuterung für Land, König und nicht zuletzt für den jungen Marquis de Sade. Seit dem Tode Ludwigs XIV. war das Leben in Frankreich von Zynismus und Vergnügungssucht geprägt und glitt unaufhaltsam in die politische Anarchie ab. Jetzt fand es sich einem heroischen Kampf auf drei Kontinenten gegenüber mit der Aussicht auf einen großen Sieg. Im Mittelmeer waren die Aussichten gut. Die Nachrichten aus Nordamerika wa-

Gemälde nach dem einzig bekannten,
aber umstrittenen Porträt aus einer frühen französischen
Ausgabe von de Sades Werken

ren noch besser. Trotz aller Freibeuterei Admiral Boscawens hatten die französischen Landstreitkräfte und ihre indianischen Verbündeten die englischen Kolonisten so demoralisiert, daß die Franzosen – wie ein britischer Offizier bemerkte – ganz Maryland und Virginia hätten einnehmen können, indem sie einfach hineinspazierten.

Zwar hatten die Briten in Europa die Kühnheit besessen, zwei Landungsversuche an der französischen Küste zu unternehmen, doch waren sie beide Male zurückgeschlagen worden. Der wahre Krieg fand in Deutschland statt, genauer gesagt im Rheinland. Der junge de Sade wurde in ein vornehmens Infanterieregiment unter Führung des Marquis de Poyanne versetzt. Strahlend in seinem königsblauen Umhang und der rot besetzten Uniform ritt der junge Offizier an der Spitze seiner Männer, einer Invasionstruppe, die dazu ausersehen war, den Rhein zu überqueren und in die norddeutsche Tiefebene einzudringen.

Unter dem Kommando des Comte d'Estrées standen de Sade und seine Kameraden der hannoverschen Armee, die ihr eigenes Land verteidigte, gegenüber. Sie wurde geführt vom Herzog von Cumberland, dem ›Jakobitenschlächter von Culloden‹. D'Estrées überschritt die Weser und griff am 26. Juli 1757 bei Hastenbeck Cumberland mit den gesammelten französischen Streitkräften an. Es war vielleicht der eindrucksvollste Sieg des ganzen Krieges. Cumberland war gezwungen, bei Klosterzeven die Kapitulation zu unterzeichnen und aus Hannover abzuziehen.

Doch der Schwung aus den anfänglichen Siegen wirkte nicht bis ins nächste Jahr. De Sade gibt die Erklärungen in einem eigenen Bericht über den Feldzug in Deutschland. Zuerst führte der Herzog von Richelieu das Kommando über die Rheinarmee, doch er fiel bald einer Intrige der Madame de Pompadour zum Opfer und mußte die Führung an den Comte de Clermont, einen entfernten Verwandten de Sades aus der Condé-Familie, abgeben. Clermont hatte von Strategie keine Ahnung und neigte überdies dazu, stets für richtig zu halten, was sein letzter Gesprächspartner ihm eingeredet hatte – keine überzeugende Eigenschaft für einen Feldherrn. Am 23. Juni 1758 stand er bei Krefeld Ferdinand von Braunschweig gegenüber. De Sade hatte beobachtet, wie am Tage zuvor die hannoverschen Reiter die französischen Verteidiger aus der Stadt gejagt hatten, worauf wiederum eine Gruppe von französischen Reitern angegriffen und ihrerseits die Hannoveraner aus der Stadt gejagt hatte. Die Geplänkel erinnerten an eine Art von Reiterspielen.

Als de Sade und seine Männer am 23. Juni erwachten, mußten sie feststellen, daß von bloßen Kavalleriemanövern keine Rede mehr sein konnte. Sie wurden von der Hauptmasse der hannoverschen Armee angegriffen und hatten gerade noch Zeit, sich zur Verteidigung zu formieren. Dabei wurden sie aus drei Seiten von der hannoverschen Artillerie beschossen. Plötzlich lagen sie zwischen aufspritzender Erde, während die Geschosse den Boden um sie herum aufrissen und die Kanonenkugeln zischend durch ihre Linien sausten. Das war kein Gentleman-Krieg mehr, ganz anders als die letzte große Schlacht zwischen Frankreich und England 1745 bei Fontenoy. Man erzählt sich, daß damals die französischen Offiziere vorgetreten seien und ihren Gegnern zugerufen haben sollen: »Meine Herren Engländer, schießen Sie zuerst.«

Es schien de Sade, als richte sich die hannoversche Infanterieattacke direkt auf die Mitte und die rechte Seite der französischen Linien. Doch dann erkannte er die Finte, daß der Hauptangriff auf die linke Flanke zielte, wo seine eigenen Soldaten einen Teil der Verteidigungslinie bildeten. Dort war ein Getümmel, dessen Ausgang offenbar nur durch brutale Kraft entschieden werden konnte; denn die Gegner standen sich direkt gegenüber und schlugen sich gegenseitig mit den Säbeln auf die Köpfe. Die französische Division befand sich in einem verzweifelten Abwehrkampf. Man versprach ihr Hilfe, aber in diesem Chaos kam natürlich keine Hilfe. Aus dem Wald brachen dagegen hannoversche Truppen hervor, um die französische Linie aufzureißen. De Sade behauptet, daß die Linie standhielt, seine Leute wie die Löwen kämpften und mit ihren Säbeln die Elite der feindlichen Infanterie zurücktrieben. Auf alle Fälle konnte ein komplettes Desaster bis zum Einbruch der Dunkelheit vermieden werden. Im Schutze der Nacht begann dann »dieser Schatten von einer Armee«, von welchem Clermont behauptete, daß er den Rest der gesamten Streitmacht darstellte, den langsamen Rückzug zum Rhein.

De Sade hatte wenig Anlaß, seine eigenen Kriegserfahrungen zu feiern. Es gab nächtliche Attacken gegen den Feind, wobei einmal ein gesamtes Lager überrannt und mehr als vierhundert Gefangene gemacht wurden, aber die Siege des Jahres fanden anderswo statt. De Sade schrieb an seinen Vater, er sei einfach nicht kriecherisch genug, um einflußreiche Männer der französischen Armee zu hofieren und irgendwelchen Narren zu schmeicheln, um sich bei ihnen beliebt zu machen. Ein einziges Mal war es ihm gelungen, die Aufmerksamkeit seiner Vorgesetzten auf sich zu lenken: als er anläßlich des französischen Sieges bei Sondershausen befahl, eine Triumphsalve abzufeuern. Der Salut war so ungeschickt arrangiert, daß ein Geschoß das Dach eines Herrenhauses durchschlug. Lieutenant de Sade war deshalb gezwungen, sich beim örtlichen Gemeinderat zu entschuldigen. Vermutlich wurde daraus seine erste veröffentlichte Äußerung, und sie zeichnete sich durch die gleiche unbeugsame Arroganz aus, welche die meisten seiner späteren Auslassungen kennzeichnete. In seiner Entschuldigung gesteht er zu, daß die lokale Behörde über den Zwischenfall verärgert

Nicolas Lavreince:
›Die gestörte Morgentoilette‹ (oben)
und ›Morgengespräch‹ (unten)

sein müsse, glaubt aber sicher, daß die Herren verstehen und vergeben werden, so sie nur bedenken würden, daß der Salut schließlich dem Sieg seiner Landsleute über die ihren gegolten habe.

Nur eine einzige weitere Nachricht von Bedeutung kam noch aus Deutschland und war in einem Brief von de Sades Reisebegleiter Castéra enthalten. Er berichtete, daß der junge Marquis für die deutschen Mädchen »entflammt« sei. Doch sehr bald sollte sich herausstellen, daß Mädchen jeglicher Nationalität geeignet waren, ihn für sexuelle Exzesse zu entflammen.

Mit dem Rang eines Rittmeisters wurde er zur Kavallerie nach Burgund versetzt. Vor Antritt seines neuen Kommandos kehrte er noch einmal nach Paris zurück. Nicht länger durch Erziehung oder Überwachung seiner Familie behindert, stürzte de Sade sich gierig in ein Leben sexueller Entdeckungen. Jeden Morgen, erinnerte er sich, begab er sich auf die Suche nach einem Mädchen, das er für diesen Tag engagierte. Am Abend, wenn seine eigene Begierde erschöpft und damit auch die unmittelbaren Möglichkeiten der Dame erschöpft waren, schämte er sich manchmal seines Benehmens, denn noch war er ein junger Mann mit normalen, menschlichen Gefühlen. Doch am nächsten Morgen brannte seine Leidenschaft wie eh und je, und die gesamte Routine begann von neuem.

Die Familie erfuhr von seinem schlechten Benehmen, und der junge Marquis bekam wirklich schwere Gewissensbisse, allem Anschein nach das einzige Mal in seinem Leben. Er beichtete seine Laster dem Abbé Amblet, der im Collège Louis-le-Grand sein Privatlehrer gewesen war. Er beichtete, daß er keines der Mädchen je geliebt habe – was ohne Zweifel stimmte – und sich darüber klar sei, daß er bei keiner das wahre Glück gefunden habe. Ob das lediglich eine Redensart dem Abbé Amblet zuliebe war, bleibt ungewiß. Auf jeden Fall hatte sich nicht eines der Mädchen darüber beklagt, daß es etwa ausgepeitscht worden sei oder daß der junge Marquis irgendwelche perverse Vergnügungen bei ihr gesucht oder ihr gar ein Klistier verabreicht habe. Er mochte also tatsächlich das Gefühl gehabt haben, bei diesen ganzen Affären nicht voll auf seine Kosten gekommen zu sein.

Bekümmert über die Sorgen, die er dem Comte de Sade »dem gütigsten Vater und besten Freund« verursacht hatte, erweckte der junge Marquis den Eindruck eines anständigen jungen Mannes, der gerade noch vom Rand des Abgrunds zurückgeholt worden war. Er wandte sich wieder dem Kriege zu auf der Suche nach Ruhm und Heldentaten.

Doch Ruhm war inzwischen Mangelware geworden, und der Weg zu ihm lang und beschwerlich. Der Krieg, der so verheißungsvoll begonnen hatte, entwickelte sich langsam zur Katastrophe. 1759 hatten die Briten mit ihrer Attacke bei Quebec die französische Streitmacht in Kanada mitten ins Herz getroffen. In Europa hatten sich die preußische und die hannoversche Armee erholt und hatten die Initiative ergriffen. Die französische Frontarmee schien mehr und mehr jede Schlacht zu vermeiden, was kaum überraschend war, da der Herzog von Choiseul, Außenminister Ludwigs XV., bereits geheime Friedensverhandlungen mit dem englischen Hof führte. Bald wurden die Verhandlungen öffentlich, und schließlich wurde im Februar 1763 der Friede von Paris geschlossen, der praktisch Frankreichs Präsenz in Amerika beendete und in Europa den Status quo aufrechterhielt, was mit ungeheuren Kosten für Frankreich verbunden war.

Wie viele andere Offiziere hatte auch de Sade die Unterzeichnung des Friedensvertrages nicht abgewartet, sondern war im Jahr zuvor nach Hause zurückgekehrt. Bei seiner Ankunft wurde er mit einer ›Familientragödie‹ konfrontiert, einer moralischen Katastrophe höchst unerwarteter und beschämender Art. Der Abbé

Medaillon mit erotischen Motiven aus dem 18. Jahrhundert

de Sade, der sanftmütige Altertumsforscher und Herr auf Schloß Saumane, saß wegen übler Ausschweifungen im Gefängnis.

Der Abbé war in seiner Karriere gut vorangekommen und inzwischen stellvertretender Bischof von Narbonne und Toulouse geworden. Doch seinen Freunden, allen voran Voltaire, blieb nicht verborgen, daß man seine Haltung gegenüber jungen Frauen keineswegs geistlich nennen konnte. Ganz besonders genoß er seine Ausflüge nach Paris, und wahrscheinlich war er bei seinen Vergnügungen nicht diskret genug gewesen. Anfang 1762 besuchte er eine gewisse Madame Piron, eine vielseitig begabte Dame, deren schwache Moral man kannte und die sich, um den Abbé zu erfreuen, mit Léonore, einer bekannten Prostituierten, zusammentat, damit er ihre vielseitigen Talente gleichzeitig genießen konnte. Vermutlich war es einfach Pech, daß die Polizei ihr Etablissement gerade zu einer Zeit durchsuchte, als sich der fünzigjährige Abbé in einer höchst verfänglichen Situation mit den beiden Damen befand.

Doch der Gefängnisaufenthalt des Abbé dauerte nicht lange, und seine Reputation erlitt keinen dauernden Schaden. Er blieb stellvertretender Bischof, und die Pfründe von St. Léger d'Ebreuil blieb ihm erhalten. Jede andere Maßnahme hätte man als kleinliche Rachsucht und unnötige Zusatzstrafe angesehen. So zog er sich taktvoll in die Provence zurück, bis das Gerede über ihn verstummt war und er in Ruhe einen nächsten Ausflug nach Paris unternehmen konnte, um dort alte Freunde zu besuchen. Doch die Heldentaten des Abbé mögen dazu beigetragen haben, die letzten moralischen Bedenken seines Neffen zu zerstören. Die alte, fromme Ordnung aus der Zeit Ludwigs XIV. war ohnedies längst vergangen. Die politische Anarchie breitete sich aus, und die moralische Anarchie schien selbst von der Geistlichkeit längst Besitz ergriffen zu haben. Glauben und Redlichkeit, einst scheinbar unwandelbare Prinzipien, wurden nun beiseite geschoben, als wenn sie nicht mehr als eine bloße Mode des Augenblicks gewesen wären. Die privaten *petites maisons* und die Bordelle boten nicht nur sexuelle Freuden, sie öffneten einer neuer Lebensphilosophie die Türen, die mit recht zweifelhaften Beweisen gerechtfertigt wurde. Die Zeit drängte, und die »Sintflut«, von der Madame de Pompadour sprach, sollte nur noch ein Vierteljahrhundert auf sich warten lassen.

Den größten Teil dieser Zeitspanne verbrachte der Marquis de Sade im Gefängnis, doch sobald er freigelassen wurde, folgte er den Neigungen seiner Zeit. Zu seinem Unglück wurden seine sexuellen Exzesse von einer derartigen Grausamkeit begleitet, daß sich der Polizeiinspekteur von Paris ein Jahr nach de Sades Heimkehr gezwungen sah, mit den Bordellbesitzerinnen zusammenzuarbeiten, um zu verhindern, daß noch mehr junge Mädchen in die Hände des Marquis gerieten.

Der philosophische Libertin

Im Herbst 1763 erschien bei der Pariser Polizei ein verängstigtes, 24jähriges Mädchen und berichtete Inspektor Louis Marais eine seltsame Geschichte. Sie wohnte in der Gegend jener großen, überfüllten Mietskasernen jenseits der geräumigen Paläste und ausgedehnten Gärten des Louvre und der Tuilerien und stellte Fächer her. Es war schwierig, allein vom Verkauf der Fächer zu leben, deshalb verkaufte sich das Mädchen, Jeanne Testard, abends an Kunden aus besseren Kreisen, die ihr von einer Bordellbesitzerin vermittelt wurden.

An jenem Abend hatte man ihr gesagt, ein junger Herr habe sie bestellt und werde sie in seine *petite maison* südlich des Flusses und jenseits des Jardin du Luxembourg bringen lassen. Sie wurde zu einem geschlossenen Wagen gebracht, in welchem der Diener des unbekannten Herrn auf sie wartete. Dann fuhren sie durch die Stadt zu der *petit maison,* die sich als ein Haus von beträchtlicher Größe erwies, umgeben von Eisengittern und Mauern, die von Eisenspitzen gekrönt waren, damit kein unwillkommener Besucher hinaufklettern und darüberspähen konnte. Das Mädchen wurde in ein Zimmer im ersten Stock des Hauses geführt, wo ihr Kunde, ein blonder, schlanker junger Mann von etwa zweiundzwanzig Jahren, sie empfing. Er verschloß die Tür und steckte den Schlüssel in seine Tasche.

Zuerst stellt er dem Mädchen ein paar Fragen, erkundigte sich nach ihrem Glauben und ihrer religiösen Einstellung und begann dann damit zu prahlen, was er mit anderen Mädchen bereits getrieben habe. In seinen Prahlereien war viel von Gotteslästerung und von Frevel aller Art die Rede. Mitten während der Schilderungen streckte er die geballte Faust zum Himmel und rief: »Wenn du Gott bist, so zeige, ob du dich an mir rächen kannst!«

Das Mädchen war ziemlich bestürzt über den jungen Mann, der offenbar an irgendeinem Wahn litt. Sie erschrak noch mehr, als er die Tür zu einem weiteren Zimmer öffnete und ihr einzutreten befahl. Hastig teilte sie ihm mit, daß sie seit kurzem schwanger sei, und hoffe, er werde nichts tun oder sagen, was ihr Schaden zufügen könne. Anstatt ihn zu beruhigen, schien der Gedanke an ihre Schwangerschaft seine finsteren Gedankengänge noch anzuregen. Der Raum war völlig in Schwarz drapiert, zwischen Skulpturen mit religiösen Motiven befanden sich pornographische Bilder an den Wänden, die selbst diese erfahrene junge Frau schokkierten.

Spätestens jetzt beherrschte sie nur noch der Gedanke, diesen Ort so rasch wie möglich mit heiler Haut zu verlassen. Aber als ob es das Natürlichste auf der Welt sei, teilte der junge Mann ihr mit, daß sie ihn jetzt auspeitschen müsse, während er ihr anschließend das gleiche zuteil werden lasse. Als besonderes Entgegenkommen erlaubte er ihr, sich selbst das Instrument für ihre Züchtigung auszusuchen. Mit der Miene eines Kenners, der seine Sammlung vorführt, zeigte er dem verblüfften Mädchen eine Wand voller Marterinstrumente. Die Auswahl reichte von einfachen Birkenruten bis zu grausam wirkenden Zangen, deren Metallspitzen erhitzt werden konnten.

Zunächst aber wünschte der junge Mann, einige einfache Experimente an ihr vorzunehmen, so als sei ihr Körper eine schöne Maschine, deren Funktionieren er mit Vergnügen beobachten werde. Sicherlich dachte er dabei an eine Scheidenspülung oder an ein Klistier und

Erotischer Stich nach Fragonard

erfreute sich bereits in Gedanken an den unvermeidlichen Folgen, welche diese Behandlung in dem schwarz drapierten Raum nach sich ziehen würde. Und als wenn es ganz selbstverständlich sei, kündigte er an, sie habe sich anschließend einem Analverkehr zu unterwerfen.

Natürlich konnte das alles im Spaß gesagt sein, einzig in der Absicht, ihr Angst einzujagen. Aber sie war eine kluge junge Frau und nahm jedes Wort ernst, denn sie war inzwischen davon überzeugt, einen Verrückten vor sich zu haben. Sie hoffte nur noch, nicht mit durchschnittener Gurgel im Fluß zu landen. Offenbar konnte sie aber ihre Angst unter Kontrolle halten und versuchte kaltblütig, sich aus der unangenehmen Lage herauszureden. Er hatte inzwischen eine Pistole und ein Schwert hervorgeholt und drohte, die Waffen zu benutzten, falls sie ihm nicht zu Willen sei.

Irgendwie mußte es ihr gelingen, seine Gedanken wieder auf die ›Abrechnung‹ mit Gott zu bringen, und so versprach sie – wenn sie auch jetzt nicht alle seine Wünsche erfüllen könne –, ihm bei seinen blasphemischen Vorhaben zu helfen. Am nächsten Sonntag werde sie ihn zur Messe begleiten, dann würden beide die vom Priester ausgeteilten Hostien bewahren und damit eine satanische Orgie inszenieren. Die Idee schien dem jungen Mann so verlockend, daß er für diesen Abend auf Auspeitschung und alle geplanten Rituale verzichtete.

Jeanne Testard hatte es fertiggebracht, sich durch Worte aus der *petite maison* zu befreien, dann lief sie um ihr Leben – direkt zur Polizei.

Kein Detail für sich genommen könnte den Kunden der jungen Frau als den Marquis de Sade identifizieren. Doch alles zusammen genommen: Die Schilderung seines Aussehens, die *petit maison,* der Hohn über die Rache des Himmels (fast so, als hoffe er beinahe, sie herbeizuführen) und die Art seiner sexuellen Wünsche weisen mit ziemlicher Gewißheit auf ihn hin. Denn zur Befriedigung exakt der gleichen Wünsche hatte er im Laufe von zehn Jahren immer wieder Mädchen engagiert. Ob er all das, womit er vor Jeanne Testard prahlte, tatsächlich getan hatte, läßt sich nicht beweisen. Aber für die Art seiner Wünsche und die Versuche, sie mit möglichst vielen Frauen zu praktizieren, gibt es dokumentarische Beweise.

Fragonard: ›La Guinblette‹
(Staatliche Gemäldesammlung, München)

1763 war für de Sade wenigstens zeitweise das Jahr einer normalen sexuellen Beziehung. Es scheint, daß ihn eine höchst romantische oder platonische Verbindung mit einer Frau, die seinem vollkommenen Ideal in Aussehen und Benehmen entsprach, durchaus beglücken konnte, während er für die düsteren Praktiken seiner geheimen Orgien käufliche Mädchen engagierte. Hier zeigt sich zum erstenmal ganz deutlich de Sades wahre Persönlichkeit: In ihm existierten zwei völlig verschiedene Wesen nebeneinander. Die Konflikte waren unlösbar und begleiteten ihn bis ins Grab.

Die Begierde, mit welcher de Sade sich wieder den gleichen Unbesonnenheiten wie im Jahre 1759 zugewandt hatte, blieb seinem Vater und der Familie natürlich nicht verborgen. Zu allem Überfluß hatte er begonnen, eine Leidenschaft für das Theater und im besonderen für bestimmte Schauspielerinnen zu entwickeln. Ohne Zweifel frustrierte es ihn, wenn seine Straßenmädchen Angst und Bestürzung zeigten, sobald sie das schwarz drapierte Zimmer betraten, und er sehnte sich nach Frauen, die durch berufliche Talente befähigt waren, ihre Rolle in seinen sexuellen Dramen zu spielen. Es ist kein Wunder, daß seine Familie, von seinem Zeitvertrieb weniger begeistert, eine passende Heirat für geboten hielt. Sie sollte einerseits auf den wilden jungen Mann beruhigend wirken und konnte zugleich einen wohltuenden Einfluß auf die geschwächten Finanzen des Comte de Sade ausüben.

Der Marquis selbst hatte schon mit dem Gedanken an eine Heirat gespielt, wenn auch aus völlig anderen Gründen. Bei einem Besuch Anfang 1763 in Avignon hatte er sich in Fräulein Laure de Lauris verliebt; sie war vielleicht die größte und einzige wirkliche Leidenschaft seines frühen Lebens und blieb keineswegs platonisch wie viereinhalb Jahrhunderte zuvor die Verbindung zwischen Petrarca und seiner Laura. De Sade schrieb ein paar miserable Verse an seine Geliebte. Mit gräßlicher Plattheit beschrieb er, wie seine Leidenschaft ihr Bild in seine Seele gegraben habe. Weitaus charakteristischer für ihn war ein völlig nüchterner Brief, den er ihr schrieb, als sie ihn verlassen wollte. In ihm heißt es, er habe sich bei ihr mit einer sehr peinlichen Krankheit angesteckt, und wenn sie sich jetzt einem Rivalen hingeben wolle, sei er wohl verpflichtet, diesem Mann mitzuteilen, daß er sich bei ihr die Syphilis holen werde.

Es scheint, als ob sowohl de Sades als auch Laure de Lauris' Familie die Heirat der beiden kaum begrüßt hätten. De Sade kümmerte dies nicht weiter. Wen immer er auch heiraten mochte, nichts würde ihn davon abhalten, Laure de Lauris als Geliebte zu behalten – auch wenn das in Avignon mehr Diskretion erfordern würde als zum Beispiel in Paris. Obwohl die beiden sich immer noch als verlobt betrachteten, begann der Comte de Sade eine sorgfältige Auswahl unter den jungen Damen von Stand und Reichtum, die für den Marquis eine passende Partie abgeben mochten.

Der Comte wählte schließlich Renée-Pélagie, die 22jährige Tochter des Präsidenten von Montreuil, eines Höflings, der dem Obersteueramt vorstand und dessen Aufgabe es war, Gelder für die Krone oder zur Unterstützung Bedürftiger aufzutreiben. Die Familie Montreuil war im adeligen Rang mit den de Sades in keiner Weise vergleichbar, dafür waren ihre finanziellen Verhältnisse bedeutend besser. Madame de Montreuil stammte aus einer Familie, die im öffentlichen Leben erfolgreich gewesen war und ansehnlichen Reichtum aufgehäuft hatte. Was eigentlich noch fehlte, war die Verbindung mit einer der uralten Adelsfamilien, um den Triumph der Montreuils für alle Welt deutlich zu machen. Die Familie de Sade zählte wirklich zu den alten Geschlechtern, und genauer betrachtet bot sie auch die engste Verbindung zum Haus Bourbon, die den Montreuils jemals geboten werden konnte.

In mehr romantischen Zeiten hätte die Entscheidung der de Sades und der Montreuils über das Schicksal ihrer Kinder vielleicht gefühlvolle Szenen hervorgerufen, es hätte leidenschaftliche Auflehnung und womöglich sogar eine Entführung gegeben. Doch der Marquis nahm die ganze Angelegenheit mit philosophischer Ruhe hin. Er würde durch die Heirat auf alle Fälle reicher werden und sich alle denkbaren sexuellen Sonderwünsche leisten können. Die Montreuils besaßen ein Haus nahe Paris und ein Schloß auf ihrem Landgut in Echauffour inmitten der grünen, sanften Landschaft

Madame de Sade,
anonyme Radierung aus dem 18. Jahrhundert

der Normandie. Im Heiratskontrakt war die Mitgift der Renée-Pélagie ebenso festgelegt wie der Besitz, den sie in die Ehe einbrachte. Andererseits wurde der Comte de Sade verpflichtet, für seinen Sohn weitere finanzielle Vorsorge zu treffen, damit der junge Mann seine Frau und die zukünftigen Kinder angemessen erhalten könne.

Doch es gab noch weitere attraktive Aspekte. De Sade fand seine Braut durchaus anziehend. Man sagt, daß sie eine hübsche Frau war, groß und stattlich, mit dunklen Augen und dunklem Haar. Ihre jüngere Schwester war der vollendete Kontrast zu dieser ernsten Schönheit. Anne-Prospère war blond und blauäugig. Ihre gesamte Erscheinung ließ de Sade auf sexuelle Leidenschaft und erotische Begierde schließen. Sie war offensichtlich von ihrem zukünftigen Schwager fasziniert, und angeblich soll de Sade versucht haben, das ganze Arrangement zu ändern, um Anne-Prospère anstelle von Renée-Pélagie heiraten zu können. Dieser Vorschlag wurde von Madame de Montreuil kurzerhand abgelehnt. Anne-Prospère, so lüstern sie auch scheinen mochte, war erst achtzehn Jahre alt und ging noch zur Schule. Ihre Jugend und ihre Unschuld machten sicherlich einen Teil des Reizes aus, dem de Sade sofort verfiel. Im Harem seiner fiktiven Helden gab es stets eine Gruppe ganz junger Mädchen, die bei den Orgien und Schreckensszenen eine wichtige Rolle spielten. Ohne Zweifel fand de Sade die Vorstellung, Anne-Prospère als williges Opfer in seinem schwarz drapierten Raum zu haben, sehr pikant.

Doch zu diesem Zeitpunkt waren derartige Träume nicht zu realisieren, denn Madame de Montreuil, die in seinem Leben später noch eine große und düstere Rolle spielen sollte, war sein geheimer Wunsch, ihre beiden Töchter für den Preis von nur einer zu genießen, nicht verborgen geblieben. Nicht umsonst hatte sie so lange gezögert, ihre Einwilligung für diese Heirat zu geben.

Inzwischen aber war, wie der Comte de Sade mit unverhohlener Erleichterung feststellte, die Entwicklung so weit gediehen, daß eine Umkehr jetzt nicht mehr möglich war. Die Hochzeit fand in der Kirche St. Roch in Paris statt mit allem Prunk und Zeremoniell einer Heirat, zu der Ludwig XV. persönlich seinen Segen gab, indem er und die Königin und der Dauphin sie im Namen des Bourbonischen Königshauses sanktionierten.

Madame de Montreuil bemühte sich, nach der Hochzeit jedes Zusammentreffen von de Sade und Anne-Prospère zu verhindern, was sich jedoch als schwierig erwies, denn laut Ehekontrakt waren die Montreuils verpflichtet, für ihre Tochter und den Schwiegersohn sowohl in Paris als auch in Echauffour ein Heim bereitzuhalten. Andererseits hatte der Comte de Sade seinem Sohn die Besitzungen von La Coste, Mazan, Saumane und in der Nähe von Arles abgetreten, wenn auch mit einigen gravierenden finanziellen Vorbehalten, so daß der Marquis das Schloß wohl bewohnen konnte, sonst aber nicht viel davon hatte. Herr auf Saumane blieb in Wahrheit der Abbé de Sade, der das Schloß auf Lebenszeit von seinem Bruder gepachtet hatte.

Im Augenblick war Madame de Montreuil noch so erfüllt von der glanzvollen Hochzeit, die sie für ihre Tochter arrangiert hatte, daß sie dem Marquis de Sade sogar mit einer Art Dankbarkeit und Zuneigung begegnete. Es gab keinen Zweifel daran, daß er Renée-Pélagie wirklich gern hatte und sie gut behandelte. Überdies hatte der Comte de Sade das Ehrenamt eines Vizegouverneurs von vier kleineren Provinzen niedergelegt und den Titel seinem Sohn übertragen. Dieses Ehrenamt sicherte dem Marquis einen festen Sold von seiten der Krone zu und war geeignet, aus dem jungen Mann eine wohlhabende, geachtete Person auf eigenem Land zu machen.

Unter seinem neuen Titel wurde er im Sommer 1764 in Dijon als Mitglied des Hohen Gerichtshofes aufgenommen, was er mit verzeihlicher Übertreibung als den glücklichsten Tag seines Lebens bezeichnete. Er schwor, dem Beispiel des Kollegiums zu folgen, Recht zu sprechen und den Tugendhaften und den Gottlosen gleicherweise den rechten Weg zu weisen. Natürlich mußte das die Montreuils beeindrucken und sie in der Ansicht bestärken, eine gute Wahl getroffen zu haben. Es war ihr Unglück, daß ihr vornehmer Schwiegersohn auf dem besten Wege war, eher ein Rechtsbrecher als ein Richter zu werden.

Seit der Hochzeit war ein halbes Jahr ohne besondere Ereignisse vergangen, dann hörten die de Sades und die Montreuils im Oktober 1763, daß der junge Marquis verhaftet und auf höchsten Befehl Ludwigs XV. in das Gefängnis von Vincennes südöstlich von Paris gebracht worden sei. Die Anklage gegen ihn gründete sich schlicht und eindeutig auf ›unmäßige Ausschweifung‹ *(débauche outrée)*, also auf das gleiche Delikt, welches im Jahr vorher seinen Onkel, den Abbé de Sade, in Schwierigkeiten gebracht hatte.

Madame de Montreuil war entsetzt über diese Nachricht. Wie sie dem Abbé schrieb, hatte sie geglaubt, daß die Ehe auf ihren Schwiegersohn einen beruhigenden Einfluß ausüben und ihn mit der Zeit zu einem soliden und verantwortungsbewußten Ehemann für Renée-Pélagie machen würde. Besonders bedenklich war, daß es sich nicht um eine einmalige Ausschweifung, sondern um eine fortlaufende Kette von Vergehen handelte. Die Behörden hatten den Marquis aufmerksam beobachtet und sich nun zum Einschreiten entschlossen.

Dem Gouverneur von Vincennes gegenüber beteuerte der Gefangene Marquis seine tiefste Reue. Er sehne sich danach, seine Frau zu sehen – falls das erlaubt sei –, um durch dieses sanfte Wesen wieder auf den

Pfad der Tugend geführt zu werden, von dem er so beklagenswert abgewichen sei. Dem Polizeileutnant erklärte er feierlich, er habe Gottes Zorn herausgefordert und deshalb die Strafe verdient, die sich nun über ihn ergieße. Er vergaß seine gotteslästerlichen Prahlereien, bat um den Besuch eines Priesters und beharrte darauf, daß seine Verurteilung ein Akt der Gnade Gottes sei, damit er in sich gehe und sein Benehmen künftig ändere. Und er schwor dem Leutnant, daß es niemals so weit mit ihm gekommen wäre, hätte er nicht die Sakramente der Kirche vernachlässigt.

Man ist versucht anzunehmen, daß de Sade nicht ein Wort von alledem glaubte, sondern einfach den Behörden vorbetete, was sie hören wollten. Dies war ja nur eine der vielen Gelegenheiten, bei denen er in diesem Ton sprach, um bei der ersten Gelegenheit wieder in die alten Laster oder deren literarische Beschreibung zurückzufallen. Man könnte natürlich meinen, in seinen Büchern und seinen Reden stecke so viel Ironie und Heuchelei, daß nichts davon ernst zu nehmen sei. Doch sein Leben und seine Bücher werden nur dann begreiflich, wenn man davon ausgeht, daß seine beiden verschiedenen Wesensarten ihn abwechselnd beherrschten. Der reuige de Sade war nicht unbedingt ein Heuchler, aber seine Reue konnte nicht verhindern, daß sein zweites, düsteres Ego, das mit satanischer Zerstörungswut Triumphe über eine erniedrigte Menschheit feiern wollte, früher oder später die Oberhand gewann.

Diesmal erwies sich seine Reue als wirkungsvoll. Nach einer Haft von kaum mehr als vierzehn Tagen wurde er am 13. November 1763 aus Vincennes entlassen. Seine Entlassung erfolgte unter der Bedingung, daß er sich nach Echauffour ins Haus der Montreuils in der Normandie zurückzog. Madame de Montreuil versprach, daß sie versuchen werde, seinen moralischen Fehltritt zu vergessen, und sie setzte vorwurfsvoll hinzu, daß sie und ihr Mann ihn stets wie einen eigenen Sohn behandelt hätten. Renée-Pélagie schien es aufregend zu finden, einen exzentrischen Ehemann zu haben, dessen Missetaten das Tagesgespräch von Paris waren. Die beiden stürzten sich förmlich aufeinander und zu Neujahr konnte Madame de Montreuil stolz die Schwangerschaft ihrer Tochter verkünden. Doch das Kind erwies sich als ebenso totgeboren wie die Reue

Schloß und Staatsgefängnis Vincennes.

seines Vaters. Der Marquis kehrte ohne seine Frau nach Paris zurück, um seinen eigenen Angelegenheiten nachzugehen.

Obwohl seine Rückkehr nach Paris aus dem Exil der Normandie offiziell erst später gebilligt wurde, war es unvermeidlich, daß de Sade sich auf Reisen begab. Er mußte dringend Dijon besuchen, wollte er seinem Titel

Stahlstich, um 1865

als Vizegouverneur mehrerer Provinzen gerecht werden und in den Hohen Gerichtshof von Burgund aufgenommen werden. Während seines dortigen Aufenthalts begann er, sich für mittelalterliche Manuskripte aus der Sammlung des Kartäuserklosters zu interessieren und war von ihnen fasziniert. Die Dokumente befaßten sich mit der Geschichte Frankreichs im 14. und 15. Jahrhundert und breiteten vor dem Marquis ein Panorama von Mord, Verrat und Folterung während der Bürgerkriege und der politischen Instabilität aus, welche die Regierungszeit Karls VI. und seiner Königin, Isabelle von Bayern, auszeichnete. Mit Vergnügen nahm de Sade die Details zur Kenntnis, verwahrte sie in seinem Gedächtnis und verarbeitete sie in seinem letzten Lebensjahr zu einem historischen Roman mit dem Titel *Die geheime Geschichte der Isabella von Bayern, Königin von Frankreich.* Während der Revolution wurden die Dokumente und Manuskripte der Kartäuser in einem Anfall von republikanischem Übereifer zerstört, woraufhin sich de Sade veranlaßt sah, von »idiotischem Vandalismus« zu sprechen, ohne zu bedenken, daß er ja selbst Anhänger der neuen Ordnung war.

Von Dijon kehrte er nach Paris zurück und mietete, um sich besser zu tarnen, mehrere Wohnungen, die über das ganze Stadtgebiet verteilt waren. Reihum benützte er sie für seine nächtlichen Vergnügungen. In Arceuil, im Süden der City, richtete er sich eine *petite maison* ein inmitten der sorgfältig gepflegten Parklandschaft, die eine geeignete Kulisse für die Schlupfwinkel der Reichen und Adeligen bildete. Im Sommer 1764 hatte Ludwig XV. die Verbannung des Marquis aufgehoben, und bald danach erschien der Name de Sade mit unfehlbarer Regelmäßigkeit in den Berichten des Inspektors Marais von der Pariser Polizei.

Kaum war er zurückgekehrt, machte er eine achtzehnjährige Schauspielerin, Mademoiselle Colette von der Comédie Italienne, zu seiner Geliebten. Sie wirkte besonders jugendlich und war bekannt für ihren lockeren Lebenswandel. Zuerst mußte de Sade sie mit dem Marquis de Lignerai teilen, doch dieser Rivale gab seinen Anspruch auf die junge Dame bald auf, und sie wurde de Sades exklusives Sexualobjekt. Sie schlief jeweils dreimal wöchentlich bei ihm, wie der wachsame Inspektor Marais berichtete.

Ohne Zweifel wußte Marais auch, was de Sade in den übrigen Nächten trieb. Die Vorgänge in der *petite maison* in Arceuil waren allgemein bekannt, und es wurde viel darüber gesprochen. An einem der Abende, der durchaus typisch war, hatte de Sade vier Mädchen anwerben und in seine Villa bringen lassen. Er befahl ihnen, sich auszuziehen, und begann, das Quartett auszupeitschen. Danach lud er die vier zum Abendessen ein, und die Einladung wurde angenommen. Nachdem er sich sowohl an ihrer Unterwerfung wie auch an ihrer Gesellschaft erfreut hatte, gab er seinem Diener einen goldenen Louisdor, damit dieser die Mädchen auszahle und sie wieder ihres Weges schicke. Der Diener steckte prompt ein Viertel der Belohnung in die eigene Tasche als Äquivalent für die Mühe, die es kostete, vier Mädchen zu finden, die dem Geschmack seines Herrn entsprachen.

Die Orgien in der *petite maison* hatten ihre eigene pikante Problematik, der die einfache Tatsache zugrunde lag, daß auch ein Mann wie de Sade physisch nicht in der Lage war, sämtliche Akte nachzuvollziehen, die seiner Vorstellung nach der Held des Dramas zu vollbringen hatte. Es stimmt, daß er Methoden und Rezepte erfand, die seine Potenz rasch wiederbelebten, aber ihre Wirkung war eben doch begrenzt. Vor allem war es wichtig, ein Mädchen zu haben, das Lippen und Hände richtig zu nutzen und warme Tücher aufzulegen wußte, und für den Mann war es wichtig, seine körperlichen und geistigen Kräfte einzuteilen. Das jedenfalls rät der Autor von *Juliette* in einer Fußnote des

Nicolas Lavreince, ›Galante Szene‹ (Institut Tessin, Paris)

Romans. Doch die wahre Lösung des Problems bestand darin, daß der Held von einem Assistenten unterstützt wurde, der die Wünsche seines Herrn an den Frauen vollzog und überdies dem Helden ständig zur Verfügung stand. Deshalb gibt es in *Die 120 Tage von Sodom* sogenannte *fouteurs,* die zum Ablauf des Geschehens nichts weiter beitragen, sondern nur als Stellvertreter dienen, wenn die Hauptpersonen selbst nicht mehr in der Lage sind, allen Verlockungen nachzukommen, welche ihr wunderschöner Harem in ihnen wachruft.

In seinem Haus in Arceuil benutzte de Sade sowohl Jungen wie auch Mädchen zu seiner Unterhaltung. Seine latent vorhandene Bisexualität, die sich bis dahin nicht sonderlich bemerkbar gemacht hatte, entwickelte sich jetzt rapide. Bald wurde die neue lasterhafte Entwicklung Tagesgespräch der Pariser Gesellschaft. Le Mierre von der Académie Française, der bei einem Diner neben de Sade saß, beschrieb ihn verächtlich als »eines jener charmanten Wesen, deren Verdienst es ist, mit Erzählungen über ihre – teils echten, teils erfundenen – sexuellen Eroberungen die Männer zu unterhalten und die Damen zu langweilen«. Le Mierre hatte genug von seinem Nachbarn, und als der sich direkt an ihn wandte und beiläufig fragte, wer in der Académie der bestaussehende Mann sei, erwiderte er kühl: »Daran habe ich noch keinen Gedanken verschwendet. Ich selbst bin der Ansicht, daß männliche Schönheit nur für solche Leute interessant ist, deren Namen man in höflicher Gesellschaft nicht erwähnt.« Diese Abfuhr fand den Beifall aller, die mit ihm der Meinung waren, daß de Sade der Ausbeutung des anderen Geschlechts jetzt auch noch die Korruption des eigenen Geschlechts hinzugefügt habe.

De Sade scheint zwischen den Mätressen, denen er in seinen Pariser Appartements eine eher konventionelle Liebe angedeihen ließ, und den Mädchen, die er für seine Abende in der *petite maison* engagierte, einen Unterschied gemacht zu haben. Junge Schauspielerinnen wie Mademoiselle Colette waren zwar geneigt, im Monat fünfundzwanzig Louisdor für ihre Liebesdienste anzunehmen und dafür jene Rolle zu spielen, die ihnen de Sade bei seinen Psychodramen vorschrieb. Im allgemeinen aber lehnten sie es nachdrücklich ab, sich dem Harem gemieteter Mädchen in dem Haus in Acreuil zuzugesellen und sich zum Vergnügen des Marquis und der übrigen Teilnehmer mehrfachen Vergewaltigungen, Auspeitschungen, Spülungen oder Klistieren auszusetzen. Normalerweise führte ein Mann, der etwas auf sich hielt, in seinem Pariser Heim ein geordnetes Familienleben und richtete sich nebenbei eine *petite maison* ein, in der er seinen heimlichen Wünschen nachgehen konnte. De Sade dagegen benutzte seine Pariser Wohnungen für die üblichen Torheiten und die *petite maison* für jene Ausschweifungen, die das Gesetz unterschiedslos und verständlicherweise *outrée* nannte. De Sade war der Polizei nicht nur durch die Abenteuer in seinen Appartements und in Arceuil, sondern auch durch seine Besuche in verschiedenen Bordellen bekannt. Er genoß dort nicht nur das unmittelbar gebotene Vergnügen, sondern wählte bei diesen Gelegenheiten auch die Kandidatinnen für seine jeweilige Party in der *petite maison* aus. Ende 1764 konnte über seinen Ruf kein Zweifel mehr bestehen. Man kann vermuten, daß die Mädchen durchsickern ließen, wie sie in Arceuil ausgepeitscht wurden, und auch von widernatürlichem Geschlechtsverkehr war die Rede. Es ist unwahrscheinlich, daß ein Mädchen sich offiziell über Analverkehr beklagte, auch wenn es dafür gute Gründe hatte. Es schwieg nicht etwa aus Prüderie oder moralischer Heuchelei, vielmehr stellte das französische Gesetz jede Art von Geschlechtsverkehr, die nicht den gültigen Vorstellungen von Sitte und Anstand entsprach, unter Todesstrafe, wobei die Frau als passive

Partnerin genausogut gehenkt werden konnte wie der Mann.

Jedenfalls gab es Ende 1764 genügend weinende und sich beklagende Mädchen, so daß Inspektor Marais die Bordellbesitzer »streng davor warnte«, de Sade für seine privaten Orgien mit weiteren Mädchen zu versorgen.

Zu dieser Zeit hatte de Sade festgestellt, daß er von Mademoiselle Colette für sein Geld nicht genügend Gegenleistung erhielt. Er brach die Liaison mit ihr ab und ersetzte sie durch Mademoiselle Beauvoisin, ein besonders schönes junges Mädchen, das vorher von dem Comte du Barry ausgehalten worden war. Sie war als Ballettänzerin für die Oper ausgebildet, doch hatte sich gezeigt, daß ihr Körper mehr einbrachte als ihr Tanz. Es scheint, daß sie und andere junge Frauen vom Corps de ballet, die de Sades sexuelle Partnerinnen wurden, für ihn durch ihre Promiskuität, die letztlich ein Teil ihrer Berufserfahrung war, interessanter als Huren und Bürgerliche waren. Die meisten der Mädchen sahen sehr bald ein, daß sie Liebhaber oder Beschützer benötigen würden und daß Gewandtheit im Bett für die Karriere mindestens ebenso wichtig war wie Geschicklichkeit auf der Bühne. Die Sittenlosigkeit, die in den Ballettschulen und den Tanztruppen herrschte, war allgemein bekannt. Natürlich gab es auch zwischen den Mädchen romantische Affären, und gerade diese Vorstellung muß den Marquis de Sade zu weiteren, noch vollkommeneren Vergnügungen inspiriert haben. In den boshaften Pamphleten jener Tage, die Mademoiselle Beauvoisin erwähnen, wird darauf hingewiesen, daß ihre sexuellen Neigungen nicht ausschließlich dem anderen Geschlecht galten und daß sie, wenn das doch der Fall war, irgendwelchen höchst ungewöhnlichen Variationen dieses Themas nicht abgeneigt war. Hinzu kam der Vorwurf, daß sie zuviel Make-up benütze.

N. Lavreince: ›La soubrette surprise‹ (Sammlung Picard)

Im Sommer 1765 mußte de Sade sich nach La Coste begeben und sich um seine Ländereien oder doch zumindest um die Einziehung der Pachtgelder kümmern. Überdies mußte er auch offiziell als Vizegouverneur in Erscheinung treten; denn für diesen Titel bezog er ein stattliches Gehalt aus der königlichen Staatskasse. In der Provence nahm man die Nachricht, daß der Marquis de Sade mit seiner Frau erscheinen werde, mit Freude und Erleichterung auf. Das Paar wurde von den Dorfbewohnern begeistert empfangen, und das Schloß La Coste wurde der Schauplatz verschwenderischer Feste, die der Marquis für seine vornehmen Nachbarn und Gäste inszenierte.

Die Marquise nahm eifrig an den Aufführungen des Amateurtheaters teil, die dem Marquis Ersatz für seine vergeblichen Versuche als Dramatiker und Schauspieldirektor boten. Wer die Marquise bei der Vorführung ihrer schauspielerischen Talente sah, war beeindruckt von ihrer brünetten Schönheit, obgleich ihre Erscheinung nicht so groß und stattlich war, wie man sie sich vorgestellt hatte. Jedenfalls war sie bereit, ihre wohlgeformten Hüften und ihren Busen zur Schau zu stellen, was ganz de Sades Vorstellung von schauspielerischer Darbietung entsprach. Von Saumane kam der Abbé de Sade zu einem dieser sommerlichen Feste. Und dann platzte die Bombe. Die Frau, welche Besucher und Einheimische als Marquise de Sade geehrt hatten, entpuppte sich als Mademoiselle de Beauvoisin. De Sade hatte es gereizt, sie mit nach La Coste zu nehmen, um an seinem Privattheater ihr dramatisches Talent zu testen. Jetzt konnte realisiert werden, was bisher nur vor seinem geistigen Auge existierte. So hatte er den einfachsten Weg gewählt und die Beauvoisin für seine Frau ausgegeben, während diese in Echauffour hoffnungsvoll auf seine Rückkehr wartete. Er brauchte dabei nicht zu befürchten, daß einer der Gäste auch nur die geringste Vorstellung vom Aussehen der echten

Marquise hatte. Und falls die echte Marquise ihn in späteren Jahren je nach La Coste begleiten sollte, würde wohl kaum einer der Einheimischen den Mut aufbringen, ihn öffentlich des Ehebruchs anzuklagen.

Dennoch war der ganze Schwindel jetzt aufgeflogen. Der Abbé de Sade hatte ihn nicht verraten. Zwar hatte er sofort begriffen, daß es sich bei der vorgezeigten Dame keinesfalls um die Ehefrau seines Neffen handeln konnte, doch behielt er seine Erkenntnis für sich. Auf irgendeine andere Weise war in La Coste die Wahrheit durchgesickert und erreichte schließlich auch die Mitglieder der Familie de Sade und natürlich auch Echauffour. De Sades Tante, die Äbtissin von Cavaillon, schrieb ihm einen vorwurfsvollen Brief. In seiner Antwort leugnete de Sade nicht, mit seiner Geliebten in La Coste gewesen zu sein, doch drehte er den Spieß einfach um und hielt seiner Tante vor, daß sie sich bei weitem nicht so zimperlich gezeigt habe, als sie erfuhr, daß ihre eigene Schwester ganz offen mit einem Liebhaber zusammenlebte. Madame de Montreuil goß ihren Zorn über den Abbé de Sade, dem sie mit einiger Berechtigung vorwarf, den Schwindel in La Coste erkannt und verschwiegen zu haben. Der Abbé begriff, daß er sowohl für die Montreuils wie auch für die Äbtissin den Prügelknaben abgeben sollte, und entzog sich geschickt allen weiteren Angriffen: Er verkündete, daß er an keinem der Feste in La Coste teilgenommen und die zur Diskussion stehende Dame niemals gesehen habe.

De Sade selbst entzog sich der öffentlichen Diskussion und besonders den Zornesblitzen seiner Familie, ging nach Paris und brachte erst einmal Mademoiselle de Beauvoisin in Sicherheit. Dabei bemühte er sich, seinen Rückzug vor allem vor seinem Vater und den Montreuils geheimzuhalten.

Es gab noch schwerwiegendere Gründe für seine Vorsicht. Seit seiner Verhaftung in Vincennes hatte er rundherum Schulden gemacht. Seine Gläubiger und deren Geldeintreiber gesellten sich nun zu den Polizeibeamten, der Schwiegermutter, den klagenden Mädchen und wütenden Männern, die alle auf irgendeine Weise ein Hühnchen mit dem berüchtigten jungen Marquis zu rupfen hatten.

Obwohl de Sade Geschäfte vorschob, derethalben er nicht nach Echauffour zu seiner einsamen jungen Frau zurückkehren könne, hatte er keineswegs Renée-Pélagie und noch weniger ihre jüngere Schwester Anne-Prospère vergessen. Für Anne-Prospère war der junge hübsche Marquis noch immer ein Jungmädchenschwarm, und sie empfand eine nur halb-bewußte Eifersucht gegen ihre Schwester, die seine sexuelle Gunst legal genießen durfte. Es war nur eine Frage der Zeit, wann Anne-Prospère de Sades Geliebte werden würde. Nach Ansicht des Sexualforschers Krafft-Ebing waren die beiden Schwestern de Sade das Vorbild für die berühmtesten Schwestern seiner Romane – Justine und Juliette. Für ihn blieb Renée-Pélagie die sanfte, unterwürfige Ehefrau, nach konventionellen Regeln erzogen, während Anne-Prospère die lüsterne, ja perverse Sexualität verkörperte. Anne-Prospère kannte durchaus die Geschichten, die man sich über seinen Lebenswandel erzählte, doch fühlte sie sich von ihnen weder abgestoßen noch enttäuscht, sondern eher noch stärker fasziniert.

Später setzte de Sade beide Schwestern trotz ausdrücklichem Protest Madame de Montreuils in den Schauspielen von La Coste ein. In diesen dramatischen Phantasien fanden seine geheimen sexuellen Wünsche Ausdruck, zu denen ganz gewiß auch der halb blutschänderische Reiz gehörte, Liebhaber beider Schwestern und das womöglich zur gleichen Zeit im gleichen Bett zu sein. Während er von ihnen getrennt in Paris seine Fähigkeiten an Mademoiselle de Beauvoisin oder den Mädchen in der *petite maison* erprobte, schrieb er

Briefe an seine Frau in Echauffour. Einige der Briefe wurden veröffentlicht, und ihr Inhalt läßt den Schluß zu, daß die gesamte Korrespondenz als eine Art ›geistiger Notzucht‹ an dem empfänglichen Gemüt der vornehm erzogenen Schwestern gedacht war. Renée-Pélagie war auch prompt derart schockiert, daß sie drohte, jede weitere Korrespondenz mit ihm abzulehnen. Andrerseits ging von seinen Briefen ein prickelnder Reiz auf die Schwestern aus. Entdeckten sie in ihnen doch

J. B. Moreau d. J.: ›Le souper fin‹

eine unbekannte Welt, wenn de Sade die höchst bizarren Sitten fremder Länder schilderte. Teile der Briefe verarbeitete er später in seinem ›philosophischen‹ Roman *Aline und Valcour*.

Er schrieb heiter und unterhielt die beiden jungen Frauen mit Erzählungen über den König von Achem, der einen Harem von einigen hundert Mädchen sein eigen nannte. Diese hatte er in drei Gruppen eingeteilt: Solche, die seine sexuellen Ansprüche erfüllen sollten, andere, die nur ausgepeitscht wurden, und schließlich jene, deren Köpfe für Säbelübungen herhalten mußten. Als Beispiel häuslicher Sparsamkeit mußte ein mongolischer Herrscher herhalten, der sich einen Stall mit einem Dutzend Mädchen darin hielt. Täglich sattelte er sie mit einem thronähnlichen Sitz und ritt auf ihren Rücken, als ob er auf einem Elefanten säße. De Sade betont, daß man den Herrscher nicht für einen unfrommen Mann halten dürfe, denn beim Tode eines Prinzen von Geblüt zeigte er seine Frömmigkeit, indem er jedes der Mädchen mit eigener Hand tötete, wie reizvoll er es auch finden mochte. Dieses Vorgehen, behauptete der Marquis zynisch, fände in den betreffenden Ländern allgemein moralische Zustimmung, was nur beweise, wie absurd es sei, einen allgemeinen Standard der Moral festlegen zu wollen. Und dann fügte er noch hinzu, daß der Mogul und seine Nachahmer die Frauen sehr viel weiser behandelten, als es in Europa üblich sei.

Im Herbst 1765 kehrte de Sade schließlich nach Echauffour zurück, zwar voller Widerwillen gegen Familienpflichten, doch offenbar in freudiger Erwartung, die beiden jungen Schwestern wiederzusehen. Anscheinend hatte man die volle Wahrheit über seinen Lebenswandel in Paris bis dahin vor Renée-Pélagie geheimhalten können, und da sie in ihm einen feurigen Liebhaber fand, hatte sie weniger Grund zur Klage als Madame de Montreuil.

Das Ergebnis des Zusammenseins der Eheleute war die Geburt eines Sohnes, Louis-Marie de Sade, im August 1767. Im gleichen Jahr, kurz vor dem frohen Ereignis, starb der Comte de Sade und ließ den Marquis als Oberhaupt der Familie de Sade zurück. Sein Tod konnte für den Sohn, der seinen Vater als Kind kaum gesehen hatte, kein großer persönlicher Verlust gewesen sein. Wenn er ihn als den »gütigsten Vater und besten aller Freunde« in seinem Schreiben an den Abbé Amblet erwähnte, war das wohl kaum mehr als eine formelle Höflichkeit, die man von ihm erwartete. Trotz öffentlicher Verdienste schien der Comte de Sade niemals ein Mensch gewesen zu sein, der große persönliche Zuneigung hervorrief. So verbrachte er auch die letzten Lebensjahre nach gegenseitigem Übereinkommen von seiner Frau getrennt. Donatien-Alphonse-François erbte den Titel eines Comte de Sade, doch hatte er sich – sowenig beneidenswert das auch sein mochte – einen eigenen Ruf als Marquis de Sade aufgebaut, und als solcher wünschte er bekannt zu sein.

Nach dem Tode des Vaters und der Geburt seines Sohnes widmete de Sade sich fast ausschließlich dem Vergnügen und den sexuellen Ausschweifungen in Paris. Er beendete seine Affäre mit Mademoiselle Beauvoisin und ersetzte sie zunächst durch eine professionelle Dirne, dann durch Mademoiselle Le Clair, ein Ballettmädchen. Dann gab es eine Versöhnung mit Mademoiselle de Beauvoisin, dann wieder Streit mit ihr und danach eine ständige Folge von Ballettmädchen, die zwar bereitwillig in sein Bett stiegen, im allgemeinen aber dagegen waren, sich zu seinem und seiner Kumpane Amüsement in der *petite maison* auszuziehen und als Versuchsperson zu dienen.

Sein Leben hatte ein Gleichgewicht von Ausschweifung und Erschöpfung erreicht, und es schien vorhersehbar, daß er allmählich in eine relativ harmlose Sittenlosigkeit absinken würde. So sah sein Leben zu

Ostern 1768 aus. Am frühen Morgen des Ostersonntags, am 3. April, betrat er die Place des Victoires mit ihren hohen, einheitlich geplanten Gebäuden, die mit klassischen Pilastern und schönen Säulengängen geschmückt waren. Er hatte nicht die Absicht, irgend etwas Ungewöhnliches zu unternehmen, und stolperte doch mitten in die hell erleuchtete Szene eines internationalen Skandals. Und dort sollte er für den Rest seines Lebens und noch zwei Jahrhunderte nach seinem Tod verbleiben, geschmäht, gehaßt, sogar gefürchtet und manchmal als Held und Märtyrer verehrt.

Die Neuigkeit erreichte zuerst England – durch einen Brief, den Madame du Deffand, die in den Salons das große Wort führte, eine Woche später an Horace Walpole schrieb. Sie hatte gehört, daß de Sade über die Place des Victoires gebummelt sei und dort eine junge Frau getroffen habe, die sich ihm näherte und um eine milde Gabe bat.

»Er befragte sie eingehend«, schrieb Madame du Deffand, »drückte sein Mitgefühl aus und bot ihr, um ihre Lage zu erleichtern, einen Posten als Hausverwalterin in seiner *petite maison* nahe Paris an... Als sie sie erreicht hatten, zeigte ihr der Marquis jeden Winkel des Hauses und führte sie anschließend in eine Dachstube, wo er ihr befahl, sich auszuziehen. Sie warf sich zu seinen Füßen und bat, sie gehen zu lassen, da sie ein anständiges Mädchen sei. Als Antwort zog er eine Pistole und zwang sie, ihm zu gehorchen. Er fesselte ihre Hände und peitschte sie aus, bis sie blutete. Schließlich holte er eine Salbendose aus der Tasche und versorgte ihre Wunden. Danach ließ er sie auf dem Boden liegen und entfernte sich, um erst am nächsten Tag zurückzukommen. Wieder untersuchte er ihre Wunden und stellte fest, daß die Salbe gewirkt hatte. Unvermittelt zog er ein Messer und brachte dem Mädchen am ganzen Körper Schnitte bei, rieb sie neuerlich mit Salbe ein und verschwand wieder. Dem armen Mädchen gelang es, sich zu befreien und durch ein Fenster auf die Straße zu springen. Man weiß nicht, welchen Schaden sie bei diesem Fall genommen hat.«

Madame du Deffand nennt als Missetäter »einen gewissen Comte de Sade, einen Neffen jenes Abbé, der über das Leben Petrarcas schrieb«. Als dieses Scheusal mit seinem Verbrechen konfrontiert wurde, mangelte es ihm weniger an Reue als vielmehr an Einsicht in seine Schuld. »Er war geradezu stolz auf die unerhörte Schamlosigkeit seines Verbrechens und rühmte sich als Entdecker einer Salbe, die augenscheinlich alle Arten von Wunden heile und die er der Welt in edler Großzügigkeit zum Geschenk gemacht habe.«

Aber Madame du Deffand hatte das Schlimmste noch nicht gehört. Es war eine noch viel unheimlichere Version der Geschichte in Umlauf, wie sie de Sades Rivale, Restif de la Bretonne, in den *Nuits de Paris* (1788) berichtet. Seiner Schilderung nach wurde das Mädchen von de Sade in einen Keller gebracht, wo bereits einige seiner Kumpane warteten. Sie zogen der jungen Frau die Kleidung aus und stellten fest, daß sich ihr Körper vorzüglich für eine Vivisektion eignen würde. Plötzlich wurde ihr bewußt, daß der Keller nichts anderes als ein provisorischer Sezierraum war. Sie wurde auf einem Tisch festgebunden, und de Sade deutete mit dem Finger die vorgesehenen Schnitte an und erklärte den Anwesenden, wie tief man einschneiden konnte, ohne die Patientin tödlich zu verletzen. Begreiflicherweise schrie das Mädchen voller Schrecken, und die Unholde entfernten sich, um die Dienerschaft außer Hörweite zu schicken, denn man wollte keine Zeugen haben. Dem Bericht nach gelang es dem Mädchen, sich währenddessen zu befreien und zu entfliehen. Dabei entdeckte sie noch voller Entsetzen die Überreste dreier Opfer, die allem Anschein nach von dem teuflischen Marquis sorgfältig in Stücke zerlegt worden waren.

*Frontispiz zu einer Ausgabe von ›Justine‹,
auf der de Sade selbst dargestellt sein soll*

Da diese und ähnliche Versionen zuerst in Frankreich, später in ganz Europa verbreitet wurden, ist es nicht überraschend, daß Männer und Frauen voller Abscheu, aber gleichzeitig fasziniert darauf schworen, daß Blaubart und Gilles de Rais in der Person des ungeheuerlichen de Sade wiederauferstanden seien.

Nach diesen sensationellen Berichten erscheint die Version, die das Mädchen Rose Keller selbst von dem Geschehnis gab, vergleichsweise harmlos; doch ergänzt sie einige Details, die zu erwähnen Madame du Deffand als wohlerzogene Frau schlechthin für ungehörig hielt – oder vielleicht auch nur für unpassend einem Mann wie Horace Walpole gegenüber.

Rose Keller stammte aus Deutschland und sprach nur gebrochen Französisch, aber sie hatte auf der Place des Victoires tatsächlich um Geld gebettelt. Sie beschwor, daß der Marquis an sie herangetreten sei: eine angenehme Erscheinung mit grauem Mantel, weißem Muff, einen Spazierstock in der Hand. Er bot ihr Geld an, um ihre Gunst zu kaufen, doch Rose erwiderte, sie gehöre nicht zu dieser Art von Mädchen. Dann, erzählte sie, schien de Sade sich eines Besseren zu besinnen und bot ihr die Stelle eines Stubenmädchens in seiner *petite maison* an. Rose stimmte diesem Vorschlag zu, und de Sade brachte sie in einem Wagen nach Arceuil. Rose mußte beim Dienstboteneingang warten, während er durch das Haupttor ging und ihr von innen öffnete. Hinter der Mauer mit dem Nebeneingang lag ein kleiner Garten, von welchem aus sie das Haus betraten. Er führte sie eine Treppe empor in ein Zimmer, das lediglich mit zwei Betten möbliert war. Unterwegs hatte er sie ein- oder zweimal ganz beiläufig »meine Liebe« genannt, doch hatte sie der Vertraulichkeit keine Bedeutung zugemessen.

Und dann befahl ihr de Sade ganz plötzlich, sich auszuziehen, und drohte, sie zu töten und ihren Leichnam im Garten zu verscharren, falls sie nicht gehorche.

Sie protestierte und wollte wissen, zu welchem Zweck er das verlange, worauf er knapp erwiderte, daß es ausschließlich zu seinem Amüsement geschehe. Da sie eingeschüchtert war und keinen Ausweg sah, gehorchte sie. Sie berichtete weiter, daß de Sade sie in einen angrenzenden Raum geführt habe, in dessen Mitte wiederum ein Bett stand, auf das sie sich – mit dem Gesicht nach unten – legen mußte. An einem Ende des Bettes band er ihre Hände, am anderen ihre Füße fest und befestigte schließlich noch eine hölzerne Latte über ihrem Nacken, so daß es ihr unmöglich war zu sehen, was hinter ihrem Rücken geschah. Aber sie hatte bereits bemerkt, daß de Sade Rock und Hemd abgelegt und gegen ein ärmelloses Wams eingetauscht hatte. Seine hellen Haare waren mit einem Tuch nach oben gebunden. Auch hatte sie voller Angst eine Birkenrute in seiner Hand wahrgenommen. Nachdem er ein Seil um ihre Taille geschlungen und sie damit vollends an das Bett gefesselt hatte, begann er, sie auszupeitschen. Später benutzte er auch einen Stock, um sie zu züchtigen, brachte ihr überdies mit einem Messer Schnitte bei und goß am Ende Siegellack auf ihre Wunden. Als sie schrie, befahl er ihr, still zu sein, da er sie sonst töten müsse. Sie flehte um ihr Leben, beschwor ihn, sie nicht zu töten, da doch Ostern sei und sie noch nicht gebeichtet habe. Worauf de Sade nur zynisch meinte, die Beichte könne er selbst abnehmen. Als die Züchtigung schließlich beendet war, mußte sie sich waschen und ihre Wunden mit Brandy begießen. Dies, erklärte er, würde zwar schmerzhaft sein, aber eine Infektion sicher verhüten. Danach bekam sie etwas zu essen und wurde eingeschlossen. Sie behauptete, schwer verletzt gewesen zu sein, dennoch gelang es ihr, sich an einigen zusammengeknoteten Tüchern in den Garten hinunterzulassen, die Mauer zu überklettern und davonzulaufen, während de Sades Diener ihr nachriefen, sie solle zurückkommen, um ihren Lohn zu kassieren.

Illustration zur Erstausgabe der ›Juliette‹ (1797)

Selbstverständlich stellte de Sade selbst die Geschichte ganz anders dar, und seine Version klingt wenigstens in Teilen viel wahrscheinlicher. Vor allem behauptete er, daß das Mädchen eine Dirne gewesen sei und genau gewußt habe, was ihr bevorstehe. Er habe sie für eine Orgie engagiert, sagte der Marquis und führte als Beweis an, daß zwei weitere Mädchen in der *petite maison* bereits auf ihr Erscheinen warteten. Er gab an, daß Rose Keller eine willige, wenn nicht sogar lüsterne Partnerin gewesen sei und er sie keineswegs gefesselt habe. Während des Vorgangs habe sie freiwillig nackt und bäuchlings auf dem Bett gelegen. Er stellte auch fest, daß er keine Birkenrute, sondern eine Peitsche aus geknoteten Schnüren verwendet habe, was allerdings kaum als mildernder Umstand angesehen werden konnte. Er habe sie weder mit einem Messer verletzt noch mit heißem Siegellack beträufelt. Die Substanz, mit welcher er ihre Wunden behandelt habe, sei eine weiße Salbe gewesen.

De Sade stellte sich der Vernehmung nicht freiwillig. Am Tage nach dem Vorfall verließ er eiligst Arceuil und zwei Tage später Paris. Einer der Richter von Arceuil war ein Nachbar de Sades und besonders verärgert über den Skandal, mit dem der junge Mann diese vornehme Gegend in Verruf gebracht hatte. Er begann mit der einleitenden Zeugenvernahme. Rose Keller, die sich offensichtlich selbst sehr leid tat, brachte ihre Geschichte mit großem Nachdruck vor. Doch die ärztliche Untersuchung wie auch der gesunde Menschenverstand ließen vermuten, daß man nicht alles in ihrer Aussage für bare Münze nehmen durfte. Wäre sie wirklich während der Züchtigung an das Bett gefesselt gewesen, hätten die Schnüre an ihren Handgelenken, Knöcheln und an der Taille gewiß Abschürfungen hinterlassen. Es waren aber keinerlei Spuren zu finden, obwohl sie sehr bald nach dem Vorfall untersucht wurde. Die Striemen auf ihrem Hinterteil stammten dem

Augenschein nach nicht von einer Birkenrute, sondern von einer Peitsche, die der von de Sade beschriebenen Art ähnlich sein konnte. Bis auf die Tatsache der Züchtigung schien also ziemlich alles, was Rose Keller behauptete, recht unwahrscheinlich. Zumal wenn man bedachte, daß ihr Wahrnehmungsvermögen entscheidend eingeengt sein mußte, falls die Fesselung ihren Schilderungen entsprach. Und, so lautete die Ansicht der Spötter, müßte ein Mädchen, das angeblich beinahe totgeschlagen wurde, sich ganz überraschend schnell erholt haben, wenn es sich an zusammengeknoteten Laken in den Garten hinunterlassen, eine hohe Mauer überklettern und dann noch de Sades Dienern davonlaufen konnte.

Andererseits gab es natürlich keine Entschuldigung für de Sade, da er selbst zugab, das Mädchen geschlagen zu haben, und sich darauf beschränkte, um Details zu feilschen. Eine entscheidende Frage mußte noch geklärt werden, und die Antwort darauf konnte ihn möglicherweise entlasten: War Rose Keller freiwillig, wie de Sade beschwor, zu einer ›Lustpartie‹ mitgegangen, die er ihr obendrein vorher angekündigt hatte, oder hatte sie nur eingewilligt, als Stubenmädchen bei ihm zu arbeiten? Der ganze Fall hing hauptsächlich von dieser Frage ab. Doch das war eben die Frage, die nicht mit Bestimmtheit geklärt werden konnte. Zur Verteidigung de Sades wurde angeführt, daß das Mädchen offenbar nicht gefesselt wurde, eine willige Partnerin war und viel von ihrem ›Leiden‹ erst hinterher erfunden habe, um aus dem Marquis ein gehöriges Schmerzensgeld zu pressen. Für Rose Keller könnte man anführen, daß sie sich in einer Notlage befand und keinen anderen Ausweg sah, als de Sades Angebot auf die Stubenmädchenstelle anzunehmen, selbst wenn ihr der Herr mehr elegant als respektabel schien. Sie hätte voraussehen können, daß ihr Arbeitgeber sie anerkennend tätscheln oder kneifen würde, aber nicht, daß sie gleich am ersten Tag mit einer neunschwänzigen Katze ausgepeitscht würde. Wenn sie sich dieser Prozedur freiwillig unterworfen hatte, warum war sie dann davongerannt, ohne ihre Bezahlung abzuwarten? Vielleicht hatte sie das Gefühl, bei längerem Aufenthalt ihr Leben zu riskieren, und zog es daher vor, ihre Bezahlung über das Gericht zu erzwingen.

Für den Gerichtshof war das nur eine akademische Frage. Der jungen Frau waren körperliche Schmerzen zugefügt worden, und das konnte man keinesfalls entschuldigen, selbst wenn sie eine Hure gewesen wäre. Die de Sades und die Montreuils beschlossen, das Verfahren gegen ihren exzentrischen Sohn zu beenden, indem sie Rose Keller auszahlten. Das Mädchen war nicht unzugänglich, aber sie erwies sich als teuer. Nur zögernd gab sie sich mit einem Betrag von zweitausendvierhundert Livres zufrieden, eine Summe, die für jemanden in ihrer Lage ein Vermögen bedeutete. Tatsächlich erhielt sie für ein oder zwei sehr unangenehme Stunden und einige Minuten wirklicher Schmerzen, die man im 18. Jahrhundert in gleichem Grade etwa bei einem Zahnarzt hinnehmen mußte, mehr Geld, als sie jemals zuvor in ihrem Leben gesehen hatte.

Die Behörden kümmerten sich nicht um die Abmachung zwischen de Sades Familie und dem geschädigten Mädchen. Eine Missetat war begangen worden, und zwar am Ostersonntag, wodurch sie einem Sakrileg nahekam. Wenn de Sade auch am 5. April, zwei Tage nach dem Vorfall, aus Paris geflohen war, gab es für ihn kein Entrinnen. Ludwig XV., der fünf Jahre zuvor an de Sades glänzender Hochzeitsfeier teilgenommen hatte, gab Befehl, den Marquis ein zweites Mal zu inhaftieren. Das erwies sich als sehr einfach. Zwei Tage später wurde dem Kommandanten des Schlosses Saumur angekündigt, daß er einen neuen Gefangenen zu erwarten habe.

Illustration zur Erstausgabe der ›Juliette‹ (1797)

Je nachdem, von welchem Standpunkt aus man de Sades Leben betrachtet, erscheint es entweder als der Ausdruck des absolut Bösen, oder es stellt sich als heroischer Kampf des Individuums gegen die Unterdrükkung durch das allmächtige Gesetz dar, wenn nicht sogar als brillant vorgelebte Konsequenz des einzigen Philosophen, der die Hoffnungslosigkeit dieses Daseins erkannt hatte und der erschreckenden Perspektive mit Logik und Gelassenheit gegenüberstand. Tatsächlich war der größte Teil seines Lebens eine makabre Farce. Als Gefangener in Saumur durfte er sich nach Belieben im Schloß frei bewegen, und oft dinierte er als Gast beim Kommandanten. Er machte kein Geheimnis aus dem, was er Rose Keller angetan hatte, denn es empörte ihn zutiefst, daß er dafür eingesperrt wurde. Als er von Saumur in ein anderes Gefängnis verlegt wurde, protestierte er unterwegs unaufhörlich, da er doch nichts weiter getan habe, als ein Mädchen auszupeitschen.

Derweil lief in Paris ein Verfahren gegen ihn, das nicht mehr und nicht weniger bezweckte, als sein Eigentum zu konfiszieren. Kein Wunder, daß der erneut Angeklagte in seinem Lyoner Gefängnis tobte. Er tobte gegen die Richter und beschimpfte sie in einem Pamphlet, das er *Der mystifizierte Magistrat* nannte. Darin bezichtigte er sie, sich »viel mehr um das ausgepeitschte Hinterteil einer Hure zu kümmern als um die Wohlfahrt eines Volkes, dessen Väter sie sein wollten, und nicht verhinderten, daß dieses Volk verhungere«. Sich selbst beschrieb de Sade als »einen jungen Soldaten, der heimgekehrt war, nachdem er die besten Jahre seines Lebens im Dienste des Königs geopfert hatte. Doch ihn erwartete kein Ruhmeslorbeer, sondern nur Demütigung, die ihm von den wahren Feinden des Landes bereitet wurde, für welches er gekämpft hatte«.

De Sades absurde Ansicht über die »Ungerechtigkeit«, die ihm widerfuhr, scheint zunächst reiner

Selbstbetrug zu sein, doch schaut man hinter die Kulissen, wirkt sie gar nicht mehr so grotesk. Verglichen mit etlichen seiner Zeitgenossen hatte er wirklich Pech. Aber die sexuellen Verirrungen und perversen Kapriolen der Aristokratie und der Höflinge verlangten schon seit Jahren nach einem juristischen Exempel, damit wenigstens nach außen hin der Anschein gewahrt wurde, diesem Treiben ein Ende zu setzen. Konnte man einen besseren Sündenbock finden als einen jungen Mann, der neben seinen übrigen Missetaten auch noch das Sakrileg begangen hatte, sich ausgerechnet den Ostersonntag für seine Ausschweifungen auszusuchen? Hatten die Behörden erst einmal bewiesen, daß sie dagegen angingen, konnten sie es sich leisten, der Gesellschaft ihre diskreten Fehltritte auch weiterhin zu gestatten.

Es war unmöglich, eine totale moralische Reformation durchzuführen, denn eine derartige Aktion hätte vor allem beim König selbst beginnen müssen. Ludwig XV. war in vieler Hinsicht ein populärer Herrscher. Hatte er sich von einer schweren Krankheit erholt oder war er einem Attentat entgangen, konnte er Triumphe feiern wie bei der Eroberung von Freiburg oder nach der Schlacht bei Fontenoy, war die echte Begeisterung des niederen Volkes über jeden Zweifel erhaben. Es bereitete ihm einen stürmischen Empfang nach dem anderen. Es gab aber auch andere Seiten in Ludwigs Charakter, die durchaus nicht immer Wohlgefallen hervorgerufen hatten. Als junger Mann bekundete er ein alarmierendes Desinteresse gegenüber dem weiblichen Geschlecht, während es ihn zu attraktiven jungen Männern zog. Die betreffenden Jünglinge wurden von den Ratgebern des Königs eilends kassiert und ins Exil geschickt. Als Ludwig sich erkundigte, warum man sie weggeschickt habe, wurde ihm gesagt, man habe sie dabei ertappt, als sie in den königlichen Parks Palisaden ausreißen wollten, sie seien »arracheurs des palisades«. Die Sache sprach sich herum und wurde so bekannt, daß noch nach Jahren jedermann wußte, was gemeint war, wenn von einem »arracheur des palisades« die Rede war.

Es bedurfte einer Gräfin von Toulouse und der Madame de Vrillière, einer reifen Frau von großer Schönheit und beträchtlicher praktischer Erfahrung, um die sexuelle Erziehung Ludwigs in die richtigen Bahnen zu lenken. Er fand daraufhin, daß diese Damen den exilierten Knaben in jeder Hinsicht vorzuziehen seien, und bald waren die Tage vorbei, da man Bilder von amourösen Schäfern und Schäferinnen herumliegen ließ in der Hoffnung, Ludwig werde sie finden und durch sie die wahre Form sexuellen Verhaltens begreifen. Die Entdeckung der Wonnen, welche Frauen gewähren können, war das größte Erlebnis des Königs, und die verschiedenen Beweise seiner Leidenschaft, die er seiner jungen Königin nach der Hochzeit erbrachte, müssen für sie ebenso befriedigend wie überraschend gewesen sein. Ludwig besah sich voll Interesse den Harem potentieller Mätressen, der ihn umgab, und suchte sich zunächst die drei Schwestern Mailly-Nesles aus. Die Gräfin von Mailly, die Gräfin von Vintimille und die Herzogin von Châteauroux. Van Loo's Porträt, auf welchem die Schwestern nackt als ›Die drei Grazien‹ dargestellt sind, zeigt ihre neoklassische Schönheit mit dunklen Augen, geflochtenem Haar, die blassen Körper ebenmäßig gestaltet. Die Älteste scheint etwas größer und schwerer gebaut, die beiden Jüngeren schlanker und jungfräulicher. Man erzählt sich, daß es Ludwigs Traum war, mit allen dreien gleichzeitig zu schlafen, um jenes fast schon blutschänderische Vergnügen zu genießen, das auch dem Marquis de Sade so verlockend schien. Der Skandal um die drei Schwestern sprach sich bald herum. Als die Gräfin von Mailly eines Tages die Kirche von St. Roch betrat, die gleiche, in der de Sades Hochzeit stattgefunden hatte, begann eine Gruppe von Damen laut darüber zu diskutieren, daß man sie eigentlich für eine ganz gewöhnliche Hure halten könne. Die Gräfin ging auf die Gruppe zu und sagte: »Meine Damen, da Sie so gut Bescheid darüber wissen, wie man sich als ganz gewöhnliche Hure fühlt, vergessen Sie nicht, mich in Ihre Gebete einzuschließen.«

Ludwigs weitere erotische Laufbahn ist allgemein bekannt. Seine berühmteste Mätresse, Madame von Pompadour, beherrschte sein Leben von 1745 an bis beinahe zu ihrem Tode im Jahre 1764. Sie hatte rechtzeitig erkannt, daß ihr Charme den König nicht auf die Dauer fesseln würde, und versuchte daher erst gar nicht, das Verhältnis mit ihm zu strapazieren; statt dessen hielt sie ihn bei Laune, indem sie ständig neue Mädchen für ihn engagierte. 1755, als Frankreich sich auf den Siebenjährigen Krieg vorbereitete, wurde der sogenannte Hirschpark, eine Villa in Versailles, wohl die berühmteste *petit maison* der Welt. Dorthin ging der König inkognito, um sich mit den Mädchen zu amüsieren, die seine Mätresse für ihn ausgesucht hatte. Er hatte eine Vorliebe für junge Frauen aus dem Volke, Verkäuferinnen, Näherinnen und andere, die eine Neigung zur Prostitution hatten. Sie hielten den König für einen polnischen Edelmann, der sich mit ihnen vergnügen wollte. Sein Inkognito wurde gelüftet, als eines der Mädchen seine Taschen durchstöberte und an ihn gerichtete Briefe fand, Briefe des Königs von Polen und eines Marschalls an den König von Frankreich.

Der Klatsch des 18. Jahrhunderts schilderte den Hirschpark als privaten Harem, aber oft genug wohnte nur ein einziges Mädchen dort. Das bekannteste von ihnen war die fünfzehnjährige Louise O'Murphy, die in einem berühmten Gemälde Bouchers, herausfordernd auf einem Sofa liegend, verewigt ist.

Der Kult der *petite maison* eröffnete neue Wege zu einem bisher unbekannten Genre der Malerei und Dekoration. Sehr bald spiegelte sich die neue Richtung in der erotischen Kunst jener Tage wider. Sie drückte sich auch in Möbeln und Gerätschaften aus, die weit eher vulgär als erotisch gerieten. Da war der legendäre Trick-Stuhl, bei dem sich geheime Bügelfedern lösten, sobald das weibliche Opfer darauf Platz nahm. Arme und Beine der Unglücklichen wurden festgehalten, die Rückenlehne des Stuhles klappte nach hinten, so daß die Dame mit erhobenen, gespreizten Beinen in unzweideutiger Haltung vor den Augen ihres hinterhältigen Verführers lag. Da die Vorstellung nur vollen Erfolg hatte, wenn die Dame gehorsam in der genau richtigen Stellung blieb, war es wohl mehr als praktischer Scherz für die johlenden Vergnügungen eines *petite maison* gedacht denn als ernsthafte Hilfe für einen ungeübten Verführer. Zur gleichen Sorte gehörte auch das sogenannte ›Idolum Tentiginis‹, das Idol der Leidenschaft. Das wàr ein Schaukelpferd in Gestalt eines Hahnes, der, den Kopf auf den Rücken gedreht, seinen penisförmigen Schnabel dem Reiter entgegenhielt. Es wurde von den gemieteten Mädchen zur scheinbaren Vorbereitung auf das Liebesspiel geritten, doch muß man seine Nützlichkeit stark bezweifeln. Die Mädchen ritten es vielmehr zum Amüsement ihrer Mieter als zum eigenen Vergnügen.

Nur wenige der *petites maisons* konnten mit solchen Kostbarkeiten wie dem obszönen Speiseservice aufwarten, welches sich der Regent in Sèvres anfertigen ließ, doch herrschte sonst kein Mangel an erotischer Ausschmückung. Schäferinnen mit weißen Brüsten liebten Schäfer auf Tassen und Untertellern, Nymphen und Satyre tanzen und kopulierten auf den Deckeln von Schnupftabakdosen; auf emaillierten Medaillons gaben sich Gruppen von Mädchen ihren Liebhabern in der unendlichen Vielfalt ›ausgeklügelter‹ Stellungen hin, wie man diese Art von Gruppensex beschönigend nannte.

Auch die Malerei wurde von diesem Kult beeinflußt. Den Malern war jeder Vorwand recht, um auf ihren Bildern nackte Frauen voller Sinnlichkeit darzustellen. Zum Wohlgefallen der Männerwelt befaßte man sich dabei besonders mit dem Verhältnis der Frauen zueinander, selbst Boucher malte ein Mädchen, das sich in Gegenwart eines anderen Mädchens auffällig ihre Geschlechtsteile wäscht. Natürlich rechnete man damit, daß in der Phantasie des Betrachters das Mädchen sich nicht nur wusch, sondern ein bißchen mehr tat. Allgemein beliebt waren Bilder, die Mädchen im Bade zeigten, oder eine Venus, die nackt dem Wasser entstieg und in die Arme einer Gespielin sank. Die Zweideutigkeit eines Gemäldes wie Greuzes ›Freundinnen‹, das darstellt, wie die Hand eines halbnackten Mädchens in sozusagen ›verbotene Gefilde‹ abirrt, war auf den Geschmack der Besitzer einer *petite maison* abgestellt.

Der betonte Zynismus der adeligen Herren des 18. Jahrhunderts schrieb den weiblichen Wesen aller Altersstufen sexuelle Begierden zu. Auf Coypels Gemälde ›Jeu d'enfants à la toilette‹ spielen Kinder mit dem Make-up der Erwachsenen. Eines der kleinen Mädchen hat sich mit Schönheitspflästerchen geschmückt. Die Pflästerchen im Gesicht des Kindes, nahe dem Auge, waren allgemein bekannt als Zeichen für eine sinnliche Frau, die auf sexuelle Abenteuer begierig ist. Auf dem Bild hebt das kleine Mädchen seinen Rock, um das Pflästerchen auf der Hüfte zu zeigen. Es war bei den Damen große Mode, Schönheitspflästerchen am Körper zu tragen, um die Aufmerksamkeit des Liebhabers in eine bestimmte Richtung zu lenken, doch das Mädchen auf dem Bild sieht wirklich noch viel zu jung für solche Spiele aus. Um aber solche Einwände in der richtigen Perspektive zu sehen, sollte man sich daran erinnern, daß Madame de Bonneval bereits mit neun Jahren als mögliche Mätresse für Ludwig XV. ausgewählt wurde.

1768, als de Sade im Gefängnis saß, war es jedoch nicht der Kunststil, sondern der Lebensstil in den *petites maisons*, der Anlaß zu Kritik und Gerede gab. Bei einem Diner, an dem auch ein Mitglied der Familie Condé teilnahm, kam es zu einem scheußlichen Zwischenfall. Nachdem die Herren eine schwangere junge Frau ihrer Kleider beraubt hatten, benutzten sie eine brennende Kerze, um – wie zeitgenössische Verse es ausdrückten – zu sehen, ob der Rauch im Kamin hochziehen würde. Sie hatte noch monatelang unter den Folgen zu leiden, doch ihre Peiniger wurden nicht vor Gericht gestellt. Auch bei denen, die ihre gemieteten Mädchen nicht absichtlich peinigten, waren Perversitäten gang und gäbe. Meist waren sie von der Art, die dem Fürsten Conti zugeschrieben wurde, nachdem sich ein Mädchen wehleidig bei Sophie Arnould über ihn beklagt hatte. Der Fürst benutzte seine Ballettmädchen in einer Art, die sonst nur im Umgang mit Lustknaben üblich war. Eine noch weit merkwürdigere Manie hatte der Bankier Peixotte, der – sozusagen als Vorspiel – verlangte, daß ein Mädchen nackt auf allen vieren herumkrabbeln solle, wobei sie einen Schwanz aus Pfauenfedern, die mit einer Perlenfassung zusammengehalten wurden, im Hintern trug. Peixotte wurde das Opfer einer raffiniert eingefädelten Rache, als Freunde eines der Mädchen plötzlich ins Zimmer stürmten, sich als Polizeibeamte ausgaben und dem Bankier einredeten, daß er nur durch ein volles Geständnis strafrechtlichen Folgen entgehen könne. Das abgegebene Geständnis wurde eiligst gedruckt und zur tiefen Demütigung des Bankiers in ganz Paris feilgeboten.

Mindestens im Vergleich zu den übelsten Vorfällen in den *petites maisons* nahmen sich de Sades Vergehen an Rose Keller noch relativ harmlos aus. Bei Hofe erzählte man sich, daß Madame Dubarry, die Nachfolgerin der Madame Pompadour, durchaus geneigt war, ein Mädchen, das ihr gefiel, auszupeitschen. Es galt

Illustration zur Erstausgabe der ›Juliette‹ (1797)

nicht als schlechthin verdammenswert, anderen Menschen körperliche Schäden beizubringen, versuchte doch selbst die Obrigkeit auf höchst legale Weise, durch öffentliche Schaustellung brutalster Folterungen ihren Gesetzen Nachdruck zu verleihen. Man braucht dabei gar nicht an die grauenvollen Qualen der Menschen zu denken, die auf die gleiche Weise hingerichtet wurden wie Robert-François Damiens, der ein Attentat auf den König verübt hatte, oder an die Folterungen beim Verhör des Calvinisten Jean Calas, der angeklagt war, seinen eigenen Sohn ermordet zu haben. Aber es ist völlig abwegig, sich vorzustellen, daß die Zeugen des Strafvollzuges an Jeanne de la Motte, die ausgepeitscht und gebrandmarkt wurde, sich irgendwelche Gedanken über das Rechts- oder Strafsystem Frankreichs machten. Jeanne hatte das Vertrauen der Königin mißbraucht, ein wertvolles Halsband auf Kredit erworben und es zu ihrem eigenen Vorteil verkauft. Sie wurde verurteilt, nackt, auf einen Karren gebunden, vom Henker ausgepeitscht zu werden. Dann sollte er ihr auf beide Schultern ein ›V‹ für ›voleuse‹, das heißt Diebin, brennen. Als sie nach der Auspeitschung vom Karren losgebunden wurde, biß und kratzte sie den Henker dermaßen, daß man sechs Männer brauchte, um sie festzuhalten. Man konnte die Brandzeichen nur mit Müh und Not anbringen, ohne besonders darauf zu achten, wohin sie trafen.

Wenn die obersten Stellen demnach meinten, es sei an der Zeit, Moral und Sitten der Untertanen zu reformieren, kann man verstehen, daß ihnen ein Fall wie de Sades Entgleisung durchaus gelegen kam; denn dieser Fall war wirklich nur von de Sades eigenem Standpunkt aus entschuldbar. Andrerseits hatte de Sade einigen Grund, sich als Sündenbock zu fühlen, wenn er auch die sexuelle Emanzipation mit großem Nachdruck vertrat, so erstreckte sich seine Toleranz nicht auf die käuflichen Mädchen, die er engagierte. Wie er in *Aline*

Illustration zur Erstausgabe der ›Juliette‹ (1797)

und Valcour bemerkt, hörte man sich die Klagen derartiger Mädchen über mögliche Mißhandlungen nur in Paris und London an. In Polen und Italien durften sie sich nur beklagen, wenn man sie nicht bezahlt hatte. Einem Mädchen, »das sich beklagte, weil man ihr eine Tracht Prügel verabreicht hatte, drohte man mit Gefängnisstrafe, weil es die wertvolle Zeit der Richter mit solchem Unsinn vergeudet habe«. Laut de Sade gab man in zivilisierten Ländern diesen Mädchen den Rat, sich einen anderen Beruf zu suchen, wenn ihnen dieser nicht gefiel; andernfalls hatten sie sich eben mit seinen Nachteilen abzufinden.

Es schien, als sollte die Inhaftierung de Sades auf Befehl des Königs den gleichen Zweck verfolgen wie die des Herzogs von Richelieu. Man wußte nicht, wie lange die Haft dauern würde, aber voraussichtlich konnte man eher mit Wochen als mit Monaten rechnen.

Schließlich wollte man einen so nützlichen Mann wie Richelieu nicht zum Kriminellen stempeln, sondern lediglich seine Fehler bestrafen. Aber in de Sades Fall wurden aus Wochen Monate, und der Sommer verging, ohne daß es ein Anzeichen für seine Entlassung aus der Festung Pierre-Encise in Lyon gegeben hätte. Es gab einen Hoffnungsschimmer, als Renée-Pélagie, die nach Lyon gereist war, ihren Gatten besuchen durfte. Aber nichts geschah. Im Gegenteil, man legte ihr nahe, sich auf einen langen Gefängnisaufenthalt ihres Gatten gefaßt zu machen. Ludwig XV. sei besonders ungehalten über die kriminellen Ausschweifungen des jungen Mannes und habe nicht die Absicht, seine Freilassung anzuordnen.

Völlig unerwartet teilte man Renée-Pélagie Anfang November mit, daß sie ihren Ehemann, so oft sie wolle, besuchen könne. Am 16. November verfügte der König schließlich de Sades Freilassung unter der Bedingung, daß er auf seine Besitzungen nach La Coste zurückkehre und dort bleibe. De Sade nahm diese Bedingung an und wurde freigelassen. Er hatte in Madame de Montreuil, dem Abbé de Sade, Renée-Pélagie und allen anderen, die sich um ihn sorgten, die Hoffnung erweckt, daß er nun seine Lektion gelernt habe und in Zukunft ein mustergültiger Ehemann und ein Beispiel aristokratischen Anstands sein werde. Als er von Lyon in Richtung Avignon nach La Coste fuhr, verfluchte er noch immer die Hure Rose Keller und bedauerte lediglich, daß ihr das Gericht nicht eine zusätzliche Tracht Prügel verabreicht habe.

Das Todesurteil

In den Augen seiner Nachbarn kehrte de Sade nicht als entehrter, berüchtigter Wüstling auf seine Güter zurück. Natürlich hatte es Gerede und Skandalgeschichten über die Sache mit Rose Keller gegeben, aber vernünftige Leute nahmen einen nüchternen Standpunkt ein und nahmen die kleine Panne nicht weiter wichtig. Natürlich war de Sade auf Befehl des Königs mehrmals eingesperrt worden, doch das bedeutete nicht viel. Das erste Mal, im Jahre 1763, war es nur eine kurze Haft gewesen, und das Delikt war schließlich nicht schlimmer als jenes, das seinem Onkel, dem Abbé, zur Last gelegt wurde. Die monatelange Haft im Fall Rose Keller mochte etwas ernster sein, aber es fehlte nicht an Parallelfällen. Sogar der große Marschall von Frankreich, der Herzog von Richelieu, hatte eine Weile in der Bastille sitzen müssen, als seine Liebesaffären zu viel öffentliches Ärgernis erregten. Doch als er siegreich von Fontenoy zurückkehrte und als er Admiral Byng in Minorca geschlagen hatte, war er der vielumjubelte Held.

1768 wurde de Sade aus dem Gefängnis entlassen, und nichts deutete darauf hin, daß er sich jetzt erst recht zum sprichwörtlichen Wüstling entwickeln würde. Schon der Gedanke daran war einfach absurd. Freilich, er hatte sich die eine oder andere Ausschweifung zuschulden kommen lassen, doch das machte ihn noch lange nicht zum notorischen Wüstling, ebensowenig wie seine wirklich banalen Verse ihn zum Dichter machten. Sex und Literatur dienten weiterhin zu seiner Unterhaltung, waren aber doch nicht sein alleiniger Lebensinhalt. Als Persönlichkeit des öffentlichen Lebens war er noch immer der junge, stattliche Vizegouverneur der Provinzen Bresse und Bugey. Die höchste Amtsgewalt nächst dem König war seinem Cousin, dem Fürsten von Condé, vorbehalten. De Sade war sich seiner ehrenvollen Stellung wohl bewußt, doch war sie für ihn nur das Sprungbrett zu einem aktiveren Leben. Während der allgemeinen Demobilisierung, die 1763 dem Frieden von Paris folgte, hatte er sich aus der Armee zurückgezogen, doch sein Ehrgeiz war, wieder aktiv zu werden.

De Sade schrieb dem Fürsten Condé und beschwor ihn, sich beim König für ihn zu verwenden und ihm die Stellung eines Obersten in einem Kavallerieregiment zu beschaffen. Diese Laufbahn, versicherte er, wäre »das größte Glück meines Lebens«. Nichts ließe sich für einen Mann der Tat mit dem Dienst für König und Vaterland vergleichen.

Kurz bevor der Skandal wegen Rose Keller aufkam, war de Sade zum Eskadronchef ernannt worden. Das war weniger, als er erhofft hatte, aber ganz gewiß mehr, als ihm in den Monaten nach dem Zwischenfall in Arceuil gewährt worden wäre. Aus seinem Exil in La Coste machte de Sade die größten Anstrengungen, um wieder in die burgundische Kavallerie aufgenommen zu werden, welcher er als Reserveoffizier angehörte. Er fuhr nach Fontenay-le-Comte nahe der Küste des Golfes von Biscaya, stellte sich dort dem Oberst des Regimentes vor und ersuchte darum, wieder in den aktiven Dienst eintreten zu dürfen. In ziemlich scharfer Form legte man ihm nahe, zu verschwinden. Endlich, nachdem er den Kriegsminister lange genug belästigt hatte, erhielt er den Titel eines Marschalls der Kavallerie, nicht mehr als ein Ehrenamt, das auch sein Vater innegehabt hatte und das eher an prominente Adlige als an erfolgreiche Offiziere vergeben wurde. Doch dieser bescheidene Ehrenposten hatte einen entscheidenden

Nachteil: Man entzog ihm gleichzeitig seinen Rang in der burgundischen Kavallerie, und wenn es auch nur geschah, um dem unglücklichen Oberst weitere Besuche des aufdringlichen Marquis zu ersparen.

Obwohl de Sade Paris und seinen Attraktionen fernbleiben mußte, hinderte ihn nichts daran, größere Reisen zu unternehmen. Im Herbst 1769 besuchte er Holland, wo er die Theater annehmbar, die holländische Gesellschaft aber ebenso dumm wie phlegmatisch fand. Zu dieser Zeit mag er auch England besucht haben, wo er, wie er behauptete, eine Abschrift des Prozesses gegen Jeanne d'Arc zu sehen bekam, auf die er sich später in seinem Roman *Isabella von Bayern* bezog. Seiner Aussage nach befand sich die Abschrift in der Royal Library, vermutlich in der Sammlung, die Georg III. dem Britischen Museum übergeben hatte.

Während dieser Zeit weilten Renée-Pélagie und ihre Schwester in Paris. Dort wurde im Juni 1769 de Sades zweiter Sohn, Donatien-Claude-Armand, geboren, der anscheinend bei einem der Besuche Renées im Gefängnis von Lyon gezeugt worden war – immerhin ein interessanter Beweis für die damals verhältnismäßig milden Strafbedingungen für Aristokraten. Renée-Pélagie und Anne-Prospère folgten de Sade nach La Coste, wo 1771 im April de Sades letztes Kind, seine Tochter Madeleine-Laure, zur Welt kam. Im Gegensatz zu seinen Romanhelden, die mit hämischer Freude ihre eigenen Töchter verderben, und der Begeisterung, mit welcher seine Helden behaupten, die Töchter seien das sexuelle Eigentum ihrer Väter, ist es bemerkenswert, daß de Sade kaum Zuneigung für seine Tochter, geschweige denn physisches Verlangen nach ihr empfand. Er stellte fest, daß sie dumm und gewöhnlich sei, und schließlich mißfiel sie ihm beinahe genauso sehr wie sein zweiter Sohn.

Kaum aus seiner dritten Haft entlassen, die er wegen einiger unbezahlter Rechnungen verbüßen mußte und die nur wenige Tage dauerte, engagierte de Sade eine Schauspielertruppe für sein Privattheater in La Coste. Madame de Montreuil protestierte sehr ungehalten gegen die indezenten Rollen, die ihre Töchter in den Stücken übernehmen mußten, doch die Töchter selbst beklagten sich nicht. Anne-Prospère, seine Schwägerin, hatte nur eine wirkliche Sorge, und die lag in ihrer

Marseiller Hafenszene, 18. Jahrhundert

sexuellen Eifersucht begründet, die sie allen Frauen, ihre eigene Schwester nicht ausgenommen, entgegenbrachte. Renée-Pélagie kannte diese Leidenschaft, wenn auch vielleicht nicht im vollen Umfang. Wie weit sie sich an der sich anbahnenden Dreiecksbeziehung beteiligte, ist ungewiß, jedenfalls unternahm sie nichts, um ihre Entwicklung zu verhindern.

Im Juni 1772 begab sich de Sade in Geschäften nach Marseille. Paris war für ihn noch zu gefährlich, und überdies beschäftigten ihn andere Angelegenheiten. Er nahm seinen Diener Latour mit. Zwei Wochen später hörten die Hauptstädte Europas voller Schrecken von der mörderischen Orgie, die der verbrecherische Marquis inszeniert hatte und die manchen Berichten nach den übelsten sexuellen Exzessen gleichkam, die aus der Zeit des Niedergangs des Römischen Reiches überliefert werden. Ein Bericht sprach von einem glänzenden Kostümball, den der Marquis für die beste Gesellschaft von Marseille gegeben hatte. Auf dem Höhepunkt des Festes stellte sich heraus, daß die Schokolade, die der teuflische Zeremonienmeister seinen Gästen gereicht hatte, vergiftet war. Sehr bald war der Ballsaal und waren die Straßen ringsum von stöhnenden Männern und Frauen bedeckt, die sich in Todeskrämpfen wanden.

Doch die Sache hatte noch eine andere Seite. Einige Frauen hatten offenbar nur eine geringe Dosis zu sich genommen. Sie starben nicht. Aber sie stürzten aus dem Haus, rissen sich die Kleider vom Leib, packten den nächstbesten Mann und flehten ihn an, sie zu befriedigen. Der dämonische Marquis hatte sie in einen derartigen Zustand sexueller Raserei versetzt, daß sie entweder Befriedigung finden oder verrückt werden mußten.

Es ist kaum überraschend, daß die wirklichen Fakten weit weniger spektakulär waren. Aber sie waren dennoch außergewöhnlich genug.

De Sade hatte die Mädchen in der Provence immer für leidenschaftlich und heißblütig gehalten. Sie waren auch im Gegensatz zu den kühlen Pariserinnen eher bereit, an außergewöhnlichen Sexspielen teilzunehmen. Bei seiner Ankunft in Marseille hatte er in der Rue des Capucins, nicht weit von der Hafengegend, ein Appartement gemietet. Es gehörte der dreiundzwanzigjährigen Mariette Borelly, die durchaus geeignet schien, Aufsicht über die Mädchen bei de Sades Orgien zu führen. Wie üblich schickte de Sade seinen Diener um ein paar Mädchen aus, die bereit waren, sich seinen speziellen Wünschen zu unterwerfen. Latour fand dann auch drei willige Opfer und bestellte sie für den Morgen des 27. Juni in das Appartement des Marquis. Die jüngste, Marianne Laverne, war 18 Jahre alt, während ihre beiden Gefährtinnen, Marianette Laugier und Rose Coste, zwei Jahre älter waren.

Nachdem die Borelly und die drei Mädchen eingetroffen waren, gesellten sich de Sade und seine Diener zu ihnen. Sie erwählten zuerst die Jüngste, Marianne Laverne, und führten sie in ein angrenzendes Zimmer. Später sagte sie aus, sie habe mit dem Gesicht nach unten auf dem Bett gelegen, neben ihr Latour, und de Sade habe sie mit der Hand ausgepeitscht, während er mit der anderen Latour in Erregung brachte. Dann schickte de Sade Latour aus dem Zimmer. Er zog eine Dose mit Bonbons hervor und erklärte ihr, diese seien ein gutes Mittel gegen Blähungen und würden bewirken, daß sie ihre Winde lassen könne. Sobald dies geschehen sei, werde er sie von hinten nehmen oder zusehen, wie sein Diener diesen Akt an ihr vollzöge. Marianne Laverne schwor, daß sie den analen Verkehr verweigert habe, da sie wußte, daß dies unnatürlich sei und bei Todesstrafe verboten war. Doch kann man diese Darstellung, der sich auch die anderen Mädchen anschlossen, getrost als Schutzbehauptung ansehen. Vor allem ist es unwahrscheinlich, daß Latour die Mädchen darüber im Zweifel ließ, was man in dem Appartement in der Rue des Capucins von ihnen erwartete. Überdies scheint es doch zumindest sonderbar, daß ein Mädchen sieben oder acht der suspekten ›Bonbons‹ zu sich nahm, wenn der Gedanke an das Bevorstehende sie dermaßen abstieß. Schließlich sollten die Bonbons sie ja erst in die Lage versetzen, die ihr an diesem Spiel

Illustration zur Erstausgabe der ›Juliette‹ (1797)

zugedachte Rolle zu übernehmen. Obwohl es für de Sades späteres Schicksal unerheblich blieb, scheint das Mädchen sich doch selbst in die gewünschte Kondition für den gewünschten Zweck gebracht zu haben. Nach den geschilderten Präliminarien brachte de Sade eine Peitsche zum Vorschein, die mit Nadeln besetzt war. Er gab sie dem Mädchen und befahl ihr, ihn damit zu schlagen. Wahrscheinlich wollte er nach dem ersten Geschlechtsverkehr seine Potenz jetzt wieder kräftigen. Sie gab ihm drei halbherzige Schläge und weigerte sich dann, weiterzumachen. Sie mußte darauf gefaßt sein, nun selbst ausgepeitscht zu werden, konnte sich jedoch nicht überwinden, selbst die Peitsche zu schwingen. De Sade kochte vor Zorn. Er tadelte, daß sie ohnedies nicht fest genug schlage, und befahl ihr, einen Besen zu holen. Der Besen wurde beschafft, und durch den vertrauten Gegenstand weniger eingeschüchtert, machte sich das Mädchen wieder an die Arbeit. Aber als ob die ganze Episode für eine Komödie erdacht worden wäre, stellten sich neue Komplikationen ein. Marianne Laverne beklagte sich über zunehmende Übelkeit und ging auf die Suche nach einem Glas Wasser. In de Sades Romanen war es solch prosaischen Belanglosigkeiten nicht gestattet, die erotischen Phantasien zu dämpfen, die Unpäßlichkeit des Mädchens muß ihn doppelt frustriert haben.

Anscheinend hing eine Art allgemeiner Verdrießlichkeit statt flammender Erotik über der Szene. Marianne Laverne saß in der Küche und jammerte über ihre Magenschmerzen, Latour und die beiden anderen Mädchen saßen da und warteten, daß irgendwas geschehe, und de Sade war allein in seinem Schlafzimmer. Aber da war noch Mariette Borelly, die Zeremonienmeisterin. Vielleicht konnte sie die Situation retten. De Sade rief nach ihr und befahl ihr, sich auszuziehen und sich über das untere Ende des Bettes zu legen. Dann schlug er sie kräftig mit dem Besen. Anschließend befahl er ihr, ihn gleichfalls mit dem Besen zu schlagen, was sie auch kräftig besorgte. Er stand während der Prozedur mit dem Gesicht zum Kamin und machte mit dem Taschenmesser Kerben in die Kamineinfassung, um in seiner üblichen mathematischen Manie die Zahl der Schläge festzuhalten.

Die Gesamtzahl betrug an diesem Morgen über achthundert Schläge, die meisten davon vermutlich von de Sade selbst verabreicht. Als Mariette ihre Arbeit verrichtet hatte, befahl de Sade ihr, sich hinzulegen, und hatte normalen Geschlechtsverkehr mit ihr. Doch Mariette schwor, daß zur gleichen Zeit Latour mit de Sade Analverkehr hatte. Obwohl ihre Aussage unbewiesen blieb, und de Sade drei Jahre später in seinem italienischen Tagebuch die Homosexualität verurteilt, ergeben sich Parallelen zur Bisexualität seiner literarischen Phantasien nach 1785.

Unterdessen kam die Reihe an Rose Coste. Sie ging in das Zimmer, aus welchemn Mariette entlassen wurde, von de Sade und Latour erwartet. De Sade befahl ihr, sich auszuziehen und auf das Bett zu legen. Als sie bereit war, teilte er ihr mit, daß Latour jetzt »ihr Hinterteil benützen werde«. Rose Coste beschwor später, daß sie diese Art von Verkehr verweigert habe und daraufhin von de Sade ausgepeitscht wurde, währenddessen Latour normalen Geschlechtsverkehr mit ihr hatte. Wahrscheinlich saß das Mädchen auf Latour, und de Sade feuerte seinen Diener an.

Als Rose ihrer Pflicht genügt hatte, blieb noch die zwanzigjährige Marianette Laugier. De Sade holte sie und erklärte ihr, daß er noch fünfundzwanzig Schläge auszuteilen habe und sie diejenige sei, die sie empfangen werde. Beim Anblick der mit Nadeln besetzten Peitsche geriet das Mädchen in Panik und wollte aus dem Zimmer fliehen. Doch da betrat gerade Marianne Laverne, die sich nach einer Tasse Kaffee etwas erholt hatte, das Zimmer. De Sade verlangte jetzt, daß die beiden Mädchen mehr von den windlösenden Bonbons essen sollten, doch Marianne lehnte ab, und Marianette machte nur einen lustlosen Versuch. Dann verschloß de Sade die Tür. Marianne mußte sich wieder vornübergebeugt auf das Bett knien, und die beiden Männer hoben ihr die Röcke hoch. De Sade betrachtete ihr Hinterteil, schien aber enttäuscht zu sein. Da ihm nichts Besseres einfiel, um die Orgie fortzusetzen, nahm er eine Peitsche und schlug sie zum zweitenmal. Das Verfahren endete damit, daß de Sade die widerstrebende Marianne von hinten traktierte, während sein Diener auf gleiche Weise mit ihm verfuhr. So jedenfalls sagten die Mädchen später aus. Sie behaupteten, sich gegen ihr Schicksal gewehrt zu haben, seien aber durch de Sades Drohungen eingeschüchtert worden. Als die Ereignisse des Vormittags überstanden waren, erhielt jedes Mädchen sechs Livres, und man verabredete für den Abend eine weitere kleine Party.

Doch de Sade wollte seine Zeit nicht mit nur zwei Orgien am Tag vertrödeln. Folglich hatte er für den Rest des Tages und im Anschluß an die geplante Abendunterhaltung mit den Mädchen in der Rue des Capucins ein Treffen mit Marguerite Coste, einem fünfundzwanzigjährigen Freudenmädchen, vereinbart. Er wurde zweimal enttäuscht. Marianne Laverne und Marianette Laugier, die abendlichen Gespielinnen, fühlten sich nicht wohl und wollten ihn nicht sehen. Auch Marguerite Coste war nicht viel entgegenkommender. Kaum bei ihr eingetroffen, bedeutete de Sade ihr unmißverständlich, daß er von ihr natürlich nicht nur ganz normalen Geschlechtsverkehr erwarte. Er wolle Analverkehr oder gar nichts. Die junge Frau erwiderte, daß es in diesem Fall bei »gar nichts« bleiben müsse und nahm noch einmal von den Bonbons, die er ihr angeboten hatte. De Sade schien sich mit dem Fehlschlag abzufinden. Er versuchte zwar noch, sie für einige extravagante Arten des Liebesspiels zu gewinnen, doch sie lehnte seine Vorschläge rundweg ab, so daß er sich schließlich enttäuscht verabschiedete. Nachdem er am nächsten Tag alles erledigt hatte, was Geschäfte oder Vergnügen von ihm erforderten, verließ er Marseille.

In der Nacht vor seiner Abreise gab es zwei dramatische Krankheitsfälle in zwei verschiedenen Häusern. Marianne Lavernes Übelkeit, die sie bereits vormittags verspürt hatte, wurde schlimmer und im Laufe des Abends alarmierend ernst. Sie hatte Fieber, ihr Puls raste, und sie begann Blut und Galle zu speien. Ihre Harnröhre war böse entzündet, und sie mußte ständig, wenn auch unter Schwierigkeiten, Wasser lassen. Besonders alarmierend war, daß sie beim Übergeben Partikel der Magenwand ausspuckte. Es sah ganz so aus, als ob sie sterben müsse.

Wahrscheinlich wäre es kein Trost für sie gewesen, hätte sie gewußt, daß sich ein paar Straßen weiter bei Marguerite Coste die ersten Anzeichen der gleichen Krankheit zeigten. Die herbeigerufenen Ärzte konstatierten bei beiden Mädchen Vergiftungserscheinungen. Alle Symptome deuteten darauf hin, daß den Mädchen eine kräftige Dosis Arsen verabreicht worden war. Marianne Laverne und Marguerite Coste hatten etliche der kleinen Bonbons gegessen, welche de Sade in der ornamentverzierten Dose bei sich trug. Marianette Laugier hatte die Bonbons wohl in den Mund gesteckt, sie aber sofort wieder ausgespuckt. Was als morgendliches Vergnügen begonnen hatte, schien als ein Doppelmord zu enden. Der Ablauf des Geschehens entsprach möglicherweise durchaus de Sades Ambitionen. In seinem Entwurf zum 4. Buch von *Die 120 Tage von Sodom* notierte er, daß es zu den »Späßen« seiner Helden gehöre, »Julie ein Pulver in das Essen zu mischen, das ihr schreckliche Magenkrämpfe verursacht. Sie sagen ihr, daß sie vergiftet wurde, sie glaubt ihnen, beginnt zu schreien und verliert beinahe den Verstand«.

Zugleich wird auch ein Mann erwähnt, der mit Frauen nur Analverkehr betreibt und eben dabei ist, die zweiundzwanzigste zu vergiften. Der Zusammenhang mit dem Marseiller Zwischenfall und de Sades Selbstdarstellung ist offensichtlich.

Durch die Fürsorge der Ärzte begannen die vergifteten Mädchen sich innerhalb weniger Tage zu erholen. Die Geschichte des morgendlichen »Vergnügens« in der Rue des Capucins wurde von den jungen Frauen freizügig kolportiert, die jetzt nur allzusehr darauf bedacht waren, einen Übeltäter zu finden, den sie für ihre Leiden verantwortlich machen und der öffentlichen Empörung überlassen konnten. Die Mädchen beschuldigten ihren Kunden in eidesstattlichen Versicherungen, sie vergiftet, zum Analverkehr aufgefordert und diesen mit Latour auch vollzogen zu haben. Sie beschrieben den Verbrecher als blonden, gutaussehenden Mann, der einen grauen Rock, Seidenhosen, Federhut, Degen und einen Stock mit goldenem Knauf trug; doch diese Schilderung traf sicher auf eine ganze Reihe junger Lebemänner zu. Erst als die Mädchen hinzufügten, daß er als Marquis oder Comte – sie wußten es nicht mehr genau – de Sade bekannt war, brauchten die Behörden nicht weiter nachzuforschen. De Sade war inzwischen längst über Aix nach La Coste gefahren, wurde aber jetzt von jedem Polizeibeamten des Departements gesucht.

Den Buchstaben des Gesetzes nach konnte der Analverkehr mit dem Tod auf dem Scheiterhaufen bestraft werden. In der Praxis dachte man wesentlich nachsichtiger darüber. Doch versuchter Giftmord war etwas anderes. Es interessierte die Behörden dabei nicht, ob das Opfer starb oder sich wieder erholte. Von einem Mann, der Gift verabreichte, war anzunehmen, daß er einen Mord begehen wollte, selbst wenn dieser Versuch fehlschlug. Ein Fehlschlag war ein reiner Zufall oder hing von der körperlichen Widerstandsfähigkeit

Illustration zur Erstausgabe von ›Aline und Valcour‹ (1795)

des jeweiligen Opfers ab. Die Tatsache, daß die vergiftete Person überlebte, war deshalb in keiner Weise eine Entschuldigung.

Selbst als die Analyse ergab, daß sich in den Bonbons statt dem vermuteten Arsen lediglich Kantharidin befunden hatte, wurde de Sade nicht entlastet. Kantharidin war das gebräuchlichste Aphrodisiakum, allgemein als ›Spanische Fliege‹ bekannt. Wäre die Anwendung dieses Mittels als Verbrechen betrachtet worden, hätte eine ganze Reihe berühmter Zeitgenossen de Sades dafür verfolgt werden müssen, nicht zuletzt der Herzog von Richelieu. Daß er Bonbons, die mit dieser Droge versetzt waren, seinen Mätressen anbot, war allgemein bekannt. Man nannte diese Art von Bonbons deshalb auch ›Richelieu-Pastillen‹. Ähnlicher Natur waren auch die ›Serail-Pastillen‹, die angeblich Madame Dubarry einnahm oder anderen Mädchen eingab, um sie auf die Liebesdienste des alternden Ludwig XV. vorzubereiten.

Was immer die Anhänger dieser Droge behaupten mochten, Kantharidin war giftig und bewirkte ähnliche Beschwerden wie Arsen. In größerer Dosis eingenommen, verursachte es Entzündungen, die so heftig waren, daß sie die Schleimhaut des gesamten Verdauungsapparates zerstörten und zu einer tödlichen Erkrankung führten. In minimaler Dosis konnte das Gift im Körper einer Frau keinen Schaden anrichten. Es bewirkte nur eine leichte Reizung oder steigerte die Empfindlichkeit der erogenen Zonen, wodurch das sexuelle Verlangen erhöht wurde. Die Droge wurde aus einer Käferart, der Cantharis oder ›Spanischen Fliege‹, hergestellt. In Frankreich sprach man allgemein von ›galanten Pillen‹, in Italien wurden sie ›diavolini‹ genannt. Selbst bei äußerer Anwendung verursachte Kantharidin Blasen auf der Haut, und vor der inneren Anwendung mußte jeder besonnene Mann zurückschrecken. Das Gift wurde meist nur in einer schwa-

Frontispiz zu einer frühen Ausgabe der Werke de Sades. Die Schlösser und Festungen, die in seinem Leben eine Rolle spielten: La Coste, Miolans, Vincennes, die Bastille

chen Lösung verwendet. De Sade hatte nicht die Absicht, die Mädchen in der Rue des Capucins zu vergiften, aber er war kein Apotheker und hatte bei der Bereitung seines Aphrodisiakums offenbar gepfuscht. Jedenfalls hatte er damit den Grundstein für die weitverbreitete Ansicht gelegt, daß es für ein unschuldiges Mädchen der kürzeste Weg ins Verderben sei, von einem Fremden Süßigkeiten anzunehmen.

De Sade erreichte das schützende Schloß in La Coste Anfang Juli 1772, zur gleichen Zeit, als in Marseille der Haftbefehl ausgestellt wurde. Doch ehe die berittene Eskorte aus Marseille ankommen und ihn in Gewahrsam nehmen konnte, hatte er von dem Haftbefehl erfahren. Er faßte rasch neue Entschlüsse. Renée-Pélagie mußte nach Marseille fahren und bei den Richtern, die mit der Untersuchung des Falles beschäftigt waren, für ihn Berufung einlegen. Überdies sollte sie versuchen, die beiden ›vergifteten‹ Mädchen, Marguerite Coste und Marianne Laverne, die natürlich die beredtesten Zeugen gegen den Marquis waren, mit Geld zum Schweigen zu bringen. Inzwischen mußten de Sade und sein Diener Latour, der sich gleichfalls der Anklage eines Kapitalverbrechens gegenübersah, bis auf weiteres irgendwo untertauchen.

Ein weiteres Problem stellte die junge Anne-Prospère dar. Was sollte mit ihr geschehen? Es wäre unklug gewesen, sie allein im Schloß zu lassen oder sie nach Marseille mitzunehmen. Sie entschied sich, de Sade zu begleiten. Weit davon entfernt, über seine Untaten in der Rue des Capucins empört zu sein, schien Anne-Prospère lediglich die Mädchen um ihre sexuellen Erlebnisse mit ihrem Schwager zu beneiden. Doch neidete sie ihnen sicher nicht das Gift, das sie geschluckt hatten.

In der ersten Juliwoche verließ de Sade mit Latour und Anne-Prospère sein Schloß und wandte sich nach Savoyen, dem Gebiet zwischen Frankreich und Italien, das damals zum Königreich Sardinien gehörte. Als das Polizeiaufgebot aus Marseille in La Coste ankam, um die beiden Männer zu verhaften, konnte es nur feststellen, daß diese verschwunden waren. Niemand kannte ihren Aufenthaltsort. Die andere Hälfte von de Sades Plan verlief allerdings nicht nach Wunsch. Anscheinend war es Renée-Pélagie zwar gelungen, die Mädchen zu bestechen, denn sie gingen nun zu einem Rechtsanwalt und zogen einmütig ihre Beschuldigungen gegen den Marquis zurück, doch beeindruckte das die Richter so wenig wie Renée-Pélagies Einspruch. Das Verfahren gegen de Sade und Latour wurde auch im August 1772 fortgesetzt, ihre Namen wurden in den Gassen ausgerufen und ihre Verbrechen öffentlich verkündet.

Am 3. September fällte das Gericht in Abwesenheit der Angeklagten sein Urteil und reichte es dem Hohen Gerichtshof in Aix-en-Provence weiter, der es in allen Punkten am 11. September bestätigte.

De Sade wurde wegen versuchten Giftmordes und zusammen mit Latour wegen erwiesener Homosexualität verurteilt. Dem Gesetz entsprechend sollten beide mit dem Strick um den Hals zum Tor der Kathedrale St. Marie-Majeure nahe dem Hafen von Marseille geführt werden. Dort sollten sie barfüßig und barhäuptig in Büßerhemden mit einer großen, brennenden Kerze in der Hand vor dem Kirchentor um Vergebung bitten. Danach sollten sie zum Platz St. Louis geführt werden. De Sade sollte auf dem Schafott enthauptet werden, während Latour als Plebejer dem Henker übergeben werden sollte. Damit kein geweihter Boden durch ihre Leichen entweiht würde, sollten beide verbrannt und ihre Asche in alle Winde zerstreut werden. Es war eine sorgfältig geplante und recht kostspielige doppelte Exekution, und der Gerichtshof belegte de Sade mit dreißig Livres und Latour mit zehn Livres Strafe, um die Kosten des Aufwandes zu decken.

Der Hohe Gerichtshof bestätigte das Urteil, bestimmte jedoch Aix als den Ort der Hinrichtung. Da die Gerichtsbeamten im Augenblick nicht in der Lage waren, die Verurteilten herbeizuschaffen, schien es ratsam, die ganze Sache symbolisch zu vollziehen. Auf diese Weise wurde es dem Hohen Gerichtshof möglich zu verkünden, daß beide Hinrichtungen am 12. September stattgefunden hätten. De Sade sei geköpft und Latour gehenkt, und beider Leichen seien verbrannt worden. Allerdings war das Gericht verpflichtet, im letzten Satz seiner Verkündung zu erwähnen, daß dies alles nur »in effigie« stattgefunden habe. Diese Ersatzhandlung war in der Stille von Aix selbstverständlich leichter durchzuführen als in der Großstadt Marseille, wo der schaulustige Pöbel leicht außer Kontrolle geraten konnte, wenn man ihn um die Sensation betrog, das Blut des Geköpften oder die verzerrte Grimasse des Gehenkten zu sehen.

De Sade, Anne-Prospère, Latour und ein weiterer Diener, welchen de Sade »La Jeunesse« nannte, befanden sich derweil in Nizza unter dem Schutz des Königreiches von Sardinien. Anne-Prospère reiste als de Sades Frau und gestattete dem Marquis nach Zeugenaussagen jede Intimität, die eine Ehefrau ihrem Mann erlaubt.

De Sade reiste inkognito und nannte sich »Comte de Mazan« nach seinem Familienbesitz in Mazan. Über die Orgie in Marseille und ihre Folgen hatte er seine eigenen Ansichten, und es ist nicht verwunderlich, daß er diese Folgen als viel Lärm um nichts betrachtete. Sein Zorn über das absurde Gerichtsverfahren und das Urteil, welches er für lächerlich und unangemessen hielt, hatte sich auch nach fünfzehn Jahren noch nicht gelegt, als er seiner kaum verhüllten Verachtung für den Präsidenten des Hohen Gerichts von Aix in einem Bericht über seinen Fall Luft machte. Darin spricht er von sich in der dritten Person.

1772 hatte ein junger vornehmer Mann in der Provinz Scherereien mit einer Prostituierten. Er beschloß, ergötzliche Rache zu nehmen und verabreichte ihr eine gesunde Tracht Prügel. Doch ein niederträchtiger Dummkopf von Richter machte daraus ein Verbrechen. Er redete den Geschworenen ein, es handle sich um einen Fall von Mord und Vergiftung, und sie alle folgten ihm in seiner absurden Beurteilung. Sie entehrten den jungen Mann, sie ruinierten ihn, und da sie nicht Hand an ihn selbst legen konnten, vernichteten sie durch ein irrsinniges Todesurteil seinen Ruf.

Nur wenige von de Sades Zeitgenossen teilten seine Ansicht. Tatsächlich war die Rose-Keller-Geschichte verglichen mit der Gift-Affäre von Marseille nur eine Lappalie. Die Mädchen aus der Rue des Capucins, die von de Sade sechs Livres für ihre Dienste erhielten und an den Folgen seines ›Sports‹ beinahe starben, hätten noch viel mehr Grund zum Zorn gehabt, wenn ihnen zu Ohren gekommen wäre, daß Rose Keller – nur um den Mund zu halten – 2400 Livres erhalten hatte. Vielleicht war sie gründlicher ausgepeitscht worden als die Mädchen in Marseille, aber die Leiden der Marianne Laverne und Marguerite Coste überstiegen bei weitem die der Rose Keller.

Wenn es jedoch eine Person in Frankreich gab, die jetzt als Verkörperung gerechter Rache auftrat, war es Madame de Montreuil. Sie hatte die Bestechung der Rose Keller organisiert, und es war ihr auch gelungen, Renée-Pélagie bei ihren Bemühungen zu unterstützen, den Skandal in Marseille herunterzuspielen. Doch was ihren Schwiegersohn anbetraf, war sie keineswegs besänftigt. Als die Gerüchte von der Orgie und dem damit verbundenen Massaker in ganz Frankreich verbreitet wurden, verließ sie Echauffour und eilte nach La Coste. Sie fand zwar Renée-Pélagie vor, doch von de Sade und Anne-Prospère keine Spur. Madame de Montreuil hatte einigen Grund, sich betrogen zu fühlen; denn schließlich hatte die Verbindung mit dem vornehmen und uralten Geschlecht der de Sades ihrer Tochter eine glänzende Zukunft und den ersehnten gesellschaftlichen Aufstieg garantieren sollen. Der Marquis de Sade war jetzt zweiunddreißig Jahre alt und Oberhaupt der Familie, und immer noch benahm er sich wie ein junger Flegel und hatte in sexuellen Belangen den übelsten Ruf. Vielleicht war sein größtes Pech die Art der Publizität, die der Fall Rose Keller und die Marseiller Vorfälle erreicht hatten, doch danach fragt die Welt nicht und glaubt meist, was sie hört. Die überschwengliche, ehrgeizige Madame de Montreuil wußte sehr wohl, daß – auch wenn man jede Übertreibung beiseite ließ – die genügend erhärteten Anklagen gegen ihn auf versuchten Giftmord, Analverkehr, Mißhandlung und, was Anne-Prospère anbetraf, auch auf Inzest lauteten. Und gerade dieses letzte Detail bewirkte ihren Sinneswandel. Zuerst hatte sie für ihn geschwärmt, dann war sie verständnisvoll und danach vorsichtig gewesen, doch jetzt war ihr Verhalten gegenüber dem Schwiegersohn eindeutig feindselig. Für seine übrigen Familienmitglieder, einschließlich den Abbé, bewahrte sie ihre Zuneigung, denn diese litten letzten Endes unter dem Benehmen des Marquis in gleichem Maße wie sie selbst. Doch was de Sades Person betraf, gab es für sie nur eine Frage: War er bewußt kriminell oder nur verrückt? Wie immer die Antwort auch lauten mochte, es gab jedenfalls Plätze, wo solche Unglücksmenschen untergebracht werden konnten, damit sie nicht ständig Ärger bereiteten.

Im Herbst 1772, während Madame de Montreuil darüber nachdachte, wie man ihren lästigen Schwiegersohn unter angemessene Aufsicht bringen konnte, richtete sich de Sade in der Nähe von Chambéry in Savoyen ein. Obwohl er sein Inkognito beibehielt, war doch kaum anzunehmen, daß seine Identität oder sein Aufenthaltsort den sardischen Behörden verborgen

Toutes les parties de ce beau corps étaient formées par la main des graces.

Illustration der Erstausgabe von ›Aline und Valcour‹
(1795)

bleiben konnte, falls sie systematisch nach ihm suchten. Anne-Prospère kehrte sogar für kurze Zeit nach La Coste zurück und reiste anschließend wieder zu ihrem Schwager, so daß de Sades Feinden jede Möglichkeit geboten wurde, den Weg zu ihm zu finden.

Immerhin war er außer Reichweite der französischen Gesetze, solange sein Fall kein außergewöhnliches Interesse auf sich zog. Madame de Montreuil wußte das und suchte Unterstützung beim Herzog d'Aiguillon, dem Außenminister Ludwigs XV. Der Minister ließ den Botschafter Sardiniens, Graf Ferrero de la Marmora, zu sich kommen und informierte ihn, daß ein gesuchter Verbrecher, der sich als ›Comte de Mazan‹ ausgab, in der Nähe von Chambéry weilte. Das Königreich Sardinien oder das ihm zugehörige Herzogtum Savoyen könne Frankreich einen großen Dienst erweisen, wenn es den Bösewicht verhaften und ihn für alle Zeit in sicherem Gewahrsam halten wolle. Für Sardinien würden dadurch keine Kosten entstehen, da die Familie des Mannes für dessen Lebensunterhalt aufkommen müsse. Auf diese Weise konnte man ein Gerichtsverfahren, eine Auslieferung und jeden öffentlichen Skandal vermeiden. Der ›Comte de Mazan‹, alias Marquis de Sade, sollte eingekerkert und dann vergessen werden.

Die sardische Regierung schätzte sich glücklich, seinem mächtigen Nachbarn in einer so geringfügigen Angelegenheit behilflich zu sein. In der Nacht des 8. Dezember 1772 wurde das Haus in der Nähe von Chaméry von Soldaten umstellt, drei Offiziere betraten das Haus. Sie fanden de Sade, Latour und La Jeuness. Man hatte auch Anne-Prospère verhaften wollen, doch von ihr war keine Spur zu finden. Am nächsten Morgen wurde de Sade in die alte Bergfestung von Miolans gebracht, die hoch über dem Tal der Isère lag und mit ihren dicken, soliden Mauern und drohenden Türmen der kahlen Felsenlandschaft der Umgebung entsprach.

De Sade wurde in eine Zelle geschlossen, von der aus er die entfernten Alpen sehen konnte, dann überließ man ihn seinen eigenen Gedanken.

Innerhalb weniger Stunden war ihm der Ernst seiner Lage klar geworden. Wenn er sich nicht aus eigener Kraft retten konnte, würde er bis zu seinem Ende in Miolans gefangen sitzen. Weder die Art seiner Verhaftung noch die Anlage der Festung ließen auf eine kurze Haftzeit schließen. Und sollte er am Ende den französischen Behörden überstellt werden, mochte ihn weit Schlimmeres als Miolans erwarten.

Es gab zwei Möglichkeiten, sich zu retten, und de Sade bereitete sich auf beide vor. Die erste war, den sardischen Behörden einzureden, daß er ein unschuldiger Mann und nur das Opfer mächtiger Feinde in Frankreich sei und darum freigelassen werden müsse. Als zweite Möglichkeit blieb die Flucht. Um seine Ziele zu erreichen, traktierte er Graf de la Tour, den Gouverneur von Savoyen, mit einer Serie von Briefen. Zuvor hatte er eine Erklärung unterschrieben, in welcher er sich ehrenwörtlich verpflichtete, keinen Fluchtversuch zu unternehmen. Er dachte keinen Augenblick daran, sein Versprechen einzuhalten, hatte aber auf diese Weise seine Bewacher beruhigt. Jetzt verlangte er von de la Tour einen Diener für sein persönliches Wohlergehen und bat um die Erlaubnis, sich mit seiner Familien in Verbindung setzen zu können. Im nächsten Brief verlangte er dringend nach Geld, weil er mehrere kleine Schulden bezahlen müsse, die er im Gefängnis gemacht habe, außerdem müsse er sich eine Uhr kaufen. Die Geschichte mit der Uhr ließ er jedoch alsbald fallen und gab offen zu, Spielschulden begleichen zu müssen, die beim Kartenspiel mit dem Baron de l'Allée de Songy entstanden waren. Dieser junge Mann war wegen versuchten Mordes, Gewalttätigkeiten und wegen Beihilfe zur Gefängnisflucht eines Freundes eingesperrt worden. Der Spieler und prahlerische Raufbold war de Sades einzige Gesellschaft im Gefängnis. Es gab einen Tagesraum, in welchem die Gefangenen sich manchmal treffen und miteinander reden konnten, und es gab einen Gefängnisgarten, in dem man de Sade später einsame Spaziergänge erlaubte. Die Lage des Gartens schloß allerdings jede Fluchtmöglichkeit aus.

De Sades Kontakt mit dem Baron de l'Allée de Songy wurde vom Kommandant de Launay, dem Leiter des Gefängnisses, persönlich überwacht. Die beiden Gefangenen schienen nicht gut miteinander auszukommen. Einmal gab es beinahe eine Rauferei, als de Sade den Baron beschuldigte, beim Kartenspiel zu betrügen und selbst von Latour, den de Sade jetzt bei sich hatte, Schuldscheine über enorme Spielschulden zu verlangen. Anfang 1773 fand de Sade ein neues Ziel für seinen Zorn. Er tobte und schimpfte über den Gefängnisleiter und schrieb einen hochmütigen Brief an den Gouverneur von Savoyen. In ihm beklagte er sich, daß er als Edelmann nicht gewöhnt sei, in einer Art beleidigt zu werden, wie sie der Kommandant de Launay ihm angedeihen lasse.

An Gouverneur de la Tour schickte de Sade Petitionen, um seine Freilassung zu erwirken, forderte Besuchserlaubnis für seine Frau und äußerte die ersten Proteste gegen Madame de Montreuil, die er jetzt ganz offen beschuldigte, seine Vernichtung zu betreiben. Mit dem Gefängnisleiter sprang de Sade weniger höflich um. Sein Wüten wurde so unkontrollierbar, daß de Launay Tätlichkeiten befürchtete. Er befahl, den Marquis hinter Schloß und Riegel zu halten. Inzwischen beschuldigte de Sade ihn in neuen Briefen, Komplize des falschspielenden Barons zu sein, doch waren diese Wutausbrüche eher von therapeutischem Wert für ihn als nützlich. Petitionen und Anklagen wurden abgelehnt. Seine Hoffnung auf Freiheit schien dahinzuschwinden.

Zwar hatte Madame de Montreuil geschworen, daß ihr Schwiegersohn im Gefängnis bleiben müsse, Renée-Pélagie jedoch war entschlossen, ihn herauszuholen. Sie besaß nicht die einflußreichen Beziehungen ihrer Mutter, mußte also einen direkten Weg wählen. Im März 1773, drei Monate nach de Sades Inhaftierung, traf sie in Chambéry ein. Sie hatte sich als Mann verkleidet und hegte den unsinnigen Plan, durch irgendwelche Tricks nach Miolans zu kommen und ihren Gatten zu befreien. Dieser Plan hatte nicht die geringste Aussicht auf Erfolg. Die Behörden hatten entschieden, daß die Marquise de Sade – was immer sie auch vorbringen mochte – den Gefangenen nicht besuchen dürfe. Und für ein im Kloster erzogenes Mädchen bestand wohl kaum eine Aussicht, sich den Weg zunächst einmal durch die gut besetzte Garnison und anschließend in das Gefängnisinnere zu erschwindeln. Renée-Pélagie gab sich denn auch geschlagen, verließ Savoyen und schrieb verachtungsvolle Briefe an de Launay. Doch der Gefängnisleiter wurde durch andere Briefe getröstet, die Madame de Montreuil ihm sandte und in denen sie ihm versicherte, die Dankbarkeit aller rechtschaffenen Mitglieder der Familie de Sade sei ihm, der den Marquis in Gewahrsam hielt, gewiß. Sie wisse auch, was es bedeute, einen Gefangenen dieses Schlages in Obhut zu haben und appellierte an de Launays Pflichtbewußtsein. Das Wohlwollen mächtiger Freunde sei ihm sicher.

Nach dem letzten Wutausbruch schien de Sade zu resignieren und sich mit der Gefangenschaft abzufinden. Selbst de Launay fand, daß er jetzt viel ruhiger und vernünftiger wirkte. Der Gouverneur stellte sogar in Aussicht, daß er sich für ihn bei Madame de Montreuil oder dem Herzog d'Aiguillon verwenden werde, wenn der Marquis ihm nur vertrauen wolle. Noch sei gar nichts sicher, aber falls de Sade sich gut führe, könne man ihm eventuell erlauben, zurückgezogen im Exil in Savoyen oder vielleicht auch in einer entfernten Ecke Frankreichs zu leben.

De Sade wurde noch sanfter. Anfang April, zur Osterzeit, waren sowohl der Kommandant als auch der Gouverneur von Savoyen beeindruckt von der neuen Freundlichkeit, die den Gefangenen nach Erfüllung seiner religiösen Pflichten überkommen hatte. Er versöhnte sich sogar mit dem Baron de l'Allée de Songy. Ein Raum dicht neben der Offiziersmesse, den die Offiziere der Festung kürzlich geräumt hatten, eignete sich gut als Speiseraum. Hier nahmen die Neuversöhnten unter den wohlwollenden Blicken des Kommandanten de Launay ihr Diner ein. Nach dem Diner am 30. April schien der Marquis etwas ruhelos zu sein. Er schien auch nicht gut geschlafen zu haben, denn man bemerkte, daß das Licht in seinem Zimmer um sechs Uhr morgens immer noch brannte. Einer der Wächter öffnete besorgt die Zellentür. Die Zelle war leer. Eiligst öffnete man die Tür zu Baron d'Allée de Songnys Zelle, um zu hören, ob dieser etwas über de Sades Verbleib wisse – aber der Baron war gleichfalls verschwunden.

Wie bei vielen Fluchtplänen war auch in diesem Fall der richtig gewählte Zeitpunkt wichtiger als alle List. Der Raum, in welchem die beiden Gefangenen jetzt stets ihr Essen einnahmen, gehörte früher nicht zum Gefängnis, und man hatte daran nichts geändert, denn von dort aus war eine Flucht unmöglich. An den Raum schloß sich eine kleine Küche an, aus der de Sades Diener Latour das Essen für die beiden Herren besorgte. Die Gefangenen konnten die Küche nicht betreten, da sie ständig verschlossen war. Der Plan hing von Latour ab. Nachdem der Marquis und der Baron gegessen hatten, ging Latour in de Sades Zelle und zündete die Kerzen an. Jedermann, der das Licht sah, mußte annehmen, daß der Gefangene anwesend sei und man beruhigt abschließen könne. Dann ging Latour in den

Eßraum der Diener. Von hier aus gab es einen weiteren Zugang zur Küche. Den benutzte Latour, öffnete sodann die Tür zum Speisezimmer und holte seine beiden adeligen Mitgefangenen in die Küche. Der Raum hatte ein kleines Fenster, das in der Außenwand der Festung eingelassen war und etwa zwölf Fuß über dem abschüssigen Gelände lag. Unterhalb des Fensters wartete Joseph Violon, ein Savoyarde, der sich gegen eine entsprechende Summe bereit erklärt hatte, ihnen bei der Flucht zu helfen. Er führte die drei in Richtung auf die französische Grenze.

Sowohl de Sade wie der Baron ließen für ihre Bewacher Briefe zurück. De Sades Briefe waren an de Launay und de la Tour gerichtet. Er drückte darin die Hoffnung aus, daß man sie nicht für seine Flucht verantwortlich machen werde und entschuldigte sich, weil er sie auf diese Art verlassen habe. Doch die Verfolgung, welcher er durch Madame de Montreuil ausgesetzt sei, und das Bewußtsein seiner eigenen Unschuld habe ihn zu dieser Flucht bewogen. Er fügte aber auch hinzu, daß er von fünfzehn bewaffneten Reitern begleitet werde, die lieber sterben als ihn wieder eingefangen sehen wollten; deshalb sei es besser, ihn nicht zu verfolgen. Ungeachtet dieser Warnung machte sich ein berittener Trupp auf den Weg und durchsuchte das Gebiet zwischen Miolans und der französischen Grenze. Aber sie fanden keine Spur von den Entflohenen, die inzwischen bereits in Frankreich und damit in Sicherheit waren. In de Sades Fall war der Grad seiner Sicherheit allerdings recht fraglich, doch wenn er in Freiheit bleiben wollte, konnte er nicht in Savoyen bleiben. Überdies hatte er wohl das Gefühl, daß die französischen Behörden, wenn sie ihn ergriffen, sich zwar um ihn kümmern mußten, sich aber gerade aus diesem Grund nicht besonders anstrengen würden, ihn zu finden, falls er eben nicht selbst ihre Aufmerksamkeit erregte.

De Sades Rückkehr nach Frankreich versetzte zwar nicht die Behörden in Aktion, entfachte aber zwischen Madame de Montreuil und Renée-Pélagie einen heftigen Streit. In de Sades Abwesenheit war Renée-Pélagie vor allem wegen de Sades moralischer Unzuverlässigkeit zur Erziehungsberechtigten der Kinder ernannt worden. Madame de Montreuil bezweifelte ihrerseits die Zuverlässigkeit ihrer Tochter Renée-Pélagie in hohem Maße. Der fehlgeschlagene Versuch, den Ehemann aus dem Gefängnis zu befreien, hatte ihr Mißtrauen nur noch bestärkt. Sobald nun bekannt war, daß de Sade sich wieder in Frankreich aufhielt, bestürmte die Familie Montreuil das Justizministerium, ihn zu suchen und für immer in das Gefängnis Pierre-Encise in Lyon zu bringen. Dort konnte man ihm erlauben, die Verwaltung seiner Güter schriftlich zu führen, bis sein ältester Sohn alt genug war, den gesamten Besitz zu übernehmen. Niemals würde Madame de Montreuil zustimmen, diesen verbrecherischen Irren, den sie zum Schwiegersohn bekommen hatte, in Freiheit zu lassen.

Doch Renée-Pélagie ging, de Sades Instruktionen folgend, nach Paris, um seinen Fall vor Gericht zu vertreten und die Behörden zu veranlassen, von den Wünschen ihrer Mutter keine Notiz zu nehmen. De Sade selbst verbesserte die Kontrolle über seine Güter und Einkünfte, indem er den Anwalt, welcher bisher für die Familie tätig gewesen war, entließ und einen anderen ernannte: Gaspard Gaufridy. Während der nächsten zehn Jahre wechselt dessen Bild in einer Korrespondenz, die unberechenbar zwischen Gutmütigkeit und giftigem Zorn auf und ab schwankte, ständig. Einmal wurde Gaufridy für de Sade Freund und Vertrauter, ein andermal Veruntreuer und Abtrünniger, dann wieder alter Bekannter oder untauglicher Trödler. Diesem Mann und später seinen Söhnen oblag nun die Pflicht, die Pachtgelder einzutreiben und die Einnah-

Der Marquis de Sade im Gewölbe seines Schlosses

men beizubringen, die dazu dienen mußten, die ständig steigenden Kosten von de Sades ›Vergnügungen‹ zu bezahlen. Vorläufig diente er de Sade als Anwalt: Er half Renée-Pélagie bei ihrem Kampf vor Gericht und brachte es zur gleichen Zeit fertig, für Madame de Montreuil tätig zu sein. In dem labyrinthischen Gewissen des Gaspard Gaufridy waren diese diversen Verpflichtungen durchaus vereinbar.

Wäre den Behörden de Sades Verhaftung wichtig gewesen, hätten sie nicht weit zu suchen brauchen. Im Herbst 1774 lebte er mehr oder minder unverhohlen in seinem Schloß in La Coste zwischen den steilen Gipfeln des Vaucluse. Ohne Zweifel hätte er von einem anrückenden Polizeiaufgebot früh genug erfahren, um fliehen zu können, aber bei einem wohlgeplanten Überfall auf La Coste mit einer ausreichenden Anzahl von Männern hätte man ihn sicherlich gefangen. Doch das Justizministerium wartete zunächst einmal ab. Anscheinend wiegte man sich in der Hoffnung, daß der Marquis endlich zur Vernunft gekommen sei und weiterhin ruhig in seinem Exil leben werde. De Sade unternahm nichts, um solche Hoffnungen zu zerstören.

Zuerst schien es denn auch, als sei er vollauf zufrieden, den Grandseigneur zu spielen, die Verantwortung für Recht und Ordnung in der Gemeinde La Coste zu übernehmen, und er zeigte sich nach außen hin von einer ungewohnten und für ihn wenig charakteristischen Rechtschaffenheit. Er teilte Gaufridy mit, daß er einer Gruppe von Wanderschauspielern die Aufführung einer unerwünschten Komödie mit dem Titel *Der betrogene Ehemann, geschlagen und glücklich* verboten habe. Es wäre, setzte der Marquis fromm hinzu, ein Affront gegen die Kirche gewesen, weshalb er die Vorstellung verhindert und alle Plakate habe entfernen lassen.

In Wahrheit war der Affront, der von den Wanderschauspielern drohte, gar nichts im Vergleich zu dem, was de Sades zweite Natur innerhalb der Mauern von La Coste vorbereitete. Er war sein Leben lang von bestimmten sexuellen Themen und Phantasien wie besessen. Einige davon waren ziemlich primitiv, so das Auspeitschen der Mädchen oder der Analverkehr mit ihnen. Aber seine komplexeren Wunschträume richteten sich auf eine völlig neue, in sich geschlossene Welt, die er selbst schaffen wollte. Rein äußerlich entsprach sie der Welt, die er als Kind in Saumane kennengelernt hatte, als sein Onkel, der Abbé, die Schloßtore gegen die Winterstürme verrammeln ließ und die Zeit mit seinen Freunden in einer Welt von Vergnügungen und Unterhaltungen verbrachte. Die Wärme und Heiterkeit von Saumane waren für ihn ein in sich selbst ruhendes Universum, abgeschirmt von den Unbilden der Wirklichkeit, die irgendwo außerhalb zurückblieb.

De Sades Idee, die Welt von Saumane seinen eigenen sexuellen Wünschen anzupassen, findet ihren Niederschlag in seinem Buch *Die 120 Tage von Sodom.* In diesem Roman schildert er, wie seine vier ›Helden‹ mit ihrem Harem und vier erfahrenen Frauen, die als Geschichtenerzählerinnen dienten, im Schloß von Silling im Schwarzwald einen Winter voller Luxus und Laster verbrachten. Dieses Thema taucht in seinen erotischen Phantasien immer wieder auf, aber nirgendwo so ausführlich wie in *Die 120 Tage von Sodom.*

De Sade beschloß, seine Phantasien im Winter 1774/75 in La Coste zu verwirklichen. Eine erfahrene Kupplerin sollte seinen Harem überwachen, der aus einer Gruppe möglichst junger Mädchen zu bestehen hatte, dem ein oder zwei reifere Frauen zugesellt werden sollten, die mit ihrer größeren Sachkenntnis seinen erschlafften Appetit von Zeit zu Zeit neu beleben würden. Seinem Plan entsprechend, engagierte er Nanon, eine junge Frau, die fünf Mädchen für den Winter in La Coste anwerben sollte. Renées Kammerzofe Gothon war von vornherein für den Harem bestimmt. Es gab sogar einen jungen Burschen, welchen de Sade als Sekretär engagierte. Welche Rolle Renée-Pélagie dabei übernahm, ist unklar. Jedenfalls war sie gleichfalls in La Coste und wußte genau, was vor sich ging. Es mag sein, daß sie – wie de Sades Briefe vermuten lassen – an den Orgien teilnahm, doch gibt es keine Beweise dafür.

Alles war nun bereit für einen Winter, wie de Sade ihn in *Die 120 Tage von Sodom* beschreibt, obgleich es in La Coste nur einen lasterhaften ›Helden‹ anstelle des Quartetts von Silling gab. In seinem Roman verfügt jeder der Helden über eine ›Ehefrau‹, weiters über eine erfahrene Frau oder Kupplerin, die ihn mit ihren Erinnerungen unterhält und zum Erfolg der Orgien beiträgt, dazu einen Harem von ganz jungen Mädchen, an welchen jede erdenkliche Art von sexuellen und quasi-sexuellen Akten vollzogen werden konnte. Das Tagesprogramm in de Sades Roman verlangt, daß die jungen Mädchen von einer Kupplerin überwacht werden und der Held seinen Harem jeden Morgen besucht. Er überzeugt sich, welche Fortschritte ihre sexuelle Erziehung macht und wählt, unter den Mädchen jene aus, die zur Unterhaltung des Abends beizutragen haben. Die ›fortgeschrittenen‹ Amüsements des Romans gingen zu weit und waren einfach zu mörderisch, um sie in La Coste zu praktizieren. Selbst bei den eher ›einfachen‹ Vergnügungen konnte er kaum mit dem Entgegenkommen der Mädchen rechnen, beruhten diese doch hauptsächlich auf der öffentlichen Vorführung körperlicher Funktionen. In der ersten Ausgabe von de Sades Briefen und Papieren findet Paul Bourdin lediglich Beweise für die Einwilligung der Mädchen zu normalem Geschlechtsverkehr, wenn ihr Dienstherr auch zweifellos ihre Hinterteile mißbrauchte. Spätere Untersuchungen zeigten darüber hinaus aber auch deutliche Spuren von Züchtigungen, die an ihren Körpern noch feststellbar waren.

Illustration zur Erstausgabe der ›Juliette‹ (1797)

Weit mehr als in Arceuil oder Marseille konnte de Sade in La Coste seine sexuellen Wünsche wenigstens teilweise in die Tat umsetzen. Hinter den drohenden Mauern des Schlosses hatten die Opfer – ungehört und ungesehen – alles zu erdulden, was er ihnen auferlegte. Nichts durfte ihm verweigert werden. Von de Sade selbst stammt der fast sprichwörtliche Satz: »Jeder Mann, der hurt, ist ein Tyrann.« Seine eigene Tyrannei bekam sein Harem vor, während und nach den jeweiligen Belustigungen zu spüren.

Er hatte alles sorgfältig vorbereitet, die Szenerie war perfekt, und die Mädchen waren willig. Nichts deutete darauf hin, daß das geplante sexuelle Melodrama sich plötzlich in eine unvorhergesehene Burleske verwandeln würde. *Die 120 Tage von Sodom* ließen ihre grausamen Wüstlinge zu jedem zynischen Genuß gelangen. Für die Risiken des Alltags war kein Platz. Doch das Leben in La Coste war kein Roman. Nanon wurde schwanger, und obwohl sie schwor, daß ihr eigener Mann für ihren Zustand verantwortlich sei, mochte dieser dennoch de Sade im Verdacht gehabt haben. Und dann, undenkbar in einem wohldurchdachten Roman voller Ausschweifungen und Tortur, lief eines der Haremsmädchen davon. Die Mauern von La Coste konnten eine entschlossene junge Frau nicht zurückhalten. Sie ging nach Saumane und beklagte sich dort bitterlich beim Abbé de Sade über die Behandlung, die ihr zuteil geworden war. Von diesem Schlag hatte sich de Sade kaum erholt, als ein zweites Mädchen dem Beispiel des ersten folgte, obwohl ihr möglicherweise die Unterbringung in einem Kloster drohte. Die Eltern dieses Mädchens strengten ein Verfahren gegen de Sade an, und zu allem Überfluß erschien auch noch die Familie des Sekretärs in La Coste, zutiefst empört über die Skandale, die sich inzwischen herumgesprochen hatten, und holte den jungen Mann nach Hause zurück.

Innerhalb weniger Wochen war der sorgfältig ausgesuchte Harem in alle Winde zerstreut, und zurück blieben de Sade, der gesamte Haushalt und die Dienerschaft. Der Pfad sexueller Tyrannei hatte sich als zu schwierig erwiesen und endete in der Banalität aller Dienstherren dieser Welt, die sich letztlich damit begnügen müssen, ihr weibliches Personal zu verführen. Jetzt aber wird eine Parallele zwischen den *120 Tagen von Sodom* und den Ereignissen des Winters 1774/75 in La Coste erkennbar. Im letzten Teil des Romanes nämlich läßt sich der Bischof, der anderen Vergnügungen überdrüssig, vom Hinterteil einer schönen neunzehnjährigen Schweizerin begeistern. Sie gehört zu den Küchenmädchen und wird, nachdem er und seine Kumpane ihrer müde sind, wieder zu ihren Pflichten entlassen. An dieser Stelle des Romanes ereignet sich die einzige Meuterei. Der Koch droht, daß der Küchendienst sofort die Arbeit niederlegen werde, falls die Herren das Dienstpersonal nicht unbehelligt lassen würden. In diesem Punkt erinnert der Roman an den frustrierenden Zusammenbruch von de Sades geheimer Welt in La Coste im Winter 1774/75.

Es war nicht nur das unliebsame Erwachen zur sexuellen Wirklichkeit, das de Sade auszustehen hatte. Innerhalb weniger Monate mischten sich die Vorwürfe seines Onkels mit dem Protestgeschrei jener Eltern, deren Kinder er verführt hatte. Der Abbé tat jetzt kund, daß er seinen Neffen für anomal halte, und man besser daran täte, diesen endgültig einzusperren. De Sade ließ Gaufridy einen Brief an Madame de Montreuil schreiben und versicherte sie darin des Respektes und der Ergebenheit, die er selbst und Renée-Pélagie für sie empfänden. Schließlich waren die Montreuils seine mächtigsten Feinde und mußten beruhigt werden, bevor der Skandal nicht mehr gutzumachende Folgen nach sich zog. Madame de Montreuil war wieder in ihrer familiären Doppelrolle tätig, einerseits bemüht, die

Belastungszeugen mit Geld zu beruhigen, während sie andrerseits alles unternahm, um ihren Schwiegersohn irgendwo einsperren zu lassen, von wo ein Entkommen unmöglich sein würde.

Es folgten sechs Monate voller Gerüchte, Anklagen und Bestechungen. Nanons Baby wurde geboren und starb, während Nanon auf Madame de Montreuils Veranlassung in eine Erziehungsanstalt gesteckt wurde. De Sade hatte beschlossen, in La Coste zu bleiben und der Gefahr die Stirn zu bieten. In Frankreich hatte sich während der vergangenen zwölf Monate so manches geändert, und vielleicht konnte ihm das zum Vorteil gereichen. Im Mai 1774 war der kränkliche Ludwig XV. gestorben, ihm folgte sein zwanzigjähriger Enkel auf den Thron. Ludwig XVI. war ein aufgeklärter Monarch, der, wie der Philosoph D'Alembert bemerkt, »Redlichkeit, Gerechtigkeit, Sparsamkeit und Frieden« liebte. Unter den alten Ministern seines Großvaters, welche der junge Mann entließ, befand sich auch Madame de Montreuils mächtiger Freund, der Herzog d'Aiguillon. Im ersten Jahr der Regierung des neuen Königs verbreitete sich in den Ministerien infolge der ständigen Veränderungen Unruhe. Natürlich sollte man gegen den lästigen Schloßherrn von La Coste etwas unternehmen. Man sollte auf Madame de Montreuil hören. Aber im Augenblick war niemand da, der ihr zuhören, geschweige denn dem Monarchen einen Plan zur Ergreifung des Marquis vorlegen wollte. Erst im Juli 1775 wurde über sein Schicksal entschieden, und die ersten Späher wurden nach La Coste entsandt, um sicherzugehen, daß der Marquis nicht entfliehen konnte, sobald er die Polizeipatrouille in der Ferne erblickte. De Sade, für den das alles ja nicht neu war, hatte genügend Erfahrung mit der Polizei, um Späher und Spitzel zu erkennen. Als die Hüter des Gesetzes sich La Coste näherten, fuhren de Sade und sein Diener in der Kutsche des Marquis zum Schloßtor hinaus.

Die ersten beiden Nächte ihrer Reise verbrachten sie in Scheunen. Am 21. Juli schlugen sie eine holprige Straße durch das Vorgebirge der Alpen ein. Die Straße war sehr steil, und die Anwohner konnten sich nur an zwei weitere Wagen erinnern, die diesen Weg in den letzten zwanzig Jahren passiert hatten. Als Herr und Diener hinunter nach Savoyen kamen, durchquerten sie rasch das Herzogtum und erreichten glücklich Italien. Wie de Sade sich bei Gaufridy beklagte, verstand er kein Wort Italienisch, und man habe ihm gesagt, daß er es niemals lernen werde, wenn er sich nicht eine Italienerin zur Geliebten nehme.

König Ludwig XVI.,
Gemälde von J. S. Duplessis, 1777

Die folgenden zwölf Monate verbrachte de Sade unter dem Namen ›Comte de Mazan‹ auf Reisen durch Italien. In dieser Zeit führte er ein Tagebuch, das er wie schon seine Aufzeichnungen in Holland Renée-Pélagie widmete. Darin begann er jene Meinungen und Vorlieben auszudrücken, welche ihm das Lob und den Fluch einbrachten, einerseits der kühnste, andererseits der anstößigste Autor der gesamten modernen Literatur zu sein. Seit er La Coste verlassen hatte, machte er sich Gedanken über den Wert der herrschenden Gesellschaftsordnung und der Polizei, die diese schützte. Hatten diese Institutionen auch nur etwas zur Verbesserung des menschlichen Lebens beigetragen? Sein Leben hatten sie ganz gewiß nicht verbessert. Egoismus, behauptete er, sei das oberste Naturgesetz – eine Behauptung, der Renée-Pélagie ganz gewiß auch zustimmen müsse.

De Sade fuhr zuerst nach Florenz, wo er von allem, was er vorfand, abwechselnd fasziniert und abgestoßen wurde. Das sinnliche Entzücken, das er beim Anblick der blonden Schönheit von Tizians Venus im Palazzo Medici empfand, ist offensichtlich. Bei Betrachtung der Venus von Medici ergeht er sich zärtlich über die Schönheit ihrer Brüste und Hinterbacken. Nicht weniger faszinierte ihn das kunstvolle Wachsmodell eines Mädchens, welches aufgeklappt werden konnte, um daran anatomische Studien zu betreiben. Die Assoziation zwischen dem Modell und dem Vergnügen, das der Arzt Rodin in *Justine* bei der Sektion eines lebenden Mädchens empfindet, steht außer Frage. Sehr angetan war de Sade auch von einer Reihe von Wachsmodellen, die den Verfall eines menschlichen Wesens vom Augenblick des Todes bis zu seiner völligen Auflösung darstellten, eine Zwangsvorstellung, die man sowohl in *Justine* wie in *Juliette* wiederfindet. Und natürlich gab es auch bemerkenswerte erotische Kunst wie den antiken Hermaphroditen und Priapus, den

Gott der Fruchtbarkeit, an welchem – wie er Renée-Pélagie schrieb – fromme Damen ihre Andacht praktizierten.

Um so überraschender war seine negative Reaktion auf die sexuellen Eskapaden der Florentiner Schauspieler, wobei er die Theaterbesucher in seine Abneigung gleich mit einbezog. Er drückte nichts als Verachtung für diese Transvestiten aus, die auf der Bühne weibliche Rollen übernahmen und ihre Männlichkeit auch im privaten Leben verleugneten. Bedenkt man, daß einer der Anklagepunkte im Marseiller Verfahren gegen de Sade ihn der homosexuellen Beziehungen zu Latour bezichtigte, ist sein hartes Urteil doch überraschend. Jedenfalls weist alles in seinem italienischen Tagebuch darauf hin, daß er sich von diesen Figuren des Theaters zutiefst abgestoßen fühlte. Die wahre Verderbtheit des Theaters erkannte er jedoch im Umgang der Schauspielerinnen mit den Kastraten. Da deren Begierde niemals von einem Orgasmus gestillt werden konnte, würden sie den vollwertigen Männern von den Damen in mancher Hinsicht vorgezogen. Er kam zu dem Schluß, daß Florenz als Stadt der sexuellen Laster nicht ihresgleichen habe. Bei Nacht lägen die Straßen in totaler Finsternis, gäbe es nicht die vielen Lichter hinter den Fenstern der Bordelle, welche die Fußgänger zwar vor einem physischen Fall bewahrten, sie aber zum moralischen Fall verlockten.

Am 21. Oktober verließ de Sade Florenz und reiste nach Rom weiter. Den Petersdom fand er »eher theatralisch als eindrucksvoll«. Er hatte nun die meisten Orte gesehen, die später den Hintergrund der italienischen Episoden von *Juliette* und der in diesem Buch ausführlich geschilderten Orgien bilden sollten. Falls er schon damals mit dem Gedanken spielte, den Papst in der großen Basilika eine Schwarze Messe zelebrieren zu lassen, ließ er in seinem Tagebuch jedenfalls nichts davon verlauten. Nur einmal noch kommen seine höchst persönlichen Ansichten zum Ausdruck, als er beim Betrachten des Bildes, das die Folterung der heiligen Agnes darstellt, den Ausdruck der Furcht in den Augen der Heiligen vermißt; erst dieser Ausdruck könne das Bild nach seiner Meinung zu einem künstlerischen Meisterwerk erheben.

Im übrigen schreibt de Sade aus Rom wie jeder andere Tourist. Er bewundert die Schönheiten der klassischen und der christlischen Kunst und fährt dann weiter nach Neapel. Es blieb Renée-Pélagie überlassen zu behaupten, daß er ein Leben von beispielhafter Rechtschaffenheit führe und vom Papst in einer Privataudienz empfangen worden sei. Neapel faszinierte de Sade auf ganz andere Weise. Er war beeindruckt von dem ständigen Schwelgen in Prunk und der verschwenderischen Prachtentfaltung der Stadt. So wie er in Florenz seinen Abscheu über die homosexuellen Schauspieler ausgedrückt hatte, schauderte ihn jetzt angeblich vor dem Dichter Marini und den Flagellanten – eine offensichtliche Heuchelei. Was ihm jedoch in Neapel vor allem auffiel, war die üppig wuchernde Prostitution. Mütter boten je nach dem Geschmack der Kunden ihre Töchter und Söhne zum Verkauf an, eine Schwester ging auf Kundengang für den eigenen Bruder, ein Vater für seine Tochter und ein Ehemann für seine Frau. Selbst die vornehmsten Damen der Stadt waren zu haben, wenn nur der Preis hoch genug war. In *Philosophie im Boudoir* und seinen späteren Werken ließ de Sade seine handelnden Personen behaupten, daß jede Art von Prostitution innerhalb der Naturgesetze liege und ihre Unterdrückung dem gesunden Menschenverstand zuwiderlaufe. Im Winter 1775/76 allerdings fühlte er sich nach eigenem Bekunden von allem abgestoßen, was er in Neapel sah. Er frage sich, welche Hoffnung für Ehre, Tugend und für die Erhaltung körperlicher Gesundheit angesichts dieser menschlichen Erniedrigung noch übrigbleibe.

Illustration zur Erstausgabe der ›Juliette‹ (1797)

Es ist charakteristisch für de Sade, daß er über diese Themen in zwei völlig verschiedenen Einstellungen schrieb. Er beklagte die Homosexualität, während er sie in seinen Romanen preist; er behauptete, Auspeitschungen abstoßend zu finden, obwohl gerade die doch einen der hauptsächlichsten Reize seines sexuellen Lebens ausmachten, und er rügte die Prostitution, der seine Romane wie auch seine sexuellen Lüste immerhin einiges verdankten. Doch sein düsteres zweites Ich, das sich bei den Vorfällen in Arceuil und Marseille gezeigt hatte, sollte erst später in seinen Schriften die Oberhand gewinnen. Von ein paar Nebensächlichkeiten abgesehen, sind seine Aufzeichnungen über die Reise durch Italien nicht bemerkenswerter als die vielen Tagebücher anderer Reisender, welche die großen Städte der Halbinsel besuchten.

De Sade hatte genug von Neapel und machte sich auf den Rückweg nach Frankreich. Seine Reisen waren von ständiger Geldknappheit beeinträchtigt gewesen. Wiederholt und mit zunehmender Schärfe hatte er Gaufridy geschrieben und verlangt, daß seine Einnahmen ihm unverzüglich zugeschickt werden sollten. Er war fast ein Jahr lang unterwegs gewesen, und seine Beschuldigungen, Gaufridy und Renée-Pélagie hätten ihn im Stich gelassen, wurden immer lauter. Im Juni 1776 erhielt Gaufridy einen weiteren Brief. De Sade hatte Grenoble erreicht und beabsichtigte, nach La Coste zurückzukehren.

Der Plan war nicht ohne Risiko, aber schließlich hatte er auch vorher ungestraft in seinem Schloß gelebt, während die Behörden vorgaben, nach ihm zu fahnden. Auf alle Fälle war inzwischen ein Jahr vergangen, die Striemen an den Körpern der fünf Mädchen waren nicht mehr nachzuweisen, vielleicht konnte er jetzt gefahrlos nach Hause zurückkehren. In der zweiten Hälfte des Jahres 1776 reiste de Sade denn auch unbehindert durch das südliche Frankreich. In Montpellier engagierte er ein zweiundzwanzigjähriges Mädchen, Cathérine Trillet, als Köchin. Er scharte noch ein paar weitere Mädchen um sich, unter ihnen auch eines, das zu den Opfern der Winter-Orgien des vorigen Jahres gehört hatte, sich jetzt aber bereit erklärte, mit ihm auf sein Schloß zurückzukehren.

Als die Gesellschaft in La Coste angekommen war, vertrödelte de Sade keine Zeit. Er besuchte nachts die Mädchen, die ihm gefielen, und erklärte ihnen genau, was er von ihnen erwartete. Das Ergebnis war, daß sie eiligst dem Schloß entflohen und nie mehr gesehen wurden. Doch zu Beginn des Jahres 1777 war Cathérine Trillet immer noch da.

Januar 1777 war ein unangenehmer Monat für de Sade. Am 14. Januar starb seine Mutter, die Witwe Comtesse de Sade, in jenem Kloster in Paris, in welches sie sich schon vor dem Tode ihres Gatten zurückgezogen hatte. Bevor de Sade noch von ihrem Tod erfuhr, wurde er am 17. Januar in einen ›widerlichen Zwischenfall‹ verwickelt. Am Nachmittag dieses Tages erschien ein Besucher im Schloß, der de Sade als Trillet, Vater der Cathérine Trillet, die nach wie vor als Köchin bei ihm tätig war, gemeldet wurde. Trillet wandte sich in unverschämtem Ton an de Sade und erklärte, er sei gekommen, um seine Tochter von diesem Ort des Lasters – den er dummerweise für ein respektables Haus gehalten habe – wegzuholen.

Dergleichen war de Sade bisher noch nie passiert. Er sagte Trillet, daß er seine Tochter natürlich sprechen könne, es für sie allerdings nicht ratsam sei, ihren Arbeitsplatz zu verlassen, bevor man nicht für sie Ersatz gefunden habe. Der Streit weitete sich aus und endete damit, daß de Sade und ein Diener den Eindringling packten und zur Tür hinauswerfen wollten. Als sie den Ausgang erreicht hatten, riß Trillet sich los, zog eine Pistole, zielte auf de Sade und drückte ab. Es bestand kein Zweifel, daß der Schuß ernst gemeint war, denn das Geschoß verfehlte de Sades Brust gerade nur um wenige Zentimeter. Während der Marquis und sein Diener Deckung suchten, zog sich Trillet laut schimpfend in das Dorf La Coste zurück. Nur zu bald war er wieder da, diesmal von vier handfesten Kerlen begleitet. Er stieß Drohungen aus und feuerte in der Annahme, de Sade treffen zu können, etliche Schüsse in den Schloßhof ab. Daraufhin zog er sich mit seinen vier Freunden in eine Kneipe zurück. De Sade versuchte, über den örtlichen Magistrat ein gesetzliches Verfahren gegen Trillet in Gang zu bringen. Es war, gelinde gesagt, ziemlich absurd, daß ein gesuchter Verbrecher um Polizeischutz bitten wollte. Aber wenn de Sade auch im gesamten übrigen Frankreich verfemt war, blieb er doch immerhin der Gutsherr von La Coste, und hier war seine Autorität nicht zu leugnen. Letzten Endes wurde gegen Trillet keine Anklage erhoben. Man überredete ihn, das Dorf zu verlassen, und er schwor, alles sei nur ein Mißverständnis gewesen, und er habe von de Sade immer schon nichts als die beste Meinung gehabt.

Nachdem Trillet aus dem Weg geräumt worden war, konnte de Sade sich seinen dringendsten Problemen zuwenden. Durch das Urteil, welches der Hohe Gerichtshof von Aix gegen ihn gefällt hatte, waren ihm seine Einnahmen als Vizegouverneur entzogen worden. Renée-Pélagie hatte ihre Mutter schon beinahe dahin gebracht, diesen Verlust zum Wohl der ganzen Familie auszugleichen. Noch ermutigender war, daß Madame de Montreuil andeutete, sie werde ihren Einfluß dazu benutzen, das Urteil des Hohen Gerichtshofes in Aix annullieren zu lassen. De Sade und Renée-Pélagie machten sich auf den Weg nach Paris. Nach der Ankunft begab sich Renée-Pélagie zu ihrer Mutter, und de Sade blieb bei Abbé Amblet, der im Collège Louis-le-Grand sein Privatlehrer gewesen war. Sie hatten Paris am 8. Februar erreicht. Zwei Tage später vertraute Renée ihrer Mutter an, daß de Sade sich gleichfalls in Paris aufhalte. Wiederum drei Tage danach hatte de Sade einen Besucher, den er schon von früheren Begegnungen her kannte. Es war Inspektor Marais von der Pariser Polizei, der einen Einweisungsbefehl für den Marquis in die Festung von Vincennes vorwies.

Der Gefangene: 1777–1790

Der Kerker von Vincennes, während der Regierungszeit Karls V. erbaut, war ein düsteres, viereckiges Bollwerk mit runden Türmen und schmalen Fenstern. Er beherbergte nur wenige Gefangene, aber die saßen dort sicher. Selbst für die im 18. Jahrhundert üblichen Verhältnisse war die Unterbringung der Männer, die hinter den abschreckend dicken Mauern gefangen saßen, erschreckend. Mäuse und Ratten, Krankheit und Finsternis waren die ständigen Begleiter der Gefangenen. Und was noch schlimmer war, die wenigsten wußten, wann und ob sie überhaupt jemals entlassen würden, und einige wußten nicht einmal, aus welchem Grund man sie eingesperrt hatte.

Bei de Sades Ankunft in Vincennes saß dort unter anderem ein Gefangener, dessen schlechter Ruf und dessen literarischer Ruhm ihm später ein Renommee einbrachten, das dem de Sades durchaus gleichkam. Es war der junge Mirabeau, der zur Aufbesserung seiner Moral vom eigenen Vater ins Gefängnis eingewiesen worden war. Als de Sade und Mirabeau sich dann während der Haft persönlich trafen, stritten sie und forderten sich zum Duell heraus, doch beide waren Opfer einer *lettre de cachet,* eines geheimen Haftbefehls des Königs. Durch diese königlichen Befehle konnten einflußreiche Männer und Frauen erreichen, daß unliebsame Familienmitglieder in Gefängnissen verschwanden. Als de Sade in die düsteren Regionen des Forts einzog, gab es dort Männer, die fürchteten, lebendig begraben zu sein und die verzweifelte Hilferufe an ihre Familien sandten. »Sie haben mich zum lebendigen Tod verurteilt«, schrieb Mirabeau an seinen Vater, »das ist ein schlimmeres Schicksal als der Tod durch den Henker.« Bald sollte auch de Sade ähnliche Klagen anstimmen. Er war damals sechsunddreißig Jahre alt, und bis zu seinem fünfzigsten Lebensjahr bekam er – sechs Wochen Freiheit ausgenommen – von der Welt nur zu sehen, was der Blick durch das kleine Zellenfenster gestattete.

De Sade hatte den Verdacht, daß der König die *lettre de cachet* auf Madame de Montreuils Veranlassung ausgestellt hatte. Wenige Tage nach seiner Verhaftung schrieb er wütende Briefe, bezichtigte sie grausamer Rachegelüste und warf ihr ein nachtragendes Wesen vor. Zugleich schrieb er an Renée-Pélagie und bat sie, ihn vor der schrecklichen Vergessenheit zu bewahren, zu der man ihn verdammt hatte. Er verlangte, daß man ihn anhöre, ihm eine Chance gebe, sich zu verteidigen, und das Recht, zu einer legalen Haft verurteilt, anstatt einfach auf diese schreckliche Weise eingeschlossen zu werden.

Er wurde in einer Zelle mit zwei winzigen, schwer vergitterten Fenstern in Einzelhaft gehalten. Zwischen ihm und der Freiheit der Außenwelt lagen neunzehn eiserne Türen. Manchmal wurde er zur Bewegung in einen Hof geführt, der etwa zehn Quadratmeter groß und von steinernen Mauern umgeben war. Ebensogut hätte er in seiner Zelle umhergehen können, doch während seiner Abwesenheit konnte man die Zelle in aller Ruhe nach irgendwelchen Vorbereitungen für einen Fluchtversuch durchsuchen. Bis auf die zehn Minuten, während das Essen gebracht wurde, war er den ganzen Tag allein. In der übrigen Zeit war er sich selbst überlassen und weinte. Dem Weinen folgten bald hysterische Wut und schließlich Verzweiflung. An Renée-Pélagie und Madame de Montreuil schrieb er Briefe, die abwechselnd voll wilder Vorwürfe und dann wieder voll blindem Selbstmitleid waren. Diejenigen, welche schon immer sein geistiges Gleichgewicht angezweifelt hatten, sahen nun voraus, daß er dem Irrsinn verfallen werde.

Die Familie der Montreuils versuchte, ihn zu beschwichtigen. Sie versprachen, im Verein mit Renée-Pélagie ein Verfahren in Gang zu setzen, damit endlich das Urteil, welches der Gerichtshof von Aix 1772 ausgesprochen hatte, annulliert werde. Danach könne er für den Vorfall in Marseille nicht mehr in Haft gehalten werden. Doch Madame de Montreuil machte verdächtige Einschränkungen: Nur wenn man auf de Sades Unzurechnungsfähigkeit plädiere, bestehe Hoffnung auf Erfolg. De Sade ignorierte diese Bedingung und stimmte den Plänen für ein Berufungsverfahren begierig zu. Er bestand darauf, daß die Mädchen in Marsaille keineswegs unschuldige Opfer, sondern erfahrene Huren gewesen seien, die über Kantharidin genau Bescheid wußten und es willig genommen hätten. Niemals habe er sie zu einem Analverkehr verleitet und, wie sie selbst zugegeben hatten, habe der zwischen ihm und ihnen auch niemals stattgefunden. Schließlich versuchte er zu beweisen, daß Marguerite Costes Krankheit die Folge eines Gifttranks war, den ein Quacksalber bereitet habe.

Trotz de Sades Begeisterung war keiner seiner ›Beweise‹ so wertvoll wie die Vorsichtsmaßnahmen, die Madame de Montreuil ergriff, bevor die Berufung verhandelt wurde. Sie vergewisserte sich, daß Gaufridy die Aussagen der Mädchen genau aufeinander abstimmte und sicherstellte, daß die gefährlichsten Anklagen gegen ihren Schwiegersohn in der Verhandlung zurückgezogen würden. Aber die Sache zog sich in die Länge. Nach sechs Monaten saß de Sade immer noch in Vincennes, wenn auch sichtlich ermuntert von der Aussicht auf eine erfolgreiche Berufung und die unmittelbar bevorstehende Freiheit. Ein Jahr verging, und

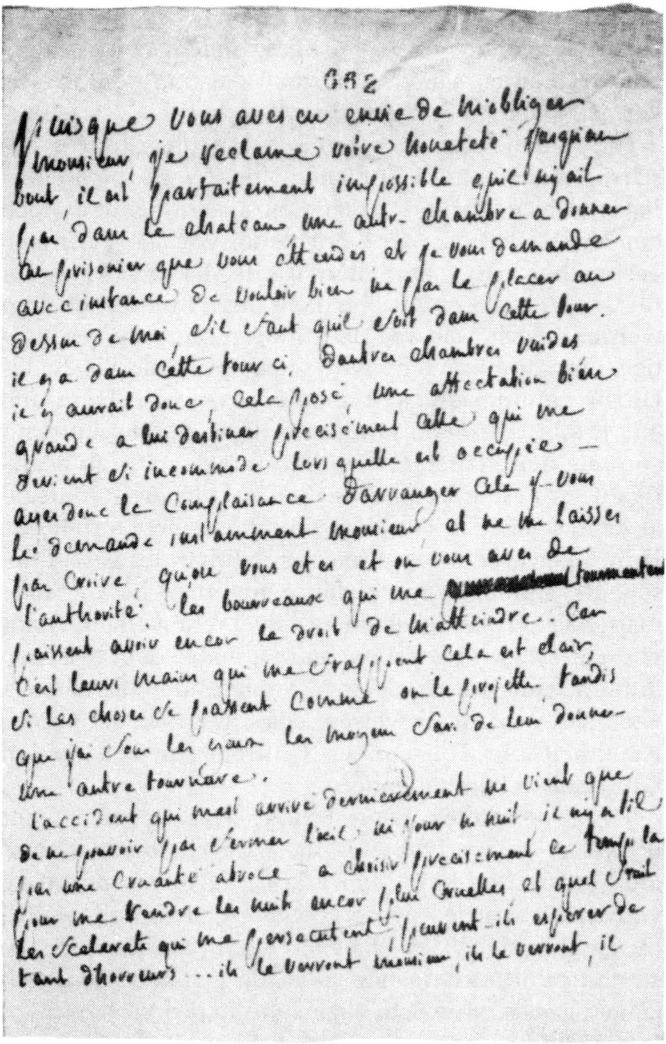

682

Puisque vous avez eu envie de m'obliger
Monsieur, je reclame votre honeteté. Puisqu'au
bout il est parfaitement impossible qu'il n'y ait
pas dans le chateau une autre chambre a donner
au prisonier que vous attendez et je vous demande
avec instance de vouloir bien ne pas le placer au
dessus de moi, s'il faut qu'il soit dans cette tour.
il y a dans cette tour ci, d'autres chambres vuides
il y aurait donc, cela posé, une affectation bien
grande a lui destiner precisément celle qui me
devient si incommode lorsqu'elle est occupée —
ayez donc la complaisance d'arranger cela. je vous
le demande instamment monsieur et ne me laissez
pas croire, quoique vous etes et où vous avez de
l'authorité, les bourreaux qui me ~~[illegible]~~ tourmentent
faissent avoir encor le droit de m'atteindre. Car
c'est leur main qui me frappent cela est clair,
si les choses se passent comme on le projette, tandis
que j'ai sous les yeux les moyens sans de leur donner
une autre tournure.
L'accident qui m'est arrivé dernierement ne vient que
de ne pouvoir pas fermer l'oeil, ni jour ni nuit. il n'y a t'il
pas une cruauté atroce a choisir précisément ce temps la
pour me rendre les nuits encor plus cruelles et quel fruit
les scelerats qui me persecutent peuvent-ils esperer de
tant d'horreurs ... ils le verront un jour, ils le verront, il

Aus einem Brief
Madame de Sades an ihren Mann
in Vincennes (1781)

immer noch wartete er hoffnungsvoll in seiner Zelle. Im Mai 1778 wurde die Berufung endlich zugelassen. Einen Monat später wurde de Sade, immer noch ein Gefangener, von Inspektor Marais nach Aix-en-Provence gebracht.

Während der Verhöre, die sich über die erste Julihälfte hinzogen, saß er im Gefängnis von Aix. Der Hohe Gerichtshof hörte nun das Beweismaterial in seiner ›verbesserten‹ Version und entschied, daß de Sade zwar nicht unschuldig sei, der Haftbefehl von 1772 jedoch aufzuheben sei. Statt dessen wurde er vom Gericht ermahnt. Es wurde ihm verboten, während der nächsten drei Jahre Marseille zu besuchen, und man belegte ihn mit fünfzig Livres Bußgeld. Für einen, der eben sechzehn Monate in den berüchtigten Verliesen von Vincennes verbracht hatte, wirkte der Spruch wie die Aufhebung eines Todesurteils. Bis zum Abschluß der Formalitäten wurde de Sade wieder in das Gefängnis von Aix-en-Provence zurückgebracht. Dann kam Inspektor Marais zu ihm, und de Sade war darauf vorbereitet, die Zelle wieder als freier Mann zu verlassen. Der ursprüngliche Haftbefehl war für ungültig erklärt worden. Doch Marais kündigte ihm an, daß draußen der Wagen warte, der sie beide zurück nach Paris und Vincennes bringen werde. Nur das Urteil von 1772 war gelöscht und somit der Name der Familie von Schande gereinigt worden. Die *lettre de cachet,* welche de Sade nach Vincennes gebracht hatte, war dagegen immer noch in Kraft und bedeutete weitere Gefängnishaft auf unbestimmte Zeit.

De Sade erkannte sofort, daß er in die Falle gegangen war. Madame de Montreuils Besorgnis hatte nicht ihm, sondern ihrem eigenen Ruf gegolten. Nun, da der Skandal von 1772 ausgeräumt war, hatte sie nichts dagegen, ihren Schwiegersohn für den Rest seiner Tage im Gefängnis zu sehen – dank der *lettre de cachet,* zu der man Ludwig XVI. überredet hatte.

Von vier Wächtern begleitet, reiste de Sade nach Norden. In Pont-Saint-Esprit fand jedoch ein bemerkenswertes Gespräch statt, von dem de Sade später seinem Rechtsanwalt Gaufridy berichtete. Marais erklärte ihm, daß seine Rückkehr nach Vincennes eine bloße technische Formalität sei, obwohl Madame de Montreuil die Sache anders sehe. Die Polizei wäre ganz zufrieden, wenn de Sade entfliehen würde, doch dürfe es natürlich kein Anzeichen für eine Verabredung geben. Danach wandte sich der Inspektor ab und erklärte das Thema für beendet. Als man die Rhône überquert hatte, hielt man an, um in Valence das Diner einzunehmen. Die Polizisten ließen sich ihr Essen schmecken, während de Sade sich mit dem Vorwand, er habe keinen Appetit, von ihnen absonderte. Sobald es dunkel geworden war, verlangte er, zur Toilette gebracht zu werden. Der zweite Offizier, ein Bruder von Inspektor Marais, begleitete ihn. Die Toilette lag im oberen Stockwerk. Als de Sade sie wieder verließ, stolperte er scheinbar auf dem Treppenabsatz. Sein Bewacher streckte den Arm aus, um ihn aufzufangen, doch de Sade duckte sich geschickt unter ihm weg und sprang die Treppe mit drei oder vier Sätzen hinab. Der Offizier rief nach seinen Kameraden, und zu viert machten sie sich sofort an die Verfolgung. De Sade hatte seine Flucht gut geplant. Innerhalb von Sekunden war er am Fuß der Treppe, dann draußen im Hof, von dem aus eine Tür zur Straße führte. Der Gasthof lag in einem Außenbezirk von Valence, und die Dunkelheit ringsum bot dem Flüchtenden ausreichend Schutz. Marais und die anderen suchten vergeblich nach dem verschwundenen Marquis. De Sade erreichte das Rhôneufer und wanderte bis zum Tagesanbruch am Fluß entlang. Als es hell wurde, traf er einige Fischer. Er bat sie, ihn nach Avignon zu bringen, und versprach ihnen eine hohe Belohnung. Einer von ihnen, der eine altersschwache Jolle besaß, stimmte schließlich zu.

Spät in der Nacht traf de Sade in der Stadt seiner Vorfahren ein und fand Unterschlupf bei einem Freund.

Dies alles, so empfand es de Sade selbst, erinnerte fatal an einen Abenteuerroman. Er verließ Avignon am nächsten Tag und fuhr nach La Coste, wo er Renée-Pélagies Zofe Gothon und Mademoiselle Rousset vorfand. Zuerst glaubte er, daß das Ganze, die Mithilfe der Polizei eingeschlossen, als Akt der Großzügigkeit von Madame de Montreuil inszeniert worden sei. Doch als er erfuhr, daß man weiter nach ihm fahndete, um ihn möglichst schnell wieder einzufangen, verließen ihn die Gefühle der Dankbarkeit sehr bald.

Nach sechzehn Monaten in Vincennes erfreute sich de Sade in den folgenden Wochen aus vollem Herzen seiner Freiheit. Während seiner Haft war sein Onkel, der Abbé, gestorben, und de Sade brannte darauf, nach Saumane zu gehen und das Schloß zu besichtigen, welches jetzt ihm gehörte. In La Coste wurde inzwischen seine Bindung an Mademoiselle de Rousset immer enger. Wie immer auch ihre körperliche Beziehung gewesen sein mag, der nachfolgende Briefwechsel bewies, daß sie de Sade ergeben war und er sie nicht nur mit intellektueller, sondern jeder nur denkbaren Form von Bewunderung betrachtete. Die Nachricht von ihrem Tod im Jahre 1784 erreichte ihn wie aus weiter Ferne als ein Teil anderer Tragödien, die aus einer unwirklichen Außenwelt hinter seine Gefängnismauern drangen.

In der zweiten Augusthälfte schrieb de Sade an Gaufridy und berichtete, er sei vor einem Überfall der Polizei auf La Coste gewarnt worden. Warum dieser Aufwand, wo die Polizei doch offensichtlich seine Flucht begünstigt hatte? Zuerst nahm de Sade die Warnung ernst, er schlief sogar in einem Stall, um zu vermeiden, daß man ihn überraschte. Als jedoch nichts geschah, kehrte er wieder ins Schloß zurück. Am 26. August um vier Uhr morgens kam Gothon plötzlich in sein Schlafzimmer gelaufen und schrie ihm zu, er solle um sein Leben laufen. Im oberen Stockwerk herrschte völliges Durcheinander, und man hörte den Lärm der Männer, welche das untere Stockwerk durchsuchten. De Sade rannte im Nachthemd aus dem Schlafzimmer und versuchte, sich in einer Rumpelkammer einzuschließen und sich zu verbergen. Kurze Zeit später wurde die Tür aufgebrochen, und er sah sich von zehn bewaffneten Männern umringt, die mit Degen und Pistolen herumfuchtelten. Als sie ihn fesselten und hinwegzerrten, schwor einer der Männer, daß der teuflische Marquis diesmal für den Rest seines Lebens in der Zelle sitzen werde. Wie ein Schwerverbrecher gefesselt, wurde er der Menschenmenge in Avignon und anderen Städten entlang der Reiseroute vorgeführt. Am 7. September trafen Inspektor Marais und sein Gefangener in Vincennes ein. Jetzt wurde nicht mehr über Flucht gesprochen. De Sade wurde in eine dunkle, stickige Zelle verbannt, die Mirabeau so beschrieb: »Die Wände waren 16 Fuß dick, und das winzige, dichtvergitterte Fenster bestand aus trübem Glas. Bei Einbruch der Dunkelheit wurden die Zugbrücken hochgezogen, sämtliche Tore wurden versperrt, nur die Schritte der patrouillierenden Nachtwache durchbrachen jede halbe Stunde die Stille des Innenhofes.«

Im Gefängnis, das doch eigentlich Gerechtigkeit und Gesetz symbolisieren sollte, sah de Sade sich mit jeder Art von Grausamkeit und Korruption konfrontiert, und in dieser Welt sollte er die kommenden dreizehn Jahre zubringen. Er hatte die elementaren Entbehrungen aller Gefangenen zu erdulden. Es gab keine Heizung im Winter, und die Ratten waren so zahlreich, daß er nachts nicht schlafen konnte. Der Kommandant von Vincennes, Charles de Rougement, ein unehelicher Sohn des Marquis d'Oise, hatte sich den Kommandantenposten gekauft, wie es damals eben üblich war. Er schlug aus seiner Investition allerhand Profit, indem er – direkt oder indirekt – Geld von den Gefangenen erpreßte. Sowohl in englischen als auch in französischen Gefängnissen der damaligen Zeit mußten die Gefangenen für Speisen und Getränke bezahlen. In einigen Fällen mußten sie sogar für das elementare Trinkwasser bezahlen. Der Kommandant verkaufte ihnen das Essen zu einem Preis, den er selbst festsetzte, oder er verkaufte die Konzession an den meistbietenden Lieferanten, woraufhin die Gefangenen natürlich sofort höhere Kosten für ihren Lebensunterhalt zu zahlen hatten.

Die Erfahrungen seiner Gefängnishaft schlugen sich in der Brutalität und dem Zynismus von de Sades Romanhelden nieder.

Der Winter 1778/79 war entscheidend für de Sades geistige Entwicklung. In sein Gedächtnis eingebrannt waren die Worte des Mannes, der den Überfall auf La Coste geleitet und der geschworen hatte, daß de Sade diesmal für den Rest seines Lebens im Gefängnis sitzen werde. Seine Briefe an Renée-Pélagie wurden immer verzweifelter. Seinen ersten Hilferufen folgte die flehentliche Bitte um ein reguläres Urteil anstelle der unbegrenzten Einsamkeit der kleinen Zelle mit ihrem hohen Gewölbe. Dann folgte das Fluchen und Toben und schließlich wieder die Verzweiflung. An Fräulein de Rousset schrieb er, er fühle sich wie ein Opfer des Tiberius. Dann, in der Nacht des 16. Februar 1779, erschien ihm der Geist von Petrarcas Laura tröstend in einem Traum und forderte ihn auf, mitzukommen zu den Freuden des Paradieses.

De Sade neigte nicht dazu, sich von Visionen beeindrucken zu lassen, doch dieses Erlebnis veränderte ihn nachhaltig. Er begann, sich in der Gefängniszelle eine eigene Welt aufzubauen, eine Welt des Geistes und der Phantasie. Seine Briefe, die bisher nur erfüllt waren von dem Wunsch, herauszukommen aus Vincennes, erhielten plötzlich eine andere Note. Wenn es durch die massiven Mauern seines Kerkers keine Flucht nach außen gab, so mochte es doch eine Flucht nach innen in den eigenen Geist geben. Die Briefe an Renée-Pélagie enthielten zwar nur die durchaus verständlichen Wünsche eines Gefangenen nach Büchern, Schreibmaterial und Kerzen, doch waren diese Dinge nicht nur als bloßes Heilmittel gegen die langsame Agonie der

De Sade im Gefängnis,
Holzschnitt von Robin Ray

Einsamkeit bestimmt. Sie waren die Grundlage, auf welcher ein neues Universum errichtet werden sollte. Tag für Tag formte de Sade an dem Bild seines neuen Ich. Er würde nicht mehr der weinende Bittsteller sein, sondern der heroische, ungebrochene Verfechter seiner Sache. Da gab es Leute, die erwarteten, daß er wahnsinnig werden würde wie andere Männer vor ihm nach jahrelanger Kerkerhaft. Aber er würde nicht verrückt werden. Im Gegenteil, er beabsichtigte, die Welt mit seiner erschreckenden geistigen Klarheit zu schockieren und seinen gesunden Menschenverstand als Waffe eines totalen Krieges gegen seine Feinde einzusetzen.

Von Zeit zu Zeit geriet de Sades gefaßte Haltung ins Wanken; dann tobte er so wild gegen seine Bewacher, daß sie fürchteten, er werde sich auf sie stürzen. Schon Kleinigkeiten verursachten in der begrenzten Gefängniswelt heftige Streitigkeiten. De Sade wurde viermal wöchentlich zur Bewegung in den Hof geführt, doch plötzlich wurde ihm dieses Privileg entzogen. Er redete sich ein, dies sei nur geschehen, damit man an seiner Stelle Mirabeau in den Hof lassen könne. Bald danach begegneten sich die beiden Gefangenen, und de Sade begann furchtbar zu toben. Er schrie, daß Mirabeau die männliche Hure des Kommandanten sei und schwor, daß er ihm die Ohren abschneiden werde, sobald sie beide wieder frei seien. Schließlich fragte er Mirabeau nach seinem Namen. »Mein Name«, erwiderte Mirabeau, »ist der eines Ehrenmannes, der niemals Frauen vergiftet oder bei lebendigem Leib seziert hat, und der seinen Namen mit einem Stock auf Ihren Rücken schreiben wird, wenn man Sie nicht schon vorher aufs Rad geflochten hat.« Wie Mirabeau einem Briefpartner schrieb, war es schon schlimm genug, mit einem solchen »Ungeheuer« wie de Sade im gleichen Gefängnis zu sitzen. De Sade erwähnt in seinen Werken Mirabeau mehrmals, immer als Wüstling, Spion, Schurke,

Honore Gabriel Mirabeau,
Kupferstich nach einem Gemälde von Ch. Boze, 1789

Verräter oder als Dummkopf. Die beiden blieben einander feindlich gesinnt, aber schließlich durfte de Sade seine Spaziergänge im Hof wiederaufnehmen.

Abgesehen von solchen Zwischenfällen bestand de Sades einziger Kontakt mit dem Leben draußen in den Briefen, die er schrieb und erhielt. In der Welt außerhalb der Kerkermauern ereignete sich vieles, und einiges davon wurde ihm berichtet. Seine geliebte Anne-Prospère und Gothon starben 1781, drei Jahre später folgte ihnen Mademoiselle de Rousset. Die ganze Zeit über hatte man de Sade nicht erlaubt, Renée-Pélagie zu sehen. Unermüdlich schrieb er eine Flut von Briefen, beteuerte seine Unschuld, verlangte seine Freilassung, verfluchte Madame de Montreuil als Hure und überschüttete Kommandant de Rougement und die Helfershelfer der Pariser Polizei mit Beschimpfungen. Renée-Pélagie antwortete ihm, nur wenn er geduldig sei und sich anständig betrage, könne man etwas für ihn tun. Doch inzwischen waren Gerüchte zu ihm gedrungen, denen zufolge man ihn einmal in ein Gefängnis auf irgendeine Insel deportieren wolle und dann wieder, daß man ihn in den Kerker von Montélimar bringen werde, damit er näher bei La Coste sei. Er wollte weder nach Montélimar noch sonstwohin gehen. Er verlangte erneut seine Entlassung und war sogar bereit, ins Ausland zu gehen, wenn das der Preis der Freiheit sei. Er verfiel tatsächlich in den Wahn, daß der König ihn ins Ausland schicken wolle, nicht als Verbannten, sondern als Gesandten.

Vielleicht als Folge seiner stürmischen Begegnung mit Mirabeau wurde de Sade das Privileg der Hofgänge wieder entzogen. Acht Monate lang, bis zum Frühjahr 1781, saß er in seiner Zelle und äußerte erbitterte Proteste in seinen Briefen an Renée-Pélagie. Er war schon längere Zeit krank, hustete Blut und litt an Hämorrhoiden, bis man ihm endlich einen Arzt sandte, der ihn untersuchte. Er hatte Schwierigkeiten mit dem Augenlicht und konnte in der Düsternis der Zelle nichts mehr sehen. Er verlangte nach einem Augenarzt, doch es kam keiner.

Aus seiner schlecht beleuchteten Zelle schrieb de Sade immer mehr und immer umfangreichere Briefe. »Ich bin ein Wüstling«, schrieb er, »aber kein Verbrecher und kein Mörder!« Und als ob es das zu beweisen gelte, begann er seine sexuellen Sehnsüchte und seine philosophischen Ideen in Briefen detailliert zu schildern. Da Renée-Pélagie andeutete, sein gegenwärtiger Geisteszustand und die Themen, über die er schreibe, seien nicht geeignet, seine Entlassung zu fördern, antwortete er zutiefst empört: »*Ich* respektiere jeden Geschmack und alle Phantasien, so bizarr sie auch sein mögen.« Und im Gedenken an Renée-Pélagies Schönheit versprach er, sobald er frei sei, als erstes ihre Augen, ihre Brüste und ihr Hinterteil zu küssen; erst danach wolle er zu seinem Buchhändler eilen, um sich Bücher von Buffon, Montaigne, Dorat, Voltaire und Rousseau zu beschaffen. In seinen Gedanken waren Sex und Literatur zu einer Einheit verschmolzen. In den Briefen verkündete er stolz seine eigenen bizarren Gelüste. In einem von ihnen widersprach er energisch Madame de Montreuils Ansicht, daß der weibliche After unantastbar sei, und er erinnerte Renée daran, welche innigen Freuden die gegenteilige Ansicht bereiten konnte. An diesem Punkt schien Renée-Pélagie sich darauf zu besinnen, daß sie, was immer auch in der Vergangenheit geschehen war, eine Frau adeliger Abstammung und Mutter zweier erwachsener Söhne war. Sie schrieb de Sade, daß sie die Annahme seiner Briefe verweigern werde, solange diese nichts als Unflätigkeiten enthalten würden.

Doch de Sade war nicht aufzuhalten. Die größte Freude, schrieb er an Renée, bereite ihm die Vorstellung, Albaret, diesem Lustknaben der Montreuils, die Hoden abzuschneiden oder eine schöne Frau in der Pose der Venus Kallipygos in seiner Zelle zu haben oder den Pulvervorrat der Festung hochgehen zu lassen oder ein Paket zu öffnen, um mit lustvollem Schauder zu erleben, daß ihm jemand zwei Totenköpfe geschickt habe. Und was Madame de Montreuil betreffe, so sei sie eine Hure, die ihrem Tölpel von Ehemann jede Menge Bastarde beschert habe. Dann, als das Selbstmitleid den Zorn überwog, bat er Renée zu bedenken, ob seine Eltern sie jemals so behandelt haben würden wie ihre Eltern ihn behandelt hatten. »In Gottes Namen, komme zu mir!« beschwor er sie, doch er saß jetzt drei Jahre in seiner Zelle, und es gab kein Zeichen dafür, daß Renée ihn jemals wiedersehen würde oder auch nur wiedersehen wollte. So plötzlich wie sein Zorn geschwunden war, kam er wieder hoch. Madame de Montreuil sei ein Weibsbild, das sich an jeden gemeinen Soldaten verkaufe. Welche Ironie, meinte de

Sade, daß so verbrecherische Menschen die Macht hatten, über die armen Teufel, die in den mörderischen Verliesen von Vincennes und der Bastille saßen, zu urteilen und sie zu bestrafen. Was immer seine Schuld sein mochte, er flehe zu Gott, daß er nicht länger von einer Familie bestraft werde, die aus einer Kupplerin, einem Monopolisten und einem Sodomiten bestand. Seine Briefe waren voller Verbitterung, aber es waren nicht mehr die Briefe eines Mannes, der auf Freiheit hoffte. Am 28. April 1782, nach vierjähriger Gefangenschaft, hatte de Sade die Hoffnungslosigkeit seiner Lage nur zu gut erkannt. Die Briefe an seine Frau unterschrieb er mit ›Gefangener Sade‹.

De Sade zeigte kein Interesse für die großen Ereignisse, welche die Geschichte Frankreichs während seiner Gefangenschaft veränderten. Wenn er sich über Neuigkeiten aus seiner Familie äußerte, so meist, um sein Mißfallen auszudrücken. Anfang 1784 tobte er, als er erfuhr, daß sein ältester Sohn eine Offiziersstelle bei der Infanterie angenommen hatte, anstatt der Familientradition zu folgen und der Kavallerie beizutreten. Was Renée-Pélagie betraf, redete er sich zuerst ein, daß sie ein Verhältnis mit seinem Sekretär habe, dann kam ihm die Idee, sie tröste sich vielleicht mit einer lesbischen Partnerin. Als man ihr schließlich erlaubte, ihn zu besuchen, reagierte er anschließend mit dem berechnenden Mißtrauen eines besorgten Spießbürgers: Sie solle sich vor den Leuten nicht zur Schau stellen wie eine Nutte und nicht zu Fuß durch die Stadt gehen. Er war darin so empfindlich, daß er im gleichen Ton an eine Bekannte Renée-Pélagies schrieb, damit sie auf die unbekümmerte Marquise de Sade ein Auge habe.

1784 war de Sade in seiner Zelle weder gestorben noch verrückt geworden, aber sein düsteres, beinahe satanisches zweite Ich, mit neuer Ironie und Bitterkeit erfüllt, begann Gewalt über seine Persönlichkeit zu ge-

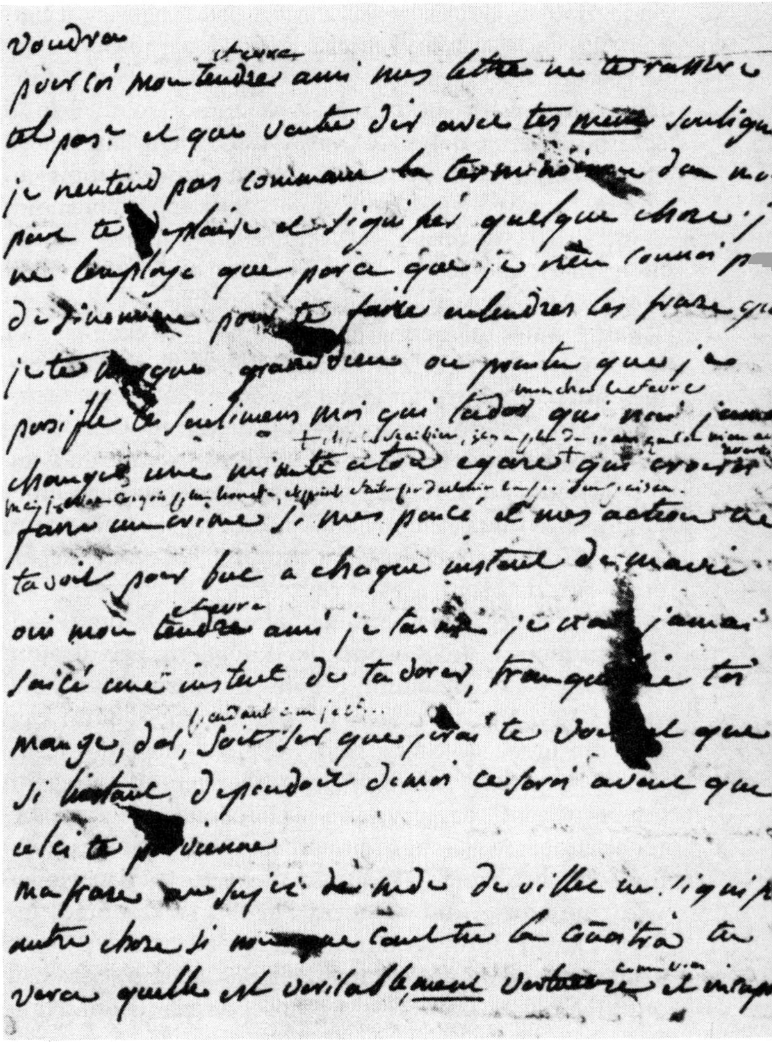

Aus einem Brief de Sades
an den Kommandanten der Bastille (1785)

winnen. »Ich sage dir«, schrieb er an Renée-Pélagie, »dieses Gefängnis ist ein Platz des Bösen. Seine Einsamkeit verleiht gewissen Zwangsvorstellungen Kraft, und die Zerrüttung kommt schnell und unausweichlich.« Ein Jahrhundert später in der Einsamkeit einer anderen Zelle kam Oscar Wilde zu fast der gleichen Ansicht. »Der Geist ist gezwungen zu denken«, schrieb Wilde in seiner Petition an den Innenminister. Er fügte hinzu, daß in einer Gefängniszelle jene, »die an einer sinnlichen Monomanie leiden, die sichere Beute morbider Leidenschaften, obszöner Phantasien und Gedanken werden, die beschmutzen, schänden und zerstören«. Doch de Sade fand sich mit diesem Grauen in einer Weise ab, wie Wilde es niemals konnte. Wohl war es möglich, sich angeekelt aus den düsteren Dramen des Geistes zurückzuziehen, man konnte aber auch in dem schwelgen, was ein späterer Gefangener, Jean Genet, »die Lustbarkeiten des inneren Gefängnisses« nannte.

Es gibt keinen sicheren Anhaltspunkt, wann aus dem erniedrigten Gefangenen der Schriftsteller de Sade geworden ist. In seinen Briefen ritt er immer noch auf den gleichen Themen herum. Der Kommandant versuche, ihn auf Madame de Montreuils Befehl hin zu vergiften, seine Gesundheit verschlechtere sich ständig, auf einem Auge sei er erblindet, vor vier Jahren habe er gebeten, ihm einen Arzt zu schicken, bis heute sei noch keiner erschienen. De Sade war Mitte Vierzig, aber er sah aus wie ein alter Mann. Seine Haare waren weiß geworden, sein Gesicht gezeichnet durch das Leben in Vincennes. In seinem Briefwechsel zeigte sich aber immer noch ein beachtlicher Intellekt, der sich besonders lebhaft mit philosophischen Fragen beschäftigte.

Renée-Pélagie hatte es abgelehnt, ihm Rousseaus *Confessions* zu schicken, aber er hatte Voltaire gelesen, den er wegen seiner zwiespältigen Haltung gegenüber dem Christentum mit einiger Mißbilligung betrachtete, und den Philosophen Lamettrie, Autor des Buches *L'Homme Machine* (1748). Lamettries Philosophie war simpel, und sie übte auf de Sade einen nachhaltigen Eindruck aus. Nach Lamettrie konnte der Mensch nur durch wissenschaftliche Experimente und Beweise definiert werden. Die Schlußfolgerung daraus war, daß der Mensch eine Maschine sei, abhängig von ihrer Dynamik. Soweit es die Wissenschaft betrifft, könne man jede menschliche Tätigkeit ohne Rückgriff auf die Begriffe »Seele« oder »Geist« erklären. De Sade machte sich Lamettries Hypothese zu eigen und ignorierte dabei geflissentlich, daß der Philosoph die Existenz Gottes und die Unsterblichkeit der Seele für wahrscheinlich, wenn auch für wissenschaftlich nicht nachweisbar hielt.

1783 hielt de Sade sich in erster Linie für einen abstrakten Denker. »In der Zirbeldrüse«, schrieb er an Renée-Pélagie, »sehen wir atheistischen Philosophen den Sitz der menschlichen Vernunft.« Obwohl die Ideen Epikurs und eines halben Dutzends anderer materialistischer Philosophen genausogut gewesen wären, hielt de Sade an Lamettries System fest und legte es auf seine eigene Weise aus. Von Zeit zu Zeit hatte er sich auch als Dramatiker versucht. Eines der Stücke hatte er von Italien aus an Renée-Pélagie geschickt, damit sie es ins reine schrieb. 1781, nachdem er drei Jahre in Vincennes gesessen hatte, begann er erneut zu schreiben. Während seine Romane die sexuellen Alpträume der Einsamkeit ausdrückten, die Welt seines zweiten Ich, wollte sich der Stückeschreiber de Sade ein ganz anderes, bürgerliches Image aufbauen. *Jeanne Laisné* oder *Die Belagerung von Beauvais* zeigen de Sade als Patrioten; in *Oxtiern* wird de Sade der warnende Moralist; Stücke wie *Das Boudoir* oder *Der törichte Ehemann* waren gefällige Komödien des Typs, die auf den

Pariser Bühnen schon zu sehr bekannt waren, um noch Spielraum für Originalität zu bieten. Bis auf wenige Ausnahmen wurden de Sades Stücke von den Theatern der revolutionären Zeit meist abgelehnt, von ihm umgearbeitet und wieder abgelehnt. Es kann sein, daß er dabei auch ein wenig Pech hatte, aber de Sades Stücke waren das Schwächste, das je aus seiner Feder kam.

Bis 1781 hatte er Stücke geschrieben, im folgenden Jahr jedoch wandte er sich einer anderen Arbeit zu, in der seine Ansichten als »atheistischer Philosoph« deutlich zum Ausdruck kamen. Er nannte das Stück *Gespräch zwischen einem Priester und einem Sterbenden.* Es ist in vieler Hinsicht wenig originell, denn der tugendhafte Atheist auf dem Sterbebett, der alle Tröstungen und den Aberglauben der Religion verachtet, war im 18. Jahrhundert ein Klischee der Aufklärung. Auch daran, wie de Sade sich Lamettries Argumente ausleiht, um zu zeigen, daß das Leben nichts anderes als ein mechanischer Vorgang sei, ist nichts Neues. Aber das Stück hat ein für de Sade charakteristisches Ende: Als der Atheist stirbt, betreten sechs wunderschöne Frauen den Raum, nehmen den Priester in ihre Arme und verführen ihn, »um ihn die Verderbtheit der Natur zu lehren«.

In einer Hinsicht geht de Sade weiter als Lamettrie oder irgendein anderer Philosoph seiner Zeit. In dem *Gespräch* stellt der Sterbende fest, daß Verbrechen und Tugendhaftigkeit lediglich Spielarten der Natur seien. Aus diesem Argument folgert de Sade, daß Begriffe wie Laster und Tugend, Verbrechen oder Moral in Lamettries mechanistischem Universum bedeutungslos sind. Lamettrie und andere Materialisten neigten stets dazu, den Folgen ihrer Argumente aus dem Weg zu gehen, indem sie meinten, daß eine rationale Erklärung des Universums letztlich doch mit dem Gottesglauben oder wenigstens mit einer quasi-christlichen

Moral vereinbar sei. Mit dieser schwachen Stelle des Materialismus wollte de Sade sich besonders befassen.

Es war logisch, daß der Glaube an Lamettries Materialismus den Glauben an eine göttliche Ordnung ausschloß. Der einzig mögliche Ersatz für Gott war nach de Sades Ansicht die Natur. Es gab nur die Moral der Natur, und diese kümmerte sich nicht im geringsten um die absurden menschlichen Konventionen, nach welchen Mord und Vergewaltigung zu Verbrechen wurden – Vorgänge, die im gesamten Tierreich zu den natürlichsten zählten. Dieser einfachen Schlußfolgerung nach waren de Sades extravagante sexuelle Begierden annehmbar und vernünftig. Ohne Gott war die Natur die höchste Macht. Und der Natur war es völlig gleichgültig, ob ein Mann mit einer Frau schlafen ging, um ein Kind zu zeugen, oder ob er einen anderen Teil ihres Körpers zu seinem Vergnügen benutzte. Wenn keine Zeugung stattfand, konnte die Menschheit aussterben, doch auch diese Folge war in seinem Sinne für die Natur ohne Bedeutung. Wenn es de Sade paßte, ein Mädchen zu foltern oder zu ermorden, war weder das Leiden noch der Tod des Opfers beklagenswert. Natürlich, die Masse der Menschheit war dann um ein Individuum verringert, doch der Leichnam würde verrotten und auf diese Weise zur Entstehung neuen Lebens in irgendeiner Form beitragen.

Spätestens jetzt drängt sich der Gedanke auf, de Sade wolle nur den Advokat des Teufels spielen und seine Zeitgenossen vor den endgültigen logischen Folgen warnen, die sie heraufbeschworen, wenn sie nicht mehr bereit wären, an ein göttlich geordnetes Universum und eine göttlich sanktionierte Moral zu glauben. Die alternative Welt eines Romanes wie *Juliette* schien grauenvoll genug, um jeden noch zögernden Atheisten schnurstracks zu religiöser Strenggläubigkeit zurückzubringen. Die Grausamkeiten seiner Romane sind so gut wie niemals mit de Sades eigenem Betragen vereinbar und könnten als grandiose, fast Swiftsche Ironie ausgelegt werden. Die Form, in welcher de Sades Helden sich an Analverkehr oder Inzest entzücken, sich an bestialischen Morden erfreuen oder die Wildheit, mit der sie Tugend und Mitleid verdammen, bestätigen nur diese Annahme. Einerseits war de Sade ein Mann, der sich zur Religion bekannte, die Messe besuchte und jeder Art von Grausamkeit abgeneigt war. Er verteidigte den König, später die Republik und die etablierten Institutionen. Andererseits war er besessen von sexuellen Begierden, die für die Öffentlichkeit nicht akzeptabel waren, in seinen Romanen jedoch lustvoll Ausdruck fanden.

Es zeigt sich schließlich, daß de Sades Werke keine gültige, unveränderliche Philosophie ausdrücken. Mit der Revolution von 1789 machte er die Erfahrung seines Lebens. Sie beraubte ihn jeglicher Illusionen. Angenommen, er hätte sich in *Mißgeschick der Tugend* über den moralischen Zustand des royalistischen Frankreich mokiert, so darf man davon ausgehen, daß er in *Juliette oder Das Gedeihen des Lasters* die Gewalttaten und die Korruption der neuen Ordnung anprangerte. Wenn der Leser sich von dem letztgenannten Buch mit dem Gefühl abwendet, daß jede andere Lebensform der darin geschilderten vorzuziehen sei, folgt er vielleicht der Absicht, die ihm möglicherweise suggerieren wollte, daß die alte Ordnung unter Kirche und König kaum schlimmer gewesen sein könne als die acht Jahre des Hungers und der Tyrannei, die typisch waren für die kühne neue Welt der Revolution zwischen 1789 und 1797.

Wie dem auch sei, de Sades Philosophie hat ihm gewiß nicht den Ruf eingebracht, der ihm bis heute anhaftet. Die meisten seiner Leser haben nur wenig Interesse am Zeitalter der Aufklärung, aber sie kennen de Sade als einen Autor von erotischer Grausamkeit und Erfindungsreichtum. Einige wenige betrachten ihn als materialistischen Philosophen, der pornographische Episoden einflocht, um seine Theorien zu veranschaulichen. Weit besser bekannt ist er als Pornograph, der den materialistischen Atheismus nur benutzte, um einen ganzen Katalog von Perversionen intellektuell akzeptabel zu machen. Seine Philosophie ist veränderlich und zwiespältig. Nur unter Berücksichtigung seiner Zwangsvorstellungen kann man ihn begreifen.

1783 hatte de Sade an Renée-Pélagie geschrieben, daß die dunklere Seite seines Wesens zunehmend Kontrolle über seinen Geist gewinne. Doch bevor diese Gei-

Die Bastille.

steshaltung in seinen Schriften vollends zum Ausdruck kam, wurde ihm Anfang 1784 mitgeteilt, daß er von Fort Vincennes verlegt werde. Die Zustände in der alten Festung waren so unhaltbar geworden, daß die Behörden beschlossen hatten, das Gefängnis zu schließen. Nach fünfeinhalb Jahren Haft war seine Hoffnung auf Entlassung endgültig geschwunden. De Sade wurde als Gefangener des Staates in die berüchtigte Bastille im Nordosten von Paris transportiert.

Die Bastille ist eines der berüchtigsten Gefängnisse der Geschichte, und als de Sade sie am 29. Februar 1784 betrat, entsprach ihr drohendes Aussehen völlig

Kupferstich nach einer Zeichnung von Gabriel, 1780

ihrem Ruf. Hinter der ersten Zugbrücke befand sich eine massive Festungsmauer mit großen, runden Türmen an jeder Ecke. Dahinter führte eine zweite Brücke zu den inneren Gebäuden. Die Bastille war teils Gefängnis, teils Verwaltungszentrum. Meist gab es dort nicht viele Gefangene. Als de Sades Haftzeit zu Ende ging, war ihre Zahl auf sieben gesunken. Sie wurden in den Zellen der vier Türme in totaler Sicherheit festgehalten. De Sades Zelle war extra für ihn ausgesucht und vorbereitet worden. Sie lag, eine groteske Ironie, im ›Turm der Freiheit‹.

Zwar behauptete de Sade, daß die Verhältnisse in der Bastille schlimmer seien als in Vincesses, doch wurde die Bastille sicherlich besser verwaltet. Man erlaubte Renée-Pélagie, ihn regelmäßig zu besuchen und ihm Kleider, Essen, Bücher und Kerzen zu bringen. Seine Zelle wurde nicht wie in Vincennes ständig untersucht, es stürmten keine Wächter hinein, die seine Bücher und Papiere unter dem Vorwand zu Boden warfen, er beschäftige sich mit subversiver Literatur. Die Einrichtung der Zelle unterschied sich nicht von der Unzulänglichkeit aller Gefängnisse des Landes. Doch man gestand de Sade einen alten Teppich gegen die Kälte des Steinbodens und ein Feldbett für seine Ruhe zu.

In dieser Zelle begann de Sade im Herbst 1785 mit dem Entwurf eines Buches, das die zwiespältigsten Reaktionen hervorrief. Die einen verschrien es als das Abscheulichste, was jemals geschrieben wurde, die anderen priesen es als meisterliche Enthüllung der düsteren Seite menschlichen Geistes. Es sollte sein erster Roman werden: *Die 120 Tage von Sodom.* Seine Gestaltung war so ungewöhnlich wie die Handlung. De Sade wollte das Manuskript verborgen halten. Hätte er wie üblich gebundene Hefte verwendet, wäre seine Arbeit schwerlich geheimzuhalten gewesen. So begann er schmale Papierblätter, etwa 13 Zentimeter breit, aneinanderzukleben, bis er eine etwa zwölf Meter lange Papierrolle gewann. Auf dieser begann er am Abend des 22. Oktober zu schreiben.

Die gewaltigen Kriege, die Ludwig XIV. während seiner Regierungszeit führen mußte und durch die er die Staatsfinanzen und das Vermögen des Volkes erschöpfte, verschafften dennoch einer großen Anzahl von Blutsaugern die Möglichkeit, sich zu bereichern – von Blutsaugern, wie sie stets auf irgendeine Landplage lauern, der sie eher nachhelfen, als daß sie sie dämpfen, und zwar nur, um aus ihr um so mehr Profit zu schlagen.

Aus dem Kreis dieser Schurken wählte de Sade seine vier Helden, die sich den Winter über mit ihren Frauen, Töchtern, ihrem gesamten Harem, umgeben von allem erdenklichen Luxus in das Schloß von Silling zurückziehen wollten, um während der 120 Tage des Novembers, Dezembers, Januars und Februars den gesamten Bereich menschlicher Sexualität auszukosten. Dreißig Tage sollten den ›einfachen Passionen‹ gewidmet werden, die einhundertfünfzig Möglichkeiten umfaßten. Dann sollten dreißig Tage den ›eigentümlicheren Passionen‹ folgen, gleichfalls einhundertfünfzig an der Zahl. In den nächsten dreißig Tagen wollte man sich mit den einhundertfünfzig ›verbrecherischen Passionen‹ und im letzten Viertel schließlich mit den einhundertfünfzig ›mörderischen Passionen‹ befassen. Während die Helden diese verschiedenen Akte an den Mitgliedern ihres Harems vollzogen, sollten sie jeweils von einer der vier Kupplerinnen unterhalten werden, welche die Geschichte ihrer Erfahrungen erzählte und damit die Vergnügungen, in welchen die Männer schwelgten, noch vertiefte.

Mit seinen Helden wandte de Sade sich jeden Abend nach dem Essen den Freuden von Schloß Silling zu. Er schrieb von sieben bis zehn Uhr nachts ohne Pause. Die Auspeitschung der Rose Keller, die Orgie in Marseille und die Amüsements in La Coste nahmen neue und phantastische Dimensionen an, als er den ersten Teil seines Romanes auf die lange Papierrolle kritzelte. Die Einsamkeit seiner Zelle wurde zur selbstgewählten Isolation auf Schloß Silling. Eingeschlossen in eine imaginäre Welt, beging er die ungeheuerlichsten Taten, von welchen außer ihm selbst niemand je erfahren würde. Was immer seinem Geist entsprungen und in den langen Abenden aufgezeichnet worden war, würde geheim bleiben, denn die lange Manuskriptrolle ließ sich, sobald sie zusammengerollt war, leicht zwischen den Steinen der Zellenwand verstecken.

Die Zelle im ›Turm der Freiheit‹ wurde an diesen einsamen Herbstabenden zum Auditorium von Silling, wo die Kupplerinnen nach dem Abendessen ihre Geschichten erzählten. De Sade schreibt: »Bei jedem abendlichen Vortrag werden Aline und Adelaide an die Pfeiler im Salon der Erzählungen gefesselt, von denen schon die Rede war; sie werden mit den Hintern zu den Sofas angebunden; neben ihnen steht ein Tischchen mit Ruten, so daß sie stets gewärtig sind, Schläge zu empfangen. Die übrigen Mädchen haben inzwischen die Befehle der Männer auszuführen, denen sie aufwarten.«

Wenn er auch unablässig alle möglichen sexuellen Abartigkeiten aufzählt, scheint es de Sade letzten Endes doch viel mehr darum gegangen zu sein, sich im Roman eine eigene Welt zu schaffen. In diesem Reich der Phantasie, das für ihn wichtiger wurde als die Wirklichkeit, war der Gefangene de Sade ein Herr. »Hier bin ich alleine«, schrieb er als Erzähler, »ich bin hier am Ende der Welt, vor aller Augen verborgen und außerhalb der Reichweite jedes Lebewesen. Es gibt keine Hindernisse mehr, keine Beschränkungen. Hier gibt es nichts als Gott und das Gewissen.« Und wenn er sein abendliches Werk vollendet hatte, rollte er das Manuskript zusammen und verstaute es wieder zwischen den Steinen der Zellenwand.

Die ›Passionen‹, die de Sade sich ausdachte, ob ›einfach‹ oder ›mörderisch‹, waren reichlich grotesk. Abgesehen von jeder nur erdenklichen Form von Geschlechtsverkehr und systematischer Züchtigung gab es Diners, bei welchen die Mädchen als menschliche Milchspenderinnen auftraten, es gab Tricks, durch welche man die Mädchen glauben machte, sie würden gehenkt werden oder sie seien vergiftet worden, und es gab die für den normalen Geschmack sehr wenig anregende Belustigung mit menschlichen Exkrementen, mit Verdauungsstörungen und einer Reihe verschiedener Morde – Sexualmorde und andere.

De Sades Konzept schien perfekt zu sein, doch trotz so vielversprechender Zutaten war irgend etwas schiefgegangen. Ende November hatte er den ersten von insgesamt vier geplanten Teilen des Romans beendet und die restlichen Teile skizzenhaft notiert. Er verfügte über genügend Zeit, und bei seinem Arbeitstempo hätte er den gesamten Roman in wenigen Monaten beenden können. Doch zunächst stellte er die Arbeit an diesem Werk ein. Er verfaßte lediglich noch ein Memorial, in dem er festhielt, was an dem fertigen Manuskript geändert werden müsse, und fügte hinzu, er könne es einfach nicht über sich bringen, den beendeten ersten Teil noch einmal durchzulesen. Gutwillige Kritiker mögen ihn mit seiner zunehmenden Sehschwäche entschuldigen, realistischer aber ist wohl die Annahme, daß er den beendeten Abschnitt unerträglich langweilig fand.

Obwohl das Werk im 20. Jahrhundert zu Ansehen gelangte, bleiben *Die 120 Tage von Sodom* das schlechteste Buch, das de Sade jemals schrieb. In anderen Fällen hat er seine Fähigkeit als Romanautor durchaus bewiesen. Wenn man schon die moralischen Einwände beiseite läßt, sind *Die 120 Tage von Sodom* in einem solchen Ausmaß weitschweifig und voller Wiederholungen, daß dieses Buch jeden Anspruch verliert, ein Kunst-

Das Innere der Bastille

werk zu sein. Es wäre überraschend, wenn es anders wäre. Es hätte schon eines größeren literarischen Genies als de Sades bedurft, um das erste Buch eines Werks, das letztlich den Umfang eines Viktorianischen Romans erhielt, lediglich auf sexuellen Anregungen aufzubauen, die hauptsächlich durch Erbrechen und Exkremente der handelnden Personen hervorgerufen werden sollten.

Natürlich wird auch vorgebracht, daß *Die 120 Tage von Sodom,* wenn ihnen auch die große, literarische Qualität abgeht, eine bedeutende wissenschaftliche Abhandlung über Anthropologie oder Psychopathologie darstellen, die ihren Autor in gewisser Weise als Vorgänger von Krafft-Ebing erscheinen lasse. Auch diesen Anspruch führt das Buch selbst ad absurdum; es ist weder wissenschaftlich, noch ist es eine Abhandlung. Es ist weit davon entfernt, das gesamte Panorama sexueller Möglichkeiten anzubieten, sondern bleibt eng beschränkt auf die Züchtigungs- und Analbesessenheit, auf die de Sade fixiert war. Natürlich kann man dem Werk nicht jegliche Bedeutung in anthropologischer oder psychopathologischer Sicht absprechen. doch für de Sades Ruf als phantasievoller Autor wäre es zuträglicher gewesen, wenn *Die 120 Tage von Sodom* mitsamt der Bastille verschwunden wären.

Für de Sade war das Buch als solches nicht wichtig, wertvoll war für ihn die Erfahrung des Schreibens und die Erkenntnis der Schwächen, die er überwinden mußte, bevor er sich einer neuen Arbeit zuwandte. Um fair zu sein, muß man auch sagen, daß *Die 120 Tage von Sodom* eine private Aufzeichnung waren. De Sades eigentlicher Ehrgeiz war, einen der großen Romane des 18. Jahrhunderts zu schreiben. Er hatte die englischen Romanciers gelesen und bewundert; Fielding und Smollet gehörten zu den Autoren, deren Bücher er im Gefängnis gelesen hatte. Er hielt Samuel Richardson, den großen Verteidiger der Tugend in *Pamela* und *Cla-*

rissa für einen der Besten. De Sade beabsichtigte, einen bedeutenden philosophischen Roman zu schreiben, und dieser Aufgabe wandte er jetzt seine Aufmerksamkeit zu.

Es war der Roman *Aline und Valcour,* mit welchem er sich während der nächsten drei Jahre im Gefängnis beschäftigte, und der war von dem literarischen Desaster von *Die 120 Tage von Sodom* so weit wie nur denkbar entfernt. Er schildert den Briefwechsel der beiden Titelfiguren, deren Glück durch Alines Vater behindert wird, der sie an einen alten Lebemann verheiraten will, mit dem er eng befreundet ist. Wie bei Richardson oder Laclos ist die Handlung ausführlich dargestellt, und wie in *Clarissa* scheint der Triumph des Wüstlings über die Unschuld so gewiß wie schließlich der Sieg der Tugend. Da Aline den edlen Valcour, den einzigen Mann, den sie liebt, nicht heiraten kann, scheidet sie lieber freiwillig aus dem Leben, als sich der gesetzlich gebilligten Unzucht mit dem verkommenen Dolbourg zu unterwerfen. In echter Tradition der gefühlvollen Romane empfiehlt die sterbende Aline ihre Seele Gott und der einzigen Liebe, die sie jemals kannte. Die Handlung des Romans ist in den Details der amourösen Verwicklungen ausführlicher als bei Richardson, aber nicht so eingehend wie in *Gefährliche Liebschaften* von Laclos geschildert.

Wenn es in diesem Roman etwas gibt, das besonders typisch für de Sade ist, dann die Geschichte von Sainville und Léonore, die als langes Einschiebsel in der Mitte der Tragödie von Aline und Valcour erzählt wird. De Sade war seit langem von den Einheiten sozialer und sexueller Gebräuche in weit entfernten Teilen der Welt fasziniert. Besonders interessierten ihn die Südsee-Entdeckugen von Kapitän Cook – Berichte über diese Reisen kamen gerade in Buchform auf den Markt, als de Sade *Aline und Valcour* zu schreiben begann. Sainville und Léonore verlieren einander und reisen auf der Suche nacheinander durch die entferntesten Gegenden der Erde. Dieser Kunstgriff ermöglicht es de Sade, ein ganzes Panorama primitiver Kulturen als Hintergrund seines Romanes zu verwenden.

Bei den Erinnerungen Sainvilles, die das afrikanische Königreich Butua beschreiben, kann de Sade seinen Ansichten freien Lauf lassen. Der königliche Harem in Butua besteht aus 12000 besonders schönen Frauen. Die größten und reifsten von ihnen bilden die Palastwache. Eine zweite Kategorie umfaßt Frauen zwischen zwanzig und dreißig Jahren, welche die allgemeinen Routinepflichten im Palast erfüllen. Zur dritten Klasse gehören Mädchen unter sechzehn Jahren, die der König für seine Vergnügungen am häufigsten heranzieht. Der portugiesische Graf, welcher Sainville über die Gebräuche bei Hofe unterrichtet, fügte noch hinzu, daß der König dem Mädchen, an dem er gerade Gefallen fand, jeweils einen Mann schickte, der es auszupeitschen hatte. Wie im Serail von Konstantinopel das Taschentuch, galt eine derartige Auspeitschung als Einladung in das Bett des Herrschers. Sainville ist von den Erzählungen fasziniert, bis er begreift, daß das saftige Fleischstück, welches der Graf für ihn bei Tisch abschneidet, von der sorgfältig gerösteten Hüfte einer Haremsdame stammt. Immerhin kann man dem Roman einen gewissen anthropologischen Wert nicht absprechen, selbst wenn die Schilderung fremder Sitten de Sade hauptsächlich dazu diente, seine schockierenden Ideen einmal mehr zu manifestieren. Léonore, die – um sich unkenntlich zu machen – ihr Gesicht geschwärzt hat, wird in dem barbarischen Land Sennar gefangen und zum Tode verurteilt. Nichts kann sie retten. Doch vor der Exekution muß sie entkleidet werden, und die Wächter sind höchst erstaunt, als sie erkennen, daß Léonores Hinterteil weiß ist. Sie kommt mit dem Leben davon, und nachdem sie der Gefahr einer Vergewaltigung in den Kellern der Inquisition glücklich entronnen ist, kehrt sie nach Frankreich zurück.

Hätte de Sade nichts Sensationelleres geschrieben als *Aline und Valcour,* hätten seine Bücher gewiß kein Aufsehen erregt. Obgleich das Buch in einigen Episoden extravagant genannt werden kann, reicht es doch in keiner Weise an Laclos' *Gefährliche Liebschaften* heran. Durch die zynische Ironie, mit der Laclos seine Hauptfiguren agieren läßt, wird er zum nahezu perfekten Pendant de Sades. Besonders jene Stelle in den *Gefährlichen Liebschaften,* in welcher Valmont einen Liebesbrief an die völlig unschuldige Sophie schreibt, während er mit einer Dirne im Bett liegt und deren Körper als Schreibunterlage benutzt, dann wieder seine Tätigkeit unterbricht, um mit ihr zu koitieren, ist ganz im Sinne von de Sade. So auch Valmonts Befriedigung, als er sieht, daß ›Prévan‹ grausam für ein Verbrechen bestraft wird, das er nicht begangen hat.

In *Aline und Valcour* befaßt de Sade sich besonders mit der Absurdität moralischer Gesetze, welche in einem Teil der Welt Handlungen zu Tugenden erheben, die in einem anderen Teil als Abscheulichkeit verurteilt werden. Sainvilles Begleiterin Zamé ist entsetzt, als sie herausfindet, daß man in Frankreich eine Nonne um ihrer Tugend willen preist, während andrerseits ein Mann, der den Analverkehr praktiziert, dafür gehenkt wird. Sie haben beide auf das Zeugungsrecht verzichtet, stellte Zamé verwirrt fest, nach jeder Logik und dem Gesetz der Natur nach sind beide folglich entweder tugendhaft oder beide gleichermaßen lasterhaft.

Als Philosoph mag es de Sade sowohl an Systematik wie auch an Scharfsinn gefehlt haben, doch als Romancier, der eher Ideen als Personen beschrieb, hatte er den Weg zu seinem Thema gefunden. Eine tugendhafte Handlung war nicht nur an sich bedeutungslos; in einer Welt, in der das Laster – wie Unaufgeklärte es nannten – regierte, wurde den sogenannten Tugenden von den Menschen und der Natur übel mitgespielt. Daraus ergaben sich zwei mögliche Perspektiven. Entweder wurden Moral und Relgion durch die Naturgesetze bestimmt, oder die Leiden der Tugenden waren von Gott gewollt, damit die Tugend in dieser Welt noch bewundernswerter erscheine und in der anderen Welt unendlich belohnt werde. Obgleich de Sades neue Heldin so viele Leiden und Erniedrigungen erdulden mußte, hatte er die ewig triumphierende Tugend als Happy-End für sein nächstes Buch vorgesehen. Das konnte ironisch gemeint, aber auch als Vorsichtsmaßnahme gedacht gewesen sein, um irgendwelcher Kritik oder dem Verbot des Buches vorzubeugen. Der Roman, welchen de Sade *Das Mißgeschick der Tugend* nannte, stellte auf den ersten Blick eine Verteidigung von Moral und Religion dar. Ebensogut konnte es als ironisches Werk angesehen werden, das letztlich beide Begriffe qualitativ in Frage stellt und es dagegen als ein völlig normales Vergnügen aufzeigt, Unschuldige zu verfolgen und zu foltern – wobei sich eine besonders pikante Note ergibt, wenn es sich dabei um eine schöne Frau handelt.

Was auch de Sades Absicht gewesen sein mag, er trieb jedenfalls die anti-religiösen Schlußfolgerungen bis zu einer Grenze vor, die Rationalisten und Philosophen der Aufklärung bis dahin entweder vermieden oder ignoriert hatten. Er beharrte darauf, daß jegliche Moral, sobald sie ihrer religiösen und metaphysischen Quellen beraubt ist, wie eine vom Wurzelstock abgerissene Pflanze dahinwelken muß. Folglich gab es kein höheres Gesetz, an welches der Moralist sich wenden konnte, als das Gesetz der Natur und der Instinkte. Der Instinkt eines Mannes mochte ihn dazu bewegen, ein Mädchen zu lieben und zu schätzen, er konnte ihn aber ebenso dazu bringen, es zu schlagen oder gar zu töten. Anzunehmen, daß der eine Instinkt tugendhafter oder verbrecherischer sei als der andere, schien unlogisch und absurd. In einer Welt, aus der die oberste, göttliche Autorität der Moral verbannt war, hatten Begriffe wie ›Tugend‹ oder ›Verbrechen‹ ihre Bedeutung verloren.

Also muß die Menschheit sich für eine der beiden Möglichkeiten entscheiden. Man kann entweder auf Gott und Moral verzichten oder beide anerkennen. Aber eine menschliche Ethik ohne göttliche Sanktionen entbehrt jeder Logik, ist unsinnig und mit den Lehren der Theologie nicht vereinbar. Eine Welt ohne Gott und damit ohne jegliche moralische Substanz wollte de Sade in seinem Buch darstellen. Die nihilistischen Helden ergötzen sich daran, ihre Opfer zu foltern, zu töten oder sexuell zu mißbrauchen. Heuchelei und Betrug waren ebenso notwendige wie geschätzte Eigenschaften. Revolutionäre und Radikale konnten zwar Könige und Tyrannen öffentlich anklagen, sie beseitigen und anstelle der alten Ordnung eine Demokratie oder Volksrepublik errichten, im Endeffekt würde jedoch die alte Tyrannei nur von einer neuen, anderen abgelöst. Es war de Sades Überzeugung, daß Revolutionären an wahrer Demokratie nicht das Geringste gelegen sein könne; ihre Triebfeder war die Eifersucht auf die Machtmittel der Geheimpolizei, der Folterer und der Henkersknechte, die dem jeweiligen Tyrannen dienten. Wie Borchamps in *Juliette* bemerkt, lehnt der Senat sich nicht wegen des Schreckens vor der Tyrannei auf, »sondern wegen der Eifersucht, diesen Despotismus in anderen Händen als den seinigen zu sehen. Wenn erst einmal die Macht in seinen Händen sein wird, kannst du sicher sein daß er den Despotismus nicht länger verachten, und daß er, im Gegenteil, ihn anwenden wird, um sein Glück zu vervollkommnen.«

De Sade läßt in seinem Werk *Das Mißgeschick der Tugend* jedoch auch eine positivere Schlußfolgerung zu. Er schließt aus den Schrecken einer gottlosen und von moralischen Gesetzen entblößten Welt, daß Hoffnung

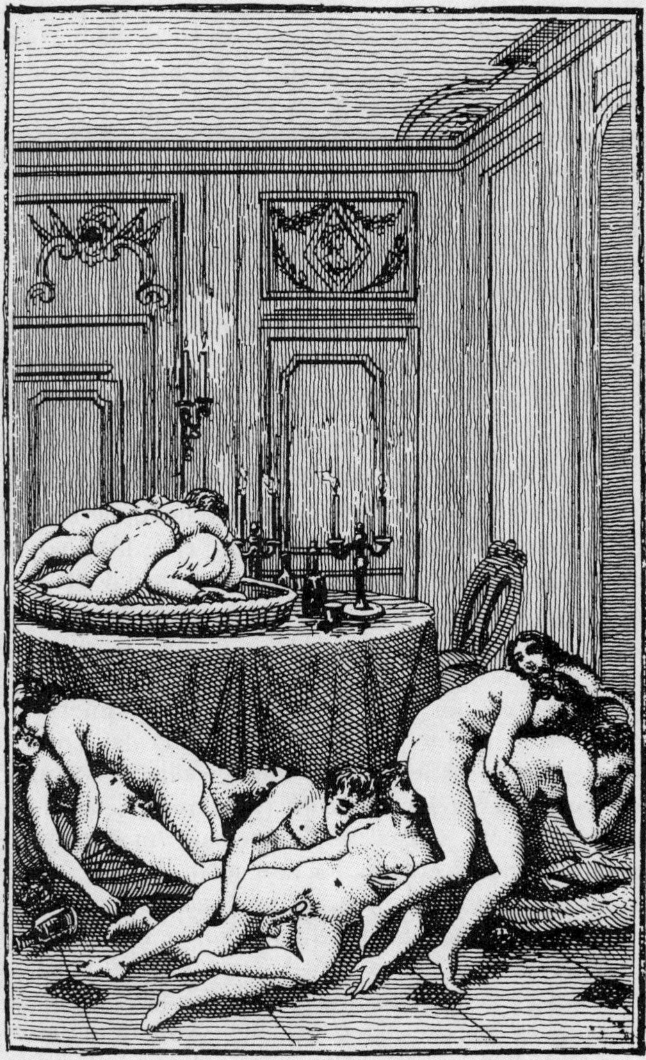

Illustration zur Erstausgabe der ›Juliette‹ (1797)

für die Menschheit nur in einem göttlich geordneten Universum besteht. Moral ist nicht unerläßlich, doch kann sie nur auf der Basis göttlicher Autorität bewahrt werden. Die Schwäche der Rationalisten des 18. Jahrhunderts, große Männer wie Voltaire und Lamettrie eingeschlossen, bestand darin, daß sie zwar die Religion abschaffen wollten, aber die weitreichenden Folgen dieser Maßnahme auf Gesellschaft und Moral nicht erfaßten. Sie klammerten sich an einen nebelhaften Mittelweg, wobei mindestens einige von ihnen hofften, daß dort Raum genug für ein vage definiertes ›Höheres Wesen‹ oder eine halbherzige Natur-Religion sei. De Sade demonstrierte, daß gerade dieser Mittelweg am allerwenigsten gangbar sei. Gott oder Chaos waren die einzigen Alternativen. Ein Teil von de Sades Wesen akzeptierte Gott, während sein zweites Ich sich in die Vergnügungen des Chaos stürzte.

Das Mißgeschick der Tugend schrieb er innerhalb von vierzehn Tagen, es wurde am 8. Juli 1787 beendet. Es war einer von den kurzen, witzigen, philosophischen Romanen, in denen die Romanciers des 18. Jahrhunderts Meister waren. Henry Fielding hatte in *Jonathan Wild* (1743) gezeigt, daß geistige Größe und Kriminalität beinahe identisch sind; Samuel Johnson hatte in *Rasselas, Prinz von Abessinien* (1759) noch einmal die Nichtigkeit menschlicher Wünsche dargestellt; und im gleichen Jahr hatte Voltaire in seinem *Candide* den Glauben daran zerstört, daß in dieser besten aller Welten alles zum besten stehe. Im Geiste dieser prägnanten, satirischen Erzählungen schrieb de Sade *Das Mißgeschick der Tugend*. Doch gab es lange nichts Vergleichbares, bis 1872 Samuel Butler *Erewhon* schrieb, eine antidarwinistische Satire, in welcher die Kranken und Unglücklichen durch das Erewhonische Gesetz scharf bestraft werden. Es mag bezeichnend sein, daß in allen diesen Büchern Tugend und Unschuld mit beißender Ironie bedacht werden.

Die Stärke von de Sades Roman liegt in der Kürze, mit der er zur Sache kommt. 1791 erschien das Buch in einer zweiten Fassung unter dem Titel *Justine,* 1797, nochmals von ihm umgearbeitet, als *Die neue Justine.* Er überlud die Erzählung mit langatmigen Argumenten und eingehenden Schilderungen sexueller Rituale, die zur Handlung nichts beitrugen und nur die ursprüngliche Lebendigkeit des Buches zerstörten. In der ursprünglichen Version *Das Mißgeschick der Tugend* tritt die Figur der Justine als Sophie auf, und in dieser Rolle erzählt sie die herzzerreißende Geschichte ihrer schweren Prüfungen. Hier wird die Geschichte durch die vielen Zutaten, die de Sade später hinzufügt, noch nicht verwässert, und die Grotesken, die sich im Laufe ihres Leidensweges ergeben, werden klar abgehandelt. Da trifft sie auf den homosexuellen Bressac, der die Mädchen haßt und der plant, seine eigene Mutter zu ermorden; dann den Chirurgen Rodin, der seine Geschicklichkeit nur zum eigenen Spaß praktiziert und sich daran ergötzt, lebende Mädchen zu sezieren, und da sind die Mönche von Saint-Marie-des-Bois mit ihrem Harem voll kleiner Mädchen, und sie alle sind lebensvoll dargestellt. Obwohl auch de Sades eigene Manien in die Erzählung eingeflochten sind, überdecken sie nicht deren Ablauf. Sophie wird von Bressac an einen Baum gebunden und ausgepeitscht, und in Saint-Marie-des-Bois erleidet sie jede Form sexueller Schmach, doch sind ihre Leiden eher nur angedeutet als detailliert beschrieben. Und wie vorauszusehen, schwelgen die Bösewichte voll höhnischer Schadenfreude in Sophies Qualen. Pater Antonin tröstet sie mit der Bemerkung, ihre Leiden motivieren ihn ganz besonders für das kommende Vergnügen.

Obgleich viele von de Sades späteren Büchern einschließlich der überarbeiteten Ausgaben von *Das Mißgeschick der Tugend* weit bekannter wurden, blieb dessen erste Fassung sein bester Beitrag zum europäischen Roman des 18. Jahrhunderts. Es wurde für die Öffentlichkeit geschrieben, anders als *Die 120 Tage von Sodom,* deren geheime Phantasien er für sich selbst bewahren wollte. In die gleiche Kategorie wie *Das Mißgeschick der Tugend* gehört eine Reihe von Kurzgeschichten und Skizzen, die später unter dem Titel *Verbrechen der Liebe* und *Erzählungen und Schwänke eines provençalischen Troubadours* erschienen. Abwechselnd schlüpfrig und melodramatisch, entnimmt er den Stoff weitgehend dem Leben und den Überlieferungen aus der Provence und dem Paris des 18. Jahrhunderts und dem Treiben in den Schlössern an der Loire im 16. Jahrhundert. Die längeren Erzählungen in *Verbrechen der Liebe* sind meist langweilig, während die Komik der kürzeren Geschichten entschieden anziehend wirkt. In *Der gefoppte Präsident* beschreibt er zum Beispiel das Mißgeschick eines ältlichen Richters, der einer Reihe von merkwürdigen Unfällen ausgesetzt ist, die allesamt darauf abzielen, ihn an der Vollziehung seiner Ehe mit einem Mädchen zu hindern, das von seinem Liebhaber vor dieser unerwünschten Bindung gerettet werden möchte. Hier erinnert der Stil mehr an Chaucer oder Boccaccio als an de Sades berüchtigte Romane. Wenn ausgefallene Sexualität ins Spiel kommt, scheint sie eher fröhlich als besessen zu sein. In *Augustine von Villeblanche* geht es um eine Lesbierin, die durch einen männlichen Verehrer ›umgedreht‹ wird. Der einfallsreiche Verliebte verkleidet sich als Frau, um von ihr verführt zu werden. Augustine ist von der folgenden Begegnung so hingerissen, daß sie, Betrug hin oder her, mit fliegenden Fahnen ins andere Lager übergeht.

Einige von de Sades kurzen Geschichten, die er in der Bastille schrieb, waren das Produkt eines einzigen Abends und wenig mehr als Witze in literarischer Form. *Der Ehemann, der sich selbst betrügt* beschreibt einen ungetreuen Ehemann, dem von einem Vermittler eine schöne Frau angeboten wird. Der Körper der Frau

Illustration zur Erstausgabe der ›Juliette‹ (1797)

wird vor seinen Augen enthüllt, und er und der Kuppler weiden sich am Anblick der nackten Schönheit. Die Wahrheit stellt sich später heraus – es war die eigene Frau des ungetreuen Ehemanns, an deren Nacktheit er sich so entzückt hatte. Diese Geschichte entspricht einem Gemälde von Delacroix, welches den Herzog von Orléans darstellt, der dem Herzog von Bourgogne den nackten Körper seiner Geliebten zeigt. Indem er jedoch das Gesicht der Dame verhüllt, verschleiert er zugleich, daß sie die Frau des Herzogs von Bourgogne ist.

Wie in seinen Romanen erkennt man von Zeit zu Zeit auch in den Kurzgeschichten de Sades eigene sexuelle Wünsche. *Der gefällige Gatte* ist die Geschichte eines wunderschönen unschuldigen Mädchens, das durch seinen Vater mit dem lasterhaften Fürst von Beauffremont verheiratet werden soll. Die Mutter des Mädchens ist darüber entsetzt, denn sie kennt den Ruf des Fürsten, der sich nur für das Hinterteil eines Mädchens interessiert. Vor der Hochzeit instruiert sie deshalb ihre Tochter. Wenn in der Hochzeitsnacht der Ehemann sich nähert, um seine junge Frau zu lieben, solle sie sagen: »Nein, Monsieur, eine ehrbare Frau nimmt man nicht so herum. Überall sonst, soviel Sie wollen, aber dort auf keinen Fall!« Unglücklicherweise hatte der Fürst beschlossen, sich seiner jungen Frau gegenüber anständig zu verhalten, er näherte sich ihr also in völlig normaler Weise. Sie aber wiederholte die Worte, die ihre Mutter ihr beigebracht hatte. Überrascht, aber hochentzückt drehte der Fürst die junge Frau um und beschwor, daß er sie keineswegs kränken wolle, schon gar nicht in ihrer Hochzeitsnacht.

De Sade hatte zweifellos den Ehrgeiz, als der ›Französische Boccaccio‹ bekannt zu werden. Genau wie *Das Mißgeschick der Tugend* waren seine Erzählungen und Schwänke für das breite Publikum geschrieben, und wenn einige Geschichten auch schlüpfrig waren, mehr als das waren sie nicht. Er war eher in die Rolle des Geschichtenerzählers als des Philosophen geschlüpft. Wenn er die großen Fragen des Universums überhaupt berührte, dann meist nur in höchst konventioneller Weise. Das Christentum, sagt er in *Der lebenskluge Lehrer,* ist der sublimste Teil der Erziehung. Doch die geheime Welt, die in *Die 120 Tage von Sodom* hinter dem Tor von Schloß Silling lag, gab es immer noch. 1787 verfaßte er ein Gedicht, *Die Wahrheit,* in welchem er jede Form von Religion, Tugend und Moral ablehnt. Nur die Natur ist bewundernswert, und Natur gebiert die sogenannten Verbrechen.

Nichts ist durch ihre mörderischen Gesetze verboten;
Inzest wie Vergewaltigung, Diebstahl, Vatermord,
Die Wonnen des Sodoms und die Spiele der Sappho,
alles, was dem Menschen schadet oder ins Grab fallen läßt.

Und falls der Leser, wenn es für dieses geheime Gedicht je einen Leser geben sollte, nun glaubt, daß de Sade derartige Exzesse mißbilligte, der irrt. Der gefangene Autor hatte selbst das Titelblatt zu dem Gedicht entworfen: Es sollte einen Mann beim Analverkehr mit einem Mädchen zeigen, dem er am Schluß des Aktes ein Messer in den Leib stößt. Nach zehn Jahren Einzelhaft war de Sade als Schriftsteller von zwei gegensätzlichen Strömungen beherrscht. Die für die Öffentlichkeit gedachte Stimme sprach durch *Das Mißgeschick der Tugend* und andere Erzählungen; doch in *Die 120 Tage von Sodom* und in dem Gedicht *Die Wahrheit* sprach die Stimme des Chaos.

Im Herbst 1788 beschäftigte de Sade sich mit einer neuen Arbeit: Er ging daran, einen Katalog seiner eigenen literarischen Werke aufzustellen. Bezeichnenderweise nahm er *Die 120 Tage von Sodom* nicht mit auf, als sei er sich bewußt gewesen, daß dieses Werk von einer anderen Persönlichkeit, von seinem anderen Ich, stammte. Denn in allem, was er für die Öffentlichkeit schrieb, bewies er auch nach elf Jahren geistiger Tortur eine erstaunliche geistige Klarheit. Er war in seiner Zelle weder gestorben, noch war er verrückt geworden, er schien von geradezu erschreckender geistiger Gesundheit zu sein. Er war nicht länger mehr das bemitleidenswerte Opfer. Er mochte der ›Gefangene de Sade‹ sein, doch mit fünfzehn Manuskriptbänden konnte der Gefangene de Sade die Welt herausfordern.

Doch war jetzt die Zeit gekommen, in der äußere Ereignisse die Richtung seines Lebens wieder beeinflußten. Ludwig XVI. hatte proklamiert, daß die Könige absolute Herrscher mit totaler Macht über ihr Volk zu sein hätten, und dieser Anspruch wurde jetzt heftig angegriffen. Es waren nicht die neuen Denker der Aufklärung, die sich gegen den Absolutismus wandten, und ganz gewiß nicht de Sade, der noch lange nach 1789 Monarchist blieb. Ja, er wäre wahrscheinlich über die Art und Weise, in welcher die Revolutionäre des 20. Jahrhunderts rasch bereit waren, ihn als geistigen Ahnherrn zu betrachten, höchst überrascht und amüsiert gewesen. Und die übrigen großen Geister der Aufklärung mochten wohl an Gerechtigkeit glauben, mit der Demokratie hatten sie jedoch nicht viel im Sinn. Voltaire, aktivster Widersacher der Tyrannei, erklärte immerhin, daß man den König als Institution beibehalten müsse, und da jedermann zu dienen habe, wolle er persönlich lieber unter einem Löwen von edler Herkunft dienen als unter zweihundert Ratten von seinesgleichen.

Doch 1788 erfolgte dann ein direkter Angriff auf die Privilegien des Königshauses. Der Adel, der im 17. Jahrhundert fast seine gesamte Macht an die Krone verloren hatte, strebte plötzlich danach, alte Positionen wieder zu erobern. Der Zeitpunkt war klug gewählt. Mit einer Revolte des Adels konfrontiert, der erweiterte Rechte für sich selbst und Unabhängigkeit für die Gerichtshöfe forderte, war Ludwigs XVI. Position fast unhaltbar geworden. Wenn schon der Adel eine Reform verlangte, würden die Bürger um so mehr auf ihr bestehen. Der König gab schließlich dem Begehren des Adels nach, woraufhin die Bürger prompt forderten, dem Adel gleichgestellt zu werden.

Es wird oft behauptet, daß ein absoluter Herrscher eine Revolte gegen sich abwenden könne, wenn er nur bereit wäre, dem Volk gewisse demokratische Rechte zu gewähren. Diese These kann nicht verallgemeinert werden und galt schon gar nicht für das damalige Frankreich, in dem die Opposition durch die Dauer der absoluten Herrschaft weit stärker geworden war als anderswo. Jede Konzession des Königs mußte die endgültige und gewalttätige Abrechnung näherbringen. Im Januar 1789 fand unter dem reformierten System eine Wahl statt, bei welcher immerhin schon ein Viertel der französischen Bevölkerung stimmberechtigt war. In dieser Hinsicht zumindest war die Wahl demokratischer als jene 1822 nach dem Reformgesetz in England. Das neue Repräsentantenhaus, die Generalstände, unter dem neuen Wahlrecht konstituiert, traten der königlichen Macht gegenüber weit entschlossener und radikaler auf als ihre Vorgänger; als sie aus ihrem Sitzungssaal weichen mußten, trafen sie sich im Ballhaus von Versailles, legten den sogenannten ›Schwur im Ballhaus‹ ab und beschlossen, das Geschick der Nation in die eigene Hand zu nehmen, mit oder ohne Segen des Königs.

Im Juni 1789 wurde deutlich, daß Ludwig XVI. das ihm aufgezwungene demokratische Experiment nicht länger kontrollieren konnte. Vorsichtshalber ließ er seine Truppen auf Paris marschieren, und als die Kavallerie den Befehl erhielt, eine Menschenansammlung auf dem Place Louis XV., der heute Place de la Concorde heißt, zu vertreiben, gab es einen Tumult. Die labile politische Situation wurde noch durch die wirtschaftliche Misere kompliziert, durch den raschen Anstieg des

Brotpreises und die Ankunft hungernder Arbeiter in Paris, die sich nur dort eine Überlebenschance erhofften. Die bürgerlichen politischen Reformer und der hungrige Mob auf den Straßen hatten zu jenem Zeitpunkt ganz verschiedene Ziele. Doch Ende Juni 1789 schien es nur noch eine Frage von Wochen oder Tagen zu sein, bis das Elend der Hungrigen dem Bürgertum zur Durchsetzung seiner politschen Ziele dienen würde.

Seit dem frühen Mai hatten die Demonstrationen an Heftigkeit zugenommen, und für den Gefangenen im ›Turm der Freiheit‹ war es kein Geheimnis mehr, daß die Stadt dem offenen Aufstand nahe war. Bei einem Staatsstreich würden die Gefangenen in der Bastille kaum Bedeutung für die Rebellen haben, es waren ohnehin nur noch sieben Mann. Doch de Sade war entschlossen, die gegenwärtige Unruhe auszunutzen und einen Sturm auf die Bastille zu provozieren – eine letzte Hoffnung auf Freiheit nach nunmehr zwölfjähriger Haft. Am 2. Juli 1789 kletterte er zu seinem Zellenfenster hoch, von wo aus er den quadratischen Platz, auf dem sich die Menschen drängten, überblicken konnte. Er benutzte ein Abflußrohr für Schmutzwasser als improvisierten Lautsprecher und richtete sich an die Menge, die unten stand. Er rief hinunter, daß die Wächter der Bastille den Befehl hätten, die Gefangenen zu töten und sich schon darauf vorbereiteten, ihnen den Hals durchzuschneiden. Seine Worte schallten über den Platz, und die Menschen da unten begannen unruhig zu werden. De Sade drängte sie, rasch zu handeln, die Bastille müsse jetzt gestürmt werden, noch ehe die angedrohten Ermordungen stattfänden. Er wiederholte seine Warnungen immer wieder, bis die Wächter in seine Zelle stürzten und ihn vom Fenster wegzerrten. Der Kommandant wurde verständigt, und im Einvernehmen mit den Behörden fand man, daß es beim gegenwärtigen Stand ›zu gefährlich sei, de Sade

Die Erstürmung der Bastille am 14. Juli 1789.

Kolorierter Kupferstich von Laminit

in der Bastille zu behalten‹. Man beschloß, ihn irgendwo unterzubringen, wo sein Toben nicht gehört werden könne. Das Irrenhaus von Charenton im Südosten von Paris bot sich als geeigneter Platz an. De Sade wurde – zum erstenmal seit beinahe sechs Jahren – aus dem Gefängnis geholt, aber nur, um nach Charenton gebracht zu werden. Zehn Tage danach folgte die Volksmenge dem Aufruf de Sades und stürmte die Bastille.

Die anderen Gefangenen der großen Festung wurden bei diesem wohl bekanntesten Akt der Revolution befreit, und es war wirklich die reinste Ironie, daß de Sade selbst weiterhin in Haft blieb – in einer Einzelzelle des Irrenhauses Charenton. Und als wenn das nicht genug gewesen wäre, plünderte der Mob auch noch seinen persönlichen Besitz und seine Papiere, die er in der Gefängniszelle hatte zurücklassen müssen. Einige seiner Manuskripte wurden wieder aufgespürt, doch *Die 120 Tage von Sodom*, die in der Zellenwand versteckt waren, wurden zu de Sades Lebzeiten nicht wieder aufgefunden. Er sprach später von »blutigen Tränen«, die er über die vielen verlorenen Werke vergossen habe.

Im Herbst 1790 trat in Paris die erste Nationalversammlung der Revolutionszeit zusammen. Man befaßte sich vorwiegend mit den Menschenrechten und der Demokratie, obwohl die meisten Abgeordneten die Monarchie so wenig abschaffen wollten wie die Engländer nach ihrer ›Glorious Revolution‹ im Jahre 1688. Der Marquis de Sade war nicht geeignet, Interesse oder Sympathie bei den Reformern und Revolutionären zu erwecken. Seinem eigenen Bericht nach bescherte ihm das neue Regime nichts weiter, als daß die Wärter in Charenton ihn verprügelten und ausplünderten. Die Verfolgung der Unglücklichen und der Triumph der Verfolger waren in einem Roman schön und gut, doch de Sade war außer sich, als er mit der Realität konfrontiert und selbst in die Rolle des Unglücklichen gedrängt wurde.

Zu Beginn des Jahres 1790 gab es für ihn keine Aussicht auf Freiheit mehr, und mit fünfzig Jahren gab er denn auch die Hoffnung auf, in eine Welt zurückzukehren, die er seit seinem 37. Lebensjahr nicht mehr gesehen hatte. Ohne jede Ankündigung wurde ihm am 2. April mitgeteilt, daß er frei sei. Niemand hatte sich um seinen speziellen Fall gekümmert, doch allen Gefangenen, die das alte Regime aufgrund einer *lettre de cachet* festgesetzt hatte, war eine Amnestie zuteil geworden; man hatte (mit einigem Bedauern) entdeckt, daß de Sade zu dieser Gruppe zählte. Rechtzeitig genug wurde er davor gewarnt, Renée-Pélagie aufzusuchen, deren Zuneigung er inzwischen völlig verloren hatte und die geschworen hatte, ihn davonzujagen, falls er sich in ihrem Haus blicken lassen sollte. In zerfetzten Kleidern, ohne Geld, wurde er aus dem Irrenhaus entlassen und begann mühsam in Richtung des Büros von Herrn de Milly zu wandern, eines Rechtsanwaltes, der seine Angelegenheiten in Paris vertrat.

Der Bürger Sade

Zur Zeit von de Sades Entlassung schien alles darauf hinzudeuten, daß Frankreich sich zu einer konstitutionellen Monarchie entwickeln würde, mit einer demokratisch gewählten Nationalversammlung und einem König, der als Staatsoberhaupt repräsentierte, ohne ein absoluter Herrscher zu sein. Doch eine derartige Verfassung setzte sowohl die Zustimmung Ludwigs XVI. als auch die der revolutionären Kräfte voraus. Tatsächlich stand die Sache ganz anders. Ludwig XVI. und Marie Antoinette hofften sehnsüchtig, mit Hilfe der konterrevolutionären Kräfte im Lande und mit äußerer Unterstützung von seiten Preußens oder anderer Großmächte wieder Herr der Lage zu werden. Demgegenüber herrschte fast überall in Frankreich Anarchie. Royalisten und aufrührerische Gruppen bekämpften sich, und auch die Revolutionäre waren untereinander zerstritten.

De Sades primäre Sorge war, körperlich und finanziell zu überleben. Die Quelle seines Einkommens aus La Coste und den übrigen Besitzungen war durch die ersten Maßnahmen der Revolution für ihn zunächst versiegt, obwohl sein Besitztum noch nicht enteignet worden war. Getrennt von Renée-Pélagie, die zuerst in einem Kloster und dann in Echauffour lebte, mietete de Sade mit dem Geld, das Gaufridy für ihn zusammenkratzen konnte, einige Zimmer und lebte zurückgezogen in Paris. In seinen Briefen verfluchte er die Familie Montreuil und beklagte den Verlust jener fünfzehn Manuskripte, die bei der Plünderung der Bastille verlorengegangen waren. Zwar hatte Renée-Pélagie einige wieder aufgestöbert, doch gleichzeitig jene verbrannt, die sie für unzüchtig hielt. Und so richtete sich de Sades Zorn gegen die Schönheit, welche er beinahe dreißig Jahre zuvor geheiratet hatte und die jetzt fett und langsam blind wurde.

Vier Monate nach seiner Entlassung aus Charenton machte de Sade eine unerwartete Erfahrung: Er verliebte sich. Das betreffende Mädchen, Marie-Constance Quesnet, eine Schauspielerin, war halb so alt wie er. Ihr Ehemann lebte in Amerika und hatte sie mit einem kleinen Sohn zurückgelassen. Solange Renée-Pélagie am Leben war, konnte de Sade Marie-Constance nicht heiraten, doch er nahm sie zur Mätresse und lebte die nächsten vierundzwanzig Jahre in treuer Häuslichkeit mit ihr zusammen – abgesehen von der Zeit, die er im Gefängnis saß. Manchmal sprach de Sade von ihr wie von einer ehrbaren Witwe, manchmal wie von einer Tochter, für die er eine fast väterliche Zuneigung empfand. Es gab niemals die geringste Andeutung irgendwelcher sensationeller unzüchtiger Akte zwischen den beiden, obwohl de Sade es liebte, ihr aus seinen Schriften vorzulesen, so daß sie über seine Manien hinreichend informiert sein mußte. Als 1791 *Das Mißgeschick der Tugend* erschien, sorgfältig gepfeffert, um das Buch gut verkäuflich zu machen, trug es de Sades Widmung an Marie-Constance. Er hatte sie Gaufridy gegenüber als sensibles Mädchen geschildert. In seiner Widmung nennt er sie »eine Ehre und beispielhaft für ihr Geschlecht, ein Wesen, das den intellektuellen Schwindel von Unmoral und Gottlosigkeit verachtet und ohne Unterlaß in Wort und Tat bekämpft«.

Durch diese Schilderung wurde sie zur passenden Weggefährtin für de Sade in seiner öffentlichen Rolle als Hüter von Religion und Tugend, der alle Laster nur aufgezeichnet hatte, um die Früchte christlicher Moral nur um so wertvoller erscheinen zu lassen.

Die aus der Bastille befreiten Gefangenen werden im Triumph

durch Pariser Straßen geführt. Zeichnung von Bulthuis, 1795

Nachdem er nun in einer so schwierigen Zeit die Verantwortung für eine neue Familie übernommen hatte, mußte er versuchen, seinen Lebensunterhalt zu verdienen. Im Paris von 1790 waren ihm Titel und Erbe keineswegs hilfreich, im Gegenteil, sie machten ihn als Aristokraten verdächtig. Er wandte sich dem Theater zu, denn er hatte einige fertige Stücke anzubieten. Über die Zulassung eines Theaterstückes urteilte zu dieser Zeit eine Jury, welcher der Autor das Stück vorzulesen hatte. Sodann wurde demokratisch abgestimmt. Im September 1790 wurde de Sades Komödie *Sophie et Desfrancs* von der Comédie Française angenommen. Bis zum Frühjahr 1791 wurden nicht weniger als fünf Stücke von verschiedenen Theatern angenommen. Es schien, als ob der Dramatiker de Sade die finanziellen Probleme des verarmten Aristokraten de Sade würde lösen können. Doch dann verging die Zeit. Es geschah nichts, und er sah kein Geld. Es gab Erklärungen und Verzögerungen, und letzten Endes wurde nicht eines seiner Stücke aufgeführt.

Selbst als später das eine oder andere seiner Stücke auf die Bühne kam, stand keines von ihnen unter einem guten Stern. *Oxtiern ou les malheurs du libertinage* wurde im Oktober 1791 am Théâtre Molière aufgeführt. Der Hauptdarsteller, der Schurke des Stückes, erregte das Mißfallen einiger Zuschauer. Sie zischten und randalierten, bis der Vorhang endlich fiel. Als später de Sade selbst die Bühne betrat, wurde ihm stürmisch applaudiert. Dennoch hielt man es für opportun, weitere Aufführungen des Stückes auf die nächste Saison zu verschieben.

Noch bevor *Oxtiern* wieder auf die Bühne gebracht werden konnte, wurde de Sades Theaterkarriere durch die ›Patrioten‹ der Revolution beendet. Sein Stück *Le suborneur* wurde im Théâtre Italien vor einem Publikum aufgeführt, das vorwiegend aus rotmützigen Revolutionären bestand. Das Benehmen dieser Besucher hatte in den Theatern stets Anlaß zu Klagen gegeben, doch was man früher ungezogen und asozial genannt hätte, galt jetzt als ›revolutionär‹ und ›patriotisch‹. Es hätte schon großen Mutes bedurft, sich über das Rowdytum zu beschweren.

Als de Sades Stück begann, benahmen sich die Rotmützen so, als sei der Vorhang noch gar nicht hochgegangen. Sie redeten und schrien laut durcheinander und übertönten die Worte der Schauspieler. Der Krawall wurde immer größer, und die Schauspieler gaben schließlich auf. In ihrer Naivität konnten sie nicht verstehen, wodurch sie wohl die Reinheit der revolutionären Ziele beleidigt haben konnten. Die Störer konnten unmöglich gegen das Stück protestiert haben, denn sie hatten ja keine einzige Zeile davon verstanden. Es ging nicht gegen das Stück, sondern gegen de Sade selbst. Sosehr er auch der Revolution das Wort reden mochte, er war und blieb der Aristokrat. Es war einfach Bürgerpflicht, zu verhindern, daß Theaterstücke von Aristokraten aufgeführt wurden.

De Sades andere Bühnenwerke hätten wahrscheinlich, selbst nur an ihrem literarischen Wert gemessen, auch keine größeren Chancen gehabt. Aber das Fiasko am Théâtre Italien war für die übrigen Theaterdirektoren natürlich ein Signal, seine Stücke besser nicht mehr auf den Spielplan zu setzen. Die unmittelbar folgende Zeit brachte viel Arbeit für die Guillotine, und es bedurfte nicht vieler Beweise, um einen Mann unters Fallbeil zu bringen. Es war viel zu riskant, ›unpatriotische‹ Dramen aufzuführen. Keines der übrigen Schauspiele de Sades ging jemals über die Bühne, obwohl er sein Leben lang versuchte, die patriotische Tragödie *Jeanne Laisné* unterzubringen.

1795 schickte de Sade ein Rundschreiben an alle Direktoren größerer Theater außerhalb von Paris, bot seine Stücke an und schilderte die bisherigen Mißgeschikke. Das Theater de Louvois war bereit gewesen, *Le chi-*

caneur herauszubringen, doch fand de Sade zum Glück gerade noch rechtzeitig heraus, daß der Direktor gar nicht daran dachte, ihm auch nur einen Pfennig Tantiemen zu bezahlen. Er zog daraufhin das Stück zurück. *Sophie et Desfrancs* sollte am Théâtre Français aufgeführt werden, doch leider wurde kurz vorher das Ensemble aufgelöst. Seine Komödie *Das Boudoir* wurde im Théâtre Français mit knapper Mehrheit abgelehnt, während es im Théâtre Italien einstimmig angenommen wurde; doch auch hier mußte er sein Stück zurückziehen, weil der Direktor es unbedingt mit einer musikalischen Untermalung herausbringen wollte, die »es völlig ruiniert hätte«. Seine Tragödie *Jeanne Laisné* pries er als ein Stück voll wahrem Patriotismus an und verstieg sich zu der Behauptung, daß alleine beim Lesen von *Henriette et Sainville* sämtliche Damen in Ohnmacht gefallen seien.

Alle Anstrengungen de Sades blieben vergeblich. Das Geld für seinen Lebensunterhalt konnte nur von La Coste, das heißt von Gaufridy kommen. De Sade schrieb an seinen Rechtsanwalt und bat ihn, jeden Franc, den er auftreiben konnte, zuschicken, um ihn vor dem nackten Elend zu bewahren. Denn trotz allem vorgeblichen revolutionären Eifer wagte es der Ex-Marquis nicht, den Republikanern von La Coste persönlich gegenüberzutreten, und zog es vor, von Paris aus mit ihnen zu verhandeln. Die waren denn anfangs auch sehr erfreut zu hören, daß der Bürger Sade sich so benahm, wie es sich für einen Anhänger der neuen Republik gehörte, und versprachen, den Besitz während seiner Abwesenheit zu schützen. Doch auch Versprechen dieser Art konnten de Sade nicht dazu bringen, seine private Meinung für sich zu behalten.

Im Mai 1791 rügte er die revolutionären ›Briganten‹, die in der Provence seine Tante, Madame de Villeneuve, verhaftet hatten, und verlangte deren Freilassung. Als man ihm nahelegte, den Wiederaufbau seiner Besitzung in Mazan selbst zu finanzieren, schwor er, daß die »Diebe« und »Dummköpfe«, auf deren Konto die Zerstörungen in erster Linie gingen, keinen Sou von ihm erhalten würden. Wie er an Gaufridy schrieb, artete die Revolution eher zu einer Freistätte für Betrüger und Opportunisten aus als zu einem Paradies für echte Patrioten. Einem anständigen Mann wie ihm selbst werde es sogar unmöglich gemacht, sich um die Verlegung der sterblichen Überreste seiner großen Vorfahrin, nämlich Petrarcas Laura, zu bemühen, ohne »aristokratischer Allüren« angeklagt zu werden; dabei hätten »diese Barbaren« bereits geplant, die Kirche mit dem Grab Lauras zu zerstören.

Gaufridy war ohne Zweifel Royalist und mußte schließlich La Coste verlassen. De Sade hatte ihn gewarnt, als er im Sommer 1792 von einer Informantin erfuhr, die in Paris aufgetaucht war und darauf brannte, ihre patriotische Pflicht zu tun, indem sie Gaufridy, den Priester von La Coste und andere vor der Nationalversammlung anschwärzte. Sie hoffte auf deren Verhaftung und Exekution. Informanten dieser Art gab es in diesem heißen Sommer im Überfluß, doch de Sade hielt das Mädchen für das, was sie wirklich war. In seiner Warnung schrieb er, sie sei eine bösartige »kleine Hure«. Doch das Schlimmste war, daß diese »Schlampe« mit einem Soldaten bei de Sade erschienen war und ihm drohte, ihn wegen der nun beinahe zwanzig Jahre zurückliegenden Vorgänge in La Coste gleichfalls auf ihre Liste zu setzen. De Sades Reaktion ließ wenig Zweifel daran, welches Vergnügen es ihm bereiten würde, der Revolutionärin die Prügel ihres Lebens zu verabreichen.

Vielleicht war ein Gerücht über seine wahren Ansichten bis nach La Coste gedrungen, jedenfalls versuchte das neue Regime dort nicht länger mehr, sein Eigentum zu schützen. Am 17. September 1792 drang der Pöbel in das Familienschloß der de Sades ein, stahl alles, was sich wegtragen ließ, und zertrümmerte, was nicht transportabel war. An Büchern und Bildern war der Mob nicht interessiert, er wandte sich lieber dem vielversprechenden Weinkeller zu, der rasch geplündert war. Die kostbaren Möbel wurden bedenkenlos zerstört. Selbst Schönheit war jetzt als Wahrzeichen der alten aristokratischen Privilegien verdächtig.

Massenexekution
auf der Place de la Revolution in Paris 1794,
Gemälde von P. A. de Machy
(Musee Carnavalet, Paris)

Man erzählte sich, daß die Plünderer in de Sades Wohnräumen merkwürdige Dekorationen entdeckten. Ein Raum war angeblich mit einem Fries ausgeschmückt, der ›die Anwendung eines Klistiers‹ darstellte. Von de Sades Schlafzimmer behauptete man, es sei mit obszönen Fresken ausgemalt gewesen, die Szenen aus *Juliette* vorwegnahmen, die zu diesem Zeitpunkt noch nicht geschrieben war. Verschiedene Züchtigungs- und Folterinstrumente wurden gefunden, und sofort vermutete man, daß diese im berüchtigten Winter 1774/75 an den jungen Mädchen und der älteren Frau, die sie begleitet hatte, angewendet worden seien. Gerüchte und Behauptungen waren zunächst keine Beweise, aufgrund derer man einen Mann verurteilen konnte, doch bald genügten dem Komitee für öffentliche Sicherheit derartige Verdächtigungen, um Männer und Frauen auf die Guillotine zu schicken. Der Pöbel von La Coste durfte sich daran erfreuen, das Schloß zu plündern und zu zerstören, und konnte dabei doch die moralische Genugtuung fühlen, die Gemeinde von den Scheußlichkeiten des Klistier-Frieses und den Juliette-Fresken zu säubern.

De Sade schrieb an Gaufridy, er schätze den König, doch hasse er die Übergriffe, die unter dessen Regime begangen wurden. Die einzige Revolution, der er zustimmen könne, müsse eine Verfassung nach englischem Vorbild bringen. Er war durch Erziehung und Temperament Aristokrat, und die Idee, mit dem revolutionären Mob in Tuchfühlung zu geraten, schien ihm ausgesprochen zuwider. Die Männer, die sich darauf einließen, nannte er in seinen Briefen Narren oder engstirnige Verbrecher. Aber längst nicht alle waren dumm oder engstirnig. So stellte er im Juli 1791 in einem Brief an Gaufridy fest, daß es auch im Mittelstand Revolutionäre gebe, denen die Revolution allerdings dazu diene, ihre eigene Karriere voranzutreiben. Er meinte die geschickten, intelligenten Männer, die den politischen Aufruhr dazu benutzten, Reichtum und Macht auf die gleiche Weise zu erlangen wie die Schmeichler bei Hofe, wenn sie um die Gunst des Königs und des Adels buhlten. In *Juliette* bemerkte de Sade später, solche Männer seien ausschließlich an ihrem eigenen Wohlergehen interessiert, die Revolution für sie lediglich ein Mittel, die Macht des gegenwärtigen Herrschers selbst in die Hand zu bekommen.

Natürlich wäre es für de Sade nicht dienlich gewesen, derartige politische Wahrheiten öffentlich zu äußern. Er war bereits in zwei Persönlichkeiten gespalten: einerseits war er der anerkannte Dichter von Bühnenstücken und Romanen, andrerseits der geheime Autor von sexuellen Melodramen wie *Die 120 Tage von Sodom*. Nun mußte er sich seiner persönlichen Sicherheit wegen eine neue Pose zulegen: die des Bürgers Sade, des loyalen Anhängers der Revolution. In dieser Eigenschaft mußte er den öffentlichen Institutionen wie zum Beispiel der Nationalversammlung seinen öffentlichen Respekt erweisen – seine Abneigung sparte er sich für die private Korrespondenz auf.

Der Gefahr, als Aristokrat und Revolutionsgegner denunziert zu werden, hatte er bereits im Juli 1790 vorgebeugt.

Die erste Gelegenheit ergab sich kurz nachdem Paris in Sektionen aufgeteilt wurde, welche die Basis der städtischen Regierung bilden sollten. Die Sektion, in welcher de Sade wohnte, hieß Sektion Place Vendôme. Später wurde sie in Sektion des Piques umbenannt. Im Juli 1790 wurde er ›aktiver Bürger‹ der Sektion. Einige Monate später bot man ihm in einer Bürgerversammlung den Posten des Sekretärs dieser Sektion an. Das war keine besondere Ehre, da man getrost davon ausgehen konnte, daß die wenigsten Mitglieder lesen und schreiben konnten. De Sade nahm die Ernennung an und etablierte sich als Schreiber der Revolution.

Um seine Stellung noch weiter zu sichern, wurde er Mitglied der Nationalgarde und scheute nicht den Wachtdienst. Dies alles geschah noch zu einer Zeit, in der die meisten Franzosen nichts Radikaleres erwarteten als den friedlichen Wechsel zu einer konstitutionellen Monarchie. Als Sekretär und Schriftführer war de Sade sehr gefragt. Die Sektion ernannte ihn zum Beauftragten für die Hospitalverwaltung, und in dieser Funktion verfaßte er auch die Sitzungsprotokolle. Der größte Teil seiner Arbeit muß für ihn höchst langweilig gewesen sein, bestand sie doch in erster Linie darin, die bürokratischen Entscheidungen anderer Leute zu Papier zu bringen.

Bei aller Mühsal, zu der er jetzt verpflichtet war, gab es für de Sade wenigstens einen Trost: Er war nun ein Mann von gewissem Einfluß, und innerhalb der Sektion des Piques besaß er sogar eine begrenzte Macht. Der Zufall wollte es, daß in der gleichen Sektion des Piques die Familie Montreuil lebte, völlig machtlos und zitternd bei dem Gedanken an eine mögliche Denunziation. Mit unglaublicher Schnelligkeit hatte sich für de Sades verbissenste Feinde das Blatt gewendet, so daß Madame de Montreuil und ihre Verwandten sich plötzlich gezwungen sahen, bei dem Mann Schutz zu suchen, dessen Hilferufe sie während seiner dreizehn Jahre währenden Haft ignoriert hatten. Wie nicht anders zu erwarten, wurde de Sade denn auch aggressiv. Es konnte kein Geheimnis bleiben, daß Madame de Montreuil und Renée-Pélagie beabsichtigten, de Sades beide Söhne ins Ausland zu schmuggeln. Dort sollten sie sich zu den emigrierten Royalisten gesellen, von welchen etliche sich unter der Führung von de Sades Verwandten Louis-Joseph de Bourbon gesammelt hatten. Ihre Absicht war, die preußische Regierung zu einer Invasion in Frankreich zu bewegen, weil sie darin die einzige Möglichkeit sahen, die Macht des Königs wiederherzustellen. Im September 1791 hörte de Sade, daß sein ältester Sohn, Louis-Marie, ins Ausland geflohen war. Daraufhin drohte er ärgerlich, er werde die Montreuils als Feinde der Revolution und als Sympathisanten der Emigration anklagen. Die Montreuils zitterten und fragten sich, ob er sie wirklich denunzieren werde.

De Sades erste Pamphlet, das eine Spur seines eigenen Stils zeigt, wurde durch die mißlungene Flucht des Königspaares im Juni 1791 veranlaßt. Dem König war es gelungen, die Wachen zu überlisten und sich mit seinen Begleitern bis in die Nähe der deutschen Grenze durchzuschlagen. Er war bereits bis nach Varennes gekommen, bevor er wieder eingefangen werden konnte. Pech für ihn, daß die Flucht nicht erfolgreich verlief, im anderen Falle hätte Ludwig XVI. wahrscheinlich mit Unterstützung anderer europäischer Könige eine Emigrantenarmee für die Invasion nach Frankreich mobilisiert. So aber mußte die königliche Gesellschaft schmählich nach Paris zurückkehren, und de Sade ergriff die Gelegenheit. *Die Adresse eines Bürgers von Paris an den König der Franzosen* zu veröffentlichen. Obwohl de Sade den König anklagt, das in ihn gesetzte Vertrauen mißbraucht zu haben, fordert er in keinem Satz die Republik. Vor Gott seien alle Menschen gleich, beschwört de Sade, deshalb müsse der König der Erste unter Gleichen sein. »Niemand auf der Welt ist mehr davon überzeugt als ich, daß das französische Imperium nur von einem Monarchen regiert werden kann; aber dieser von einer freien Nation gewählte Monarch muß dem Gesetz treu ergeben sein.«

De Sade entschuldigt den König, indem er nicht ihn, sondern seine Berater für alle Verbrechen der Vergangenheit verantwortlich macht. Jetzt habe der König die Chance, Zuneigung und Vertrauen des Volkes wiederzugewinnen, denn das Volk sei nur zu gerne bereit, ihm zu vergeben. Gleichzeitig wird der König gewarnt, es gebe jetzt in Frankreich nur mehr eine Partei, die

Partei der Freiheit. Die Mißgriffe der Monarchie dürften in einem Zeitalter der Vernunft nicht überleben. »Werke der Finsternis können wie die Taten des Prinzen der Unterwelt nur in der dunklen Nacht des Vorurteils, des Fanatismus und der Sklaverei fortbestehen. Ist die Fackel der Philosophie entzündet, so verfinstern sie sich und verschwinden unter ihrem wohltätigen Feuer wie die dunklen Wolken einer Herbstnacht beim ersten Sonnenstrahl.«

Die Klischees der revolutionären Aufklärung klangen nur allzubald wie zynische Propaganda, als neue Vorurteile, neuer Fanatismus und neue Sklaverei das alte System grausam und wirkungsvoll ersetzten. Obwohl der Stil von de Sades Aufruf sich deutlich von dem seiner Verwaltungsberichte unterscheidet, scheint es doch unwahrscheinlich, daß er selbst auch nur einen Augenblick an seine optimistischen Prophezeiungen geglaubt haben kann. Doch in den frühen Tagen des mutigen politischen Experiments war es moralische Verpflichtung, die sichtbaren Schwächen der neuen Ordnung nicht öffentlich zu betonen, während es persönliche Klugheit gebot, den warnenden Ton beizubehalten.

Mehr als ein Jahr später, im November 1792, nach dem grausamen Aderlaß der sogenannten Septembermorde predigte de Sade in seinen *Gedanken zur Sanktionierung der Gesetze* immer noch die Heilslehre der revolutionären Demokratie. Doch seine Predigten entsprachen nur den Instruktionen, welche die Sektion des Piques ihm erteilt hatte. Er pries jetzt die Männer, die im August die Macht von den eher royalistisch gesinnten Revolutionären übernommen hatten, Männer, welche die Monarchie rundweg ablehnten und zwei Monate später die Exekution des Königs bewirken sollten. De Sade erklärte, daß die Volksvertreter unter dem König reine Bittsteller gewesen seien, doch in einer Republik hätten die Vertreter keine andere Pflicht, als diese zu vertreten. Sie hätten weder Verfassungen zu entwerfen noch Vorschriften zu erlassen, ohne vorher das Volk befragt zu haben. Sie seien nur ermächtigt, neue Gesetze vorzuschlagen und ihre Vorschläge dem Volk vorzulegen, dessen Entscheidung absolut sei.

De Sades übrige politische Arbeit als Schriftführer der Sektion des Piques war reine Routine. Da gab es ›brüderliche Botschaften‹ an andere Körperschaften, Ermutigung für die wachsende Tyrannei des Revolutionsregimes bei der Jagd nach Volksfeinden und heftige Opposition gegen die Aufstellung einer regulären Armee von 6000 Soldaten in Paris. De Sade verurteilte diese Idee aus zwei Gründen: einerseits wäre der Unterhalt einer Armee zu kostspielig gewesen, andererseits erkannte er die Gefahr, daß sie eines Tages Werkzeug einer Konterrevolution werden könnte.

De Sades Rolle als Diener der Revolution entbehrt nicht einer gewissen Ironie. Wenn man an die düstere Seite seines Charakters denkt, kann es nur erstaunen, daß er sich mit der untergeordneten Stellung eines Schriftführers zufrieden gab, wo er doch an bevorzugter Stelle mit dem Gesetz im Rücken jede Gelegenheit gehabt hätte, eine willkürliche Anzahl von Opfern zu foltern und zu mißbrauchen. Statt dessen zog er es vor, Pamphlete zu verfassen, die ihn kaum interessiert haben können und für deren Inhalt er nur teilweise verantwortlich war. Bald nachdem er 1790 aus dem Gefängnis entlassen wurde, gestand er Gaufridy, daß die Möglichkeit, unabhängig von anderen zu existieren, das höchste Gut des Menschen sei. Doch die Revolution erhob die strenge Pflicht des Kollektivismus über den Luxus des Individualismus, und die Langeweile der Solidarität trat an Stelle der geistigen Unabhängigkeit.

Bezeichnend war de Sades private Reaktion auf die Septembermorde von 1792. Nach der Revolte vom 10. August und dem endgültigen Sturz der Monarchie befand sich Paris in einem Zustand der Anarchie, der sich der Kontrolle der Stadtkommunen weitgehend entzog. Sie nahmen die brutalen Gewaltakte einfach hin. Zu diesem Zeitpunkt hatte die preußische Armee unter dem Herzog von Braunschweig bereits Verdun eingenommen und marschierte auf Paris zu. In dem Versuch, die Stadt bis zum letzten Mann zu verteidigen, bewaffnete die Kommune ihre Bürger; zu spät fand man heraus, daß viele Leute weit mehr daran interessiert waren, ihre Rechnung mit politschen Gegnern zu begleichen, als ihre Hauptstadt gegen eine einmarschierende Armee zu verteidigen. Selbsternannte Scharfrichter, die den Mob anführten, töteten Priester scharenweise. Man öffnete den Aufrührern die Gefängnisse, aber nicht etwa, um die Gefangenen zu befreien, sondern um sie einer summarischen Justiz auszuliefern. Die Messer und Säbel dieser Schlächter, die Männer und Frauen gleicherweise umbrachten, verwandelten Anstalten wie Bicêtre und die Salpetrière in Schlachthäuser. Der König und die Königin wurden einstweilen noch verschont; doch die Fürstin de Lamballe, die als lesbische Partnerin der Königin galt, wurde dem Mob ausgeliefert. Mit einem einzigen Säbelhieb wurde ihr der Kopf abgeschlagen, der dann auf eine Pike gesteckt und zu den Fenstern der Königin hochgehalten wurde. Männer und Frauen, die sich in einem Blutrausch befanden, zerrten den Körper der Fürstin durch die Straßen. Der Scharfrichter schnitt ihr die Brüste ab, danach ihr Schamteil und band es sich zum Amüsement der Menge als Schnurbart um. Als er ihre Geschlechtsteile zerschnitt, bemerkte er: »Diese Hure! In die stößt jetzt keiner mehr hinein!« Und das ganze Schauspiel nannte sich ›Die strenge Justiz des Volkes‹.

Es gab keinen Grund, der de Sade gehindert hätte, an solchen Aktionen der ›Justiz‹ teilzunehmen, wenn er nur gewollt hätte. Wären ihm die Blutbäder zuwider gewesen, hätte er sich immer noch an den Folterungen der Opfer begeistern können wie viele andere auch. Statt dessen beobachtete er jene, die sich Justizgewalt anmaßten und solche, die sich Führer des Volkes nannten, und er erkannte, daß sie hauptsächlich vom Machthunger getrieben wurden und von der Aussicht, ihre geheimen Lüste befriedigen zu können. An Gaufridy schrieb er: »Nichts kann den begangen Greueltaten gleichkommen.« Wenig charakteristisch für ihn erscheint sein Erschrecken über den Mord an den Priestern, besonders über den Tod des Erzbischofs von Arles, »des tugendhaftesten und verehrungswürdigsten aller Menschen«. Wägt man de Sades Erfahrungen mit der Revolution und wie er innerlich auf ihre Schreckenstaten reagierte, muß man sich fragen, ob die Grausamkeiten in *Juliette* nicht eher dazu gedacht waren, den Leser abzuschrecken, als ihn anzuregen.

Beweise für de Sades wahre Einstellung finden sich Anfang 1793, nachdem er zum Richter in einem Revolutionsgericht ernannt und im Juli desselben Jahres zum Vorsitzenden befördert wurde. In einem scherzhaften Brief an Gaufridy stellt er den Anwalt vor die Alternative, ihm entweder Geld zu schicken oder die Todesstrafe zu erwarten. Doch Scherze dieser Art schätzte niemand. Ludwig XVI. war im Januar geköpft worden, Marie Antoinette sollte ihm im Oktober folgen. Denunziationen und Exekutionen nahmen im gleichen Maße zu, wie das fehlgeschlagene Experiment einer konstitutionellen Monarchie zu einem Gewaltregime ausartete. In seiner Rolle als Richter war de Sade ungewöhnlich, wenn nicht einmalig unter den Richtern der Revolution, denn er sträubte sich prinzipell gegen die Verhängung der Todesstrafe. Das war nur logisch, da er jede Bestrafung, die nicht auf Besserung des Angeklagten abzielte, für unvernünftig und unannehmbar hielt. Er wollte Frieden und Ordnung unter den Aspekten der Menschlichkeit. Düstere Dramen und Grausamkeit waren in den hintersten Winkel seines Gehirns verbannt. Seine Kollegen beanstandeten, daß de Sade sich viel zu sehr anstrenge, die Unschuld der Denunzierten zu beweisen, und sich schon beinahe unpatriotisch bemühe, sie vor dem unvermeidlichen Todesurteil zu bewahren.

Sein Verhalten erregte schon deshalb Argwohn, weil man nicht vergessen hatte, welche Freude er seinerzeit bei den Mißhandlungen von Rose Keller und der Mädchen in Marseille empfunden hatte. De Sade aber ging noch weiter. Eines Tages erhielt er den Besuch von einem Mann, den er seit fünfzehn Jahren nicht mehr gesehen hatte, seinem Schwiegervater, dem Herrn de Montreuil. Der entlassene Richter des *ancien regime* war gekommen, um den nun mächtigen Richter des neuen Regimes um Hilfe zu bitten. Die Familie Montreuil wurde ganz eindeutig mit dem alten Regime identifiziert und erwartete jeden Augenblick, angeklagt zu werden. De Sade schilderte später Gaufridy das Treffen. Es gab eine Liste der Familien, die als privilegiert galten und nicht mehr Gefahr liefen, als Feinde der Revolution verurteilt zu werden. Auf diese Liste hatte de Sade aus eigener Vollmacht den Namen der Montreuils gesetzt. »So räche ich mich an ihnen«, meinte er lakonisch.

Wie sehr er auch die Montreuils durch diese Geste verpflichtet haben mochte, sich selbst hatte er in große Gefahr gebracht. Die Kollegen überwachten seine Tätigkeit mißtrauisch, und zu dem Komitee für öffentliche Sicherheit drangen Gerüchte, denen zufolge de Sade geäußert haben sollte, daß die neuen Tyrannen einer Utopie nachjagten, die schlechterdings »nicht praktikabel« sei. Man verdächtigte ihn, daß er sich lediglich als Revolutionär gebärde, um seine eigene Haut zu retten.

Während ihn seine Rolle als Verwaltungsbeamter und Schreiber im Dienst der Revolution maßlos langweilte – so de Sade an Gaufridy –, war er inzwischen der literarischen Anerkennung beträchtlich nähergekommen. Im Alter von fünfzig Jahren hatte er weder eines seiner Bücher gedruckt noch eines seiner Theaterstücke aufgeführt gesehen. Nun bot er *Das Mißgeschick der Tugend* und *Aline und Valcour* dem jungen Verleger Girouard an.

Erotische Darstellung
aus einem Pamphlet über die Abenteuer des Marquis,
Kupferstich Ende 18. Jahrhundert

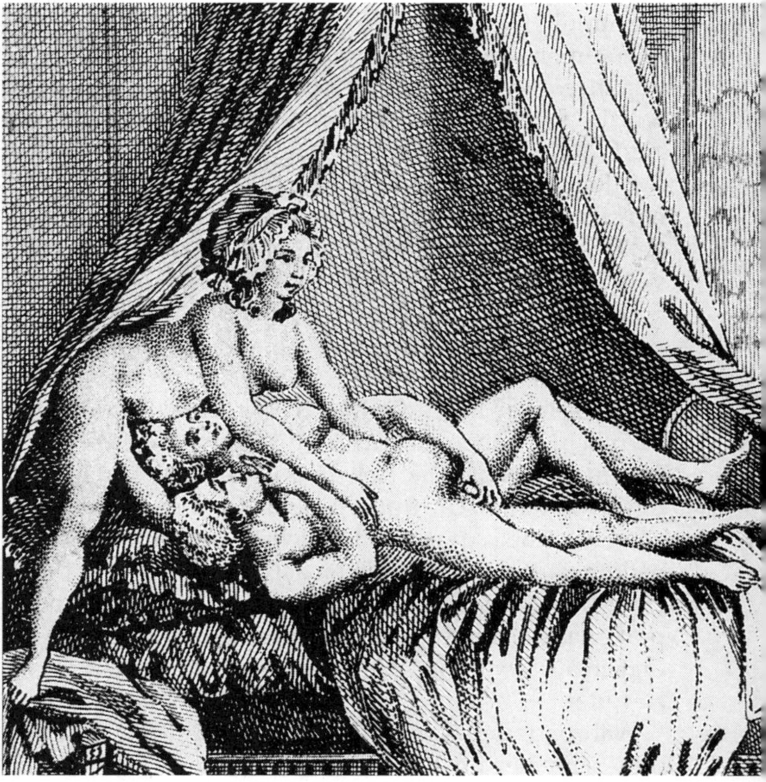

Es scheint, daß Girouard über das erstgenannte Buch seine Zweifel hatte, doch ahnte er geschäftliche Möglichkeiten; denn seit der Revolution gab es keine Zensur mehr für obszöne Bücher. So konnte er de Sade auffordern, die sexuellen Demütigungen und Folterungen, welche die Heldin erdulden mußte, noch detaillierter zu beschreiben. Girouard war kein Revolutionär – wenn überhaupt etwas, dann war er Royalist –, verfügte aber auf jeden Fall über einen gesunden Geschäftssinn.

Im Juni 1791 ging das revidierte Buch *Justine oder das Unglück der Tugend* in Druck. An seinen Freund Reinaud schrieb de Sade, er habe dem Drucker nachgegeben und das Buch »aufgemöbelt«, und er beschwor Reinaud, das Buch lieber zu verbrennen, als es in seiner jetzigen Form zu lesen. Er versicherte Reinaud überdies, daß er die Urheberschaft an diesem Buch leugnen werde, falls je sein Name mit dem Erzeugnis in Zusammenhang gebracht werden sollte. Das tat er denn auch bei drei öffentlichen Gelegenheiten, und auch im privaten Gespräch leugnete er sein Leben lang, Autor dieses »infamen Werkes« zu sein. Ob sein Verhalten nur als Vorsichtsmaßnahme gedacht war oder ob er sich schämte, die literarisch hochstehende Originalfassung von *Mißgeschick der Tugend* zugunsten eines raschen finanziellen Erfolges verfälscht zu haben, ist niemals festgestellt worden. Ganz gewiß benötigte er das Geld, und die Aussicht, endlich eines seiner Bücher gedruckt zu sehen, muß für ihn eine große Verlockung gewesen sein.

Abgesehen von den moralischen Einwänden, die man gegen die Neufassung geltend machen könnte, bleibt die objektive Feststellung, daß die klare und direkte Form der ursprünglichen Erzählung durch den Wirrwarr des zusätzlichen Materials verdorben wurde und darin unterzugehen drohte. Man kann darüber streiten, ob der Roman die Schilderungen von Vergewaltigung und Auspeitschung, von Analverkehr und Grausamkeiten überstanden hätte, jedenfalls waren die weitschweifigen Reden, die de Sade seinen Schurken nun in den Mund legte, so ermüdend, daß das Interesse eines jeden Lesers erlahmen mußte. Welche Emotionen das Buch bei seinen Lesern auch hervorrufen und welche Ziele es auch verfolgen mochte, vom literarischen Standpunkt aus war es abgewertet.

Jedenfalls wurde das Buch nicht wegen der darin enthaltenen ›Philosophie‹ ein so skandalöser Erfolg. Wenn die Gewalttaten der Revolution und die Grausamkeiten, die im Namen der Monarchie verübt wurden, bis dahin noch nicht überzeugt hatten, daß eine bizarre Mischung von Lust und Grausamkeit zum Wesen der Menschheit gehört – an ihren eigenen Reaktionen auf dieses Buch hätten die Menschen die versäumte Erkenntnis nachholen können. Die Kinder der Aufklärung lasen begierig, was die Heldin (in dieser Fassung hieß sie Thérèse) erlebte. Die Anhänger von Freiheit, Gleichheit und Brüderlichkeit überflogen die Seiten, auf denen ein tugendhaftes Mädchen unter den Peitschen und Brandeisen seiner Verfolger litt; so widernatürlich wurde der Körper des Mädchens mißbraucht, daß es – jedenfalls im ersten Teil des Buches – noch immer als Jungfrau aus dem Martyrium hervorging. Kein Detail wird ausgelassen, wenn beschrieben wird, wie Cardoville ätzendes Quecksilbersublimat in des Mädchens Körperöffnungen gießen und diese dann mit einem gewachsten Faden zunähen läßt. Wenn de Sade eine gespaltene Persönlichkeit war, so standen ihm seine fortschrittlich gesinnten Leser in dieser Beziehung nicht nach, und wenn es ihnen gelang, die September-Massaker mit der Doktrin von menschlicher Brüderlichkeit zu vereinen, ist es nicht weiter überraschend, daß sie auch *Justine* mit ihrer Begeisterung für Humanität und Gerechtigkeit zu vereinbaren wußten.

Der Verleger Girouard war vom Erfolg des Buches so entzückt, daß er de Sade vorschlug, auch *Aline und Valcour* herauszubringen. Dieses Buch hatte zwar nicht die gleichen Erfolgsaussichten, doch wenn man es mit genügend Reklame und mit dem Hinweis ›Vom gleichen Autor wie *Justine*‹ auf den Markt brächte, konnte es an Käufern eigentlich nicht fehlen. De Sade war natürlich begeistert, daß sein ›philosophischer‹ Roman endlich doch erscheinen sollte, und zögerte nicht, sich stolz zu seinem Werk zu bekennen. Es sollte in sechs Bänden veröffentlicht werden, und in seiner Druckerei in der Rue du Bout-du-Monde begann Girouard mit der Arbeit. Doch Girouards Sympathien für die Royalisten hatten ihn bereits verdächtig gemacht, und schließlich wurde er denunziert. Noch bevor der Druck von *Aline und Valcour* beendet war, wurde er verhaftet und am 8. Januar 1794 guillotiniert.

De Sade selbst machte sich zunehmende Sorgen um seine eigene Sicherheit. Besonders gefährdete ihn das Verhalten seiner eigenen Kinder. Während seiner langen Haftzeit hatte er seine Söhne nicht gesehen, und inzwischen waren sie in vieler Hinsicht mehr die Söhne der Montreuils als die de Sades geworden. Die Montreuils waren überzeugt, daß es für die beiden jungen Männer das beste sei zu emigrieren und für die Wiedereinsetzung des Königtums zu kämpfen. Der jüngere Sohn ging nach Malta. Immerhin konnte er sich darauf berufen, daß er Mitglied des Malteserordens sei. Der älteste Sohn, Louis-Marie de Sade, gab seine Karriere als Stabsoffizier auf und begann, durch ganz Frankreich zu reisen, um Malerei und Botanik zu studieren. Folglich wurden beide Brüder als Emigranten geführt.

Ende August 1792 befand sich de Sade in beträchtlicher Gefahr. Die revolutionäre Regierung beschloß nach dem bewährten Rezept zu verfahren, das Tyrannen seit eh und je angewendet hatten: Wenn man

Maximilien de Robespierre,
Stahlstich nach einer Zeichnung von D. A. Raffet, um 1840

schon nicht jene strafen konnte, die sich der Gerichtsbarkeit entzogen hatten, wolle man sich zumindest an den erreichbar gebliebenen Familienmitgliedern schadlos halten. De Sade schrieb zwei offizielle Briefe. In dem ersten, amtlich bestätigten Brief befahl er seinen Söhnen, nach Hause zurückzukehren. Im zweiten Brief warnte er die Montreuils, daß er sie innerhalb von vierzehn Tagen bei der Nationalversammlung anzeigen werde, falls sie die Brüder nicht zur Rückkehr veranlassen würden.

Für das Tribunal war es unerheblich, ob jemand wirklich emigriert war oder nicht. In der allgemeinen Hexenjagd richteten die Fanatiker der öffentlichen Moral ihre Aufmerksamkeit ganz besonders auf so alte und erfolgreiche Familien wie die der de Sades und der

Montreuils. Jedes Familienmitglied, das nicht ohne weiteres erreichbar war, wurde als Emigrant registriert. Das gab den Eiferern nicht nur das befriedigende Gefühl, ihre Bürgerpflicht erfüllt zu haben, auch das Vermögen der Angeklagten wurde eingezogen und konnte, wenn man es richtig anstellte, die eigenen Taschen füllen. Das größte Ungemach kam 1797, als de Sade, Richter unter dem revolutionären Regime in Paris, von den Behörden der Provence als Emigrant verzeichnet wurde. Sein Besitz wurde beschlagnahmt, und nichts konnte den Konfiskationsbefehl rückgängig machen.

Fürs erste blieb de Sade noch unbelästigt. Im April 1793 wurde das Komitee für öffentliche Sicherheit gegründet, dessen Mitglieder mit allen Machtmitteln ausgestattet wurden. Sie versuchten, die Anarchie des Revolutionsregimes zu kontrollieren und dem reinen Terror Einhalt zu gebieten. Die Ermordung Marats durch Charlotte Corday im Juli 1793 inspirierte de Sade im September des gleichen Jahres zu einer Gedenkrede für Marat und Pelletier. Als getreuer Autor des totalitären Staates preist de Sade Marats selbstlosen politischen Fanatismus. Marat lehnte den Egoismus als treibende Kraft ab, rühmte de Sade, dessen eigentliche Ansicht doch von jeher gewesen war, daß Egoismus die einzig sinnvolle, universelle Kraft sei. Le Pelletier, der wie Marat Opfer eines Mordanschlags geworden war, wurde von de Sade gelobt, weil er mutig und konsequent den Tod des Königs gefordert hatte. Dabei war de Sade innerlich davon überzeugt, daß Frankreich überhaupt nur unter der Herrschaft eines Monarchen Zukunftsaussichten habe. Und als wenn das noch nicht genügt hätte, reicherte de Sade seine Rede mit abgedroschenen Phrasen an und verglich Marat mit den strengen Herrschern der Römischen Republik – sehr zum Vorteil von Marat.

Der öffentliche Redner de Sade war ein anderer als der phantasievolle Schriftsteller de Sade. Dieser Widerspruch war notwendig, denn die geistige Richtung der Revolution begann sich zu verändern, und für einen Autor, der die Vergnügen des Lasters predigte, hätte man wenig Sympathien empfunden. Im Juli 1793 war dem Komitee für öffentliche Sicherheit ein neues Mitglied beigetreten, ein Mann von Bildung und vornehmer Abstammung, der wie de Sade gleichfalls von den Jesuiten im Collège Louis-le-Grand erzogen worden war. Es war Maximilien Robespierre. Robespierre sah die Probleme der Revolution mit verheerender und mörderischer Einfachheit. Die ursprüngliche Begeisterung von 1789 hatte sich in Uneinigkeit und Korruption verwandelt. Tugend und Religion mußten die Grundlagen der neuen Gesellschaft sein, doch durfte man sie nicht mit der Religion und der Tugend des alten Regimes gleichsetzen. Bei seinem Aufstieg zur Macht erklärte Robespierre den Atheismus für »aristokratisch« und befahl die Verehrung eines höheren Wesens. Robespierres Worte wirkten auf viele Franzosen geradezu hypnotisch. »Die Essenz des republikanischen Systems ist die Tugend«, verkündete er. »Die Revolution ist die Übergangszeit von der Herrschaft des Verbrechens zur Herrschaft der Gerechtigkeit.« Er schlug einen neuen Gesetzeskodex vor, in dessen ersten Paragraphen festgelegt sein sollte, daß das französische Volk an ein Höheres Wesen und an die Unsterblichkeit der Seele glaube. »Die Natur ist der wahre Priester dieses Höheren Wesens; das Universum ist sein Tempel, und durch tugendhaftes Benehmen soll es verehrt werden.«

Doch da gab es Schwierigkeiten. In einem Land von der Größe Frankreichs mußte es Tausende unaufgeklärter Männer und Frauen geben, die das Christentum oder irgendeine andere Religion oder sogar den Atheismus den neuen Thesen vorzogen. Angesichts der menschlichen Natur waren viele skeptisch, ob diese tugendhafte Republik überhaupt in die Praxis umzusetzen sei. Doch auch daran hatte Robespierre gedacht. Die Tugend mußte eben mit Gewalt erzwungen werden. Die korrupte Politik mußte ausbluten, bevor man sie kurieren konnte. Um dieses Ziel zu erreichen, gab es Anklagen in Massen, flüchtige Gerichtsverfahren und Exekutionen in derartiger Menge, daß sie einem Massaker gleichkamen. Wie Couthon, Robespierres Bundesgenosse, bemerkte, war die Guillotine nicht länger ein Mittel zur Bestrafung, sondern eine Waffe zur Vernichtung aller Feinde der Gesellschaft. Im Sommer 1794 stieg die Zahl der Exekutionen, die bis dahin bei etwa einhundert im Monat gelegen hatte, auf zweihundert pro Woche. Im Juni 1794 war das Gesetz geändert worden, so daß jetzt eher bloßer Verdacht als wirkliche Schuld die Grundlage jeder Verurteilung war. Um die Verfahren zu beschleunigen, wurden die Opfer nicht mehr einzeln, sondern in Gruppen bis zu sechzig Personen angeklagt und in einem einzigen Verdikt pauschal verurteilt.

Im Schatten dieses neu organisierten Terrors lebte de Sade mit Marie-Constance zusammen in der Rue Neuvedes-Mathurins. Sie waren beide daheim, als am Morgen des 8. Dezember 1793 zwei Männer an der Haustür erschienen. Es waren Polizeikommissar Marotte und der Polizeibeamte Jouenne. Sie hatten einen Haftbefehl für den Bürger Sade, ausgestellt vom Revolutionstribunal (wie der Gerichtshof damals genannt wurde), das ihn wegen konterrevolutionärer Umtriebe verdächtigte.

De Sade war bereit, dem Befehl des Gerichtshofes zu folgen, doch konnte er sich die Ursache seiner Verhaftung nicht erklären. Vielleicht warf man ihm vor, Vater zweier Emigranten zu sein, oder meinte man, daß sein einziger veröffentlichter Roman die ›tugendhafte Republik‹ korrumpiere. Wie er bald herausfand, traf keine seiner Vermutungen zu. Man klagte ihn vielmehr an, 1791 für sich selbst und seine Söhne eine Anstellung bei der Königlichen Garde gesucht zu haben. Aber was sollte das? 1791 bestand in Frankreich noch immer die Monarchie, und die Nationalversammlung, die aus der Revolution von 1789 hervorgegangen war, hatte den König als Herrscher und Staatsoberhaupt anerkannt. Damals war es weder illegal noch unwürdig, um Einstellung bei der Garde anzusuchen. Doch die Zeiten hatten sich geändert, und heute sah manches anders aus. Wer versucht hatte, in den Dienst des Königs zu treten, schien jetzt verdächtig, und der bloße Verdacht reichte aus für eine Verurteilung.

De Sade war nicht der einzige, der wegen dieser Art von ›Verbrechen‹ vor das Revolutionstribunal kam, und das Tribunal kannte nur ein Mittel der Bestrafung – die Guillotine.

Obwohl man de Sade nicht über die gegen ihn erhobene Anklage informiert hatte, wurde er eingesperrt und erwartete seine Gerichtsverhandlung im alten Kloster der Magdalenen. Er schrieb an die Sektion des Piques, für die er als Richter tätig gewesen war, und an das Komitee für öffentliche Sicherheit. Er beklagte sich bitter darüber, daß er nach dreizehnjähriger Haft unter dem alten Regime jetzt von der Revolution, die er als Erlösung begrüßt hatte, nach nur drei Jahren Freiheit wieder eingesperrt wurde. Noch während de Sade diese Briefe schrieb, wurden seine Wohnung und seine Papiere durchsucht. In seinen Briefen fanden die Schnüffler Bemerkungen und Ansichten, die ihnen den revolutionären Richter Sade in einem völlig neuen Licht erscheinen ließen.

Bis zum 27. Juli 1794 war de Sade immer noch in Erwartung eines Gerichtsverfahrens von einem Gefängnis zum anderen transportiert worden. An diesem Tage kam er zusammen mit siebenundzwanzig anderen Angeklagten vor das Revolutionstribunal. Er wurde angeklagt, hochverräterische Korrespondenz mit den Feinden der Republik geführt zu haben, in unpatriotischer Nachsicht anderen erlaubt zu haben, dem

Tode zu entrinnen, und nur zu dem Zwecke, sich selbst der Abrechnung des Volkes mit den ehemaligen Aristokraten zu entziehen, aktives Mitglied bei der Sektion des Piques geworden zu sein. De Sade und seine siebenundzwanzig Mitangeklagten wurden vom Revolutionstribunal zu der einzigen Strafe, die dieses Gericht kannte, verurteilt. Es erging der Befehl, einundzwanzig Ex-Adelige, Ex-Priester und Ex-Offiziere noch am gleichen Tag zu guillotinieren.

Doch in de Sades Fall arbeitete die neue Anarchie des Terrors zu seinen Gunsten. Am 27. März hatte man ihn in die Haftanstalt Picpus gebracht, gleichfalls ein ehemaliges Kloster, das 1792 von der Revolution in ein Gefängnis umgewandelt worden war. Seinem Alter und seiner angegriffenen Gesundheit verdankte er die Überstellung. Es war ein unglücklicher Zufall, daß er von seiner Zelle den Platz überblicken konnte, auf welchem die Guillotine stand. De Sade hatte keinen Grund, daran zu zweifeln, daß er sich in den nächsten Wochen zu der endlosen Reihe der Opfer gesellen werde, die der Schinderkarren heranbrachte und die tapfer oder verzweifelt unter dem Fallbeil starben.

Es klingt fast wie grausame Ironie, doch für de Sade war von Vorteil, daß das Revolutionstribunal kaum noch überschaubare Menschenmengen verhaftet hatte. Trotz steigender Zahl der Exekutionen mußten ständig neue Gefängnisse eingerichtet werden, um alle Verhafteten unterzubringen. Schließlich gab es in Paris 8000 Gefangene. Bevor de Sade nach Picpus gebracht wurde, war er durch andere Haftanstalten geschleust worden, und als sein Name in der langen Liste derer, die summarisch gerichtet und verurteilt worden waren, schließlich an die Reihe kam, war er für die Polizisten unauffindbar. Von den fünfundzwanzig Gefangenen, die in einem Schub vorgeführt werden sollten, konnten tatsächlich fünf nicht gefunden werden. Sie befanden sich irgendwo in einem der vielen Gefängnisse unter 8000 weiteren Gefangenen. Aber es gab so viele andere, die verurteilt und exekutiert werden konnten, daß die Behörden wirklich keine Zeit hatten, ernsthaft nach den fünf Abgängigen zu suchen. Für die fünf gab es ohnehin kein Entrinnen. Da man sich systematisch durch die Gefängnisse arbeitete, mußte man sie früher oder später mit Sicherheit finden, und dann konnten sie geköpft werden.

Die Hinrichtung Ludwigs XVI. am 21. Januar 1793, zeitgenössische Radierung von Faucher-Gudin

De Sade hatte freie Zeit im Überfluß, und für Phantasien der blutrünstigsten Art fehlte es ihm nicht an Inspiration. In einem schönen Garten, weniger als zwanzig Fuß von seinem Zellenfenster entfernt, stand die Guillotine. Woche um Woche und Monat um Monat beobachtete er die letzten Augenblicke der Verurteilten, das aufspritzende Blut, die abgehackten Köpfe, das tägliche Gemetzel. Er schrieb an Gaufridy, daß er 1800 Männer und Frauen sterben sah, und sie starben nur, um Robespierres Glauben an die reine Tugend zu befriedigen. Es war ein Beweis für de Sades geistige Widerstandskraft und Gesundheit, daß er das grauenvolle Schauspiel mit ungebrochenem Geist überstand, zumal ja die Guillotine auch ihn erwartete.

Während der Gefangenschaft in Picpus zog de Sade sich in seine innere Welt, in seine Schriftstellerei, zurück. Während der ersten Wochen seiner Haft hatte er wahrscheinlich die *Philosophie im Boudoir* begonnen, die oberflächlich betrachtet in jeder Art von sexueller Grausamkeit schwelgt und jedes Laster und jede Brutalität damit rechtfertigt, ›republikanisch‹ zu sein. Von einer anderen Warte aus gesehen, ist das Buch eine ironische Verurteilung der ›tugendhaften Republik‹ Robespierres, die letztlich auf Elend und Schlächterei aufgebaut war.

Das Buch besteht aus sieben Dialogen, in denen ein junges Mädchen über die Realitäten des sexuellen und des politischen Lebens aufgeklärt werden soll. Von der Anlage her gab es in der erotischen Literatur Frankreichs bereits Vergleichbares. Michel Millot und Jean l'Ange hatten 1655 die verhältnismäßig harmlose *Schule der Venus* herausgebracht, in der ein älteres Mädchen seine jüngere Kusine mit allen Details des sexuellen Verkehrs vertraut macht. In den *Dialogen der Luisa Sigea* von Nicolas Chorier, die etwa fünf Jahre danach erschienen, wurde mit jedem Dialog die Zahl der Teilnehmer erhöht, und die Handlung wies auch ein gewisses Maß an Perversität auf. De Sades Dialoge folgen in dieser Hinsicht Choriers Beispiel.

Eugénie, die junge Unschuld der Dialoge, lernt bei Madame de Saint-Ange lesbische Freuden und bei Dolmancé den heterosexuellen Geschlechtsverkehr kennen. Von ihm läßt sie sich bereitwillig sodomieren und sogar auspeitschen. Madame de Mistival, die Mutter des Mädchens, eilt zur Rettung ihrer Tochter herbei. Doch Eugénie ist von ihren neuen Freunden so begeistert, daß sie willig hilft, Madame de Mistival ihrer Kleider zu berauben, sie zu schänden und sie schließlich mit einem Fußtritt aus dem Boudoir hinauszubefördern.

Auf sexuellem Gebiet enthält de Sades Buch nichts, was besonders bemerkenswert wäre. Ganz sicher ist es weniger sensationell als manche der tatsächlichen Skandale der Zeit, einschließlich des von Emile Camperdon berichteten Falles, in welchem Männer die gesetzlose Zeit dazu nutzten, um mit jungen Mädchen, die sie gefangengenommen hatten, Harems einzurichten. Die Opfer beklagten sich hinterher, daß sie in jeder nur vorstellbaren Weise mißbraucht worden waren, manchmal sogar von zwei oder drei Männern gleichzeitig. Die lesbische Liebe, die in de Sades Werken zum erstenmal in der Figur von Madame de Saint-Ange in den Vordergrund tritt, war gleichfalls ein aktuelles Thema der Skandale. Aus offensichtlich politischen Gründen stellten die Anhänger der Revolution Marie-Antoinette und ihre nahen Freundinnen als Lesbierinnen dar. Noch sensationeller war die lesbische Gesellschaft der Anandrynen mit ihren raffinierten Ritualen weiblicher Liebe. Doch wie bereits aus dem Titel hervorgeht, war de Sade weniger an der Schilderung rein mechanischer Erotik als mehr an der Darstellung einer ›Philosophie‹ in diesem Buch gelegen.

Dem Anschein nach lehnt das Buch jede Religion außer der Herrschaft des Bösen ab, denn »die Herrschaft des Satans wird ewig währen«. Güte oder Philantropie werden verachtet, da sie lediglich die Unterdrückten zur Rebellion ermutigen. Böses zu tun oder zumindest das Gute zu meiden, ist die einzig befriedigende Lebenshaltung. Dolmancé verachtet am Christentum die Nächstenliebe, denn er hält sie ähnlich wie später Nietzsche für die Moral der Sklaven. Grausamkeit, nicht Nächstenliebe, und Laster anstelle der Tugend sollen dem wahren Naturgesetz entsprechen. Was kann letzten Endes schon dabei herauskommen, wenn man sich der Tugend verschreibt? Gab es jemanden, der die reine Tugend bewußter anstrebte als Robespierre? De Sade greift ihn in diesem Buch hart an, denn der Blick aus seinem Zellenfenster lieferte ihm genügend Argumente, als er über die Folgen der ›tugendhaften‹ Republik nachsann.

Natürlich hatte man die wahre Republik noch nicht verwirklicht. Der endgültige Status konnte nur erreicht werden, wenn ganz Frankreich Robespierres Naturreligion annahm. Plötzlich, mitten im fünften Dialog, fügt de Sade eine leidenschaftliche politische Rede ein: *Franzosen! Strengt euch an, wenn ihr Republikaner sein wollt!* Die Republik der natürlichen Moral wird in ihrer letzten Konsequenz geschildert. Die Regierung wird Mord nicht mehr bestrafen, denn in der Natur gibt es keine Strafe, wenn eine Kreatur die andere tötet. Auch Diebstahl wird nicht mehr bestraft, es sei denn, man bestraft das Opfer.

Die ideale Republik wird die sexuellen Tabus aufheben. Sie wird die Prostitution nicht nur tolerieren, sondern allen Frauen von Kindheit an aufzwingen. Wenn eine Frau einem Mann gefällt, ist sie durch das Gesetz verpflichtet, sich in einem öffentlich organisierten Bordell einzufinden, wo sie sich sämtlichen Wünschen des jeweiligen Partners zu unterwerfen hat, selbst wenn es sie das Leben kostet. Auf diesem Gebiet kennt die Natur keine Entschuldigungen.

In einem Staat, in dem es keine Ehe gibt und alle Kinder Eigentum des Staates sind, ist Ehebruch kein Verbrechen mehr. Natürlich muß auch Inzest erlaubt sein, denn die Natur kennt kein Inzesttabu. Auch Homosexualität und Analverkehr zwischen den Geschlechtern müssen als normales Verhalten angesehen werden.

Daß eine derartige Republik, wenn sie auf der ganzen Welt verbreitet wäre, sehr bald zum Niedergang und schließlich zur Auslöschung der menschlichen Rasse führen würde, wird als Gegenargument nicht anerkannt. De Sade stellt fest, daß sich die Natur nicht im geringsten darum kümmert, ob eine bestimmte Spezies lebt oder ausstirbt. Sollte de Sade seine Thesen ernst gemeint haben, müßte man ihm entgegnen, daß man die Natur vergöttlichen müßte, um seinen Ideen folgen zu können. Damit würde man allerdings gleichzeitig seine Attacken gegen Robespierre entkräften. Vom gesunden Menschenverstand her betrachtet, liegt der Trick der Argumentation darin, daß der Ausdruck ›Gesetz der Natur‹ dem ›Gesetz des Mordens‹ gleichgestellt wird. Die Natur kennt keine moralischen Gesetze, sondern unterliegt eigenen Gesetzmäßigkeiten. Somit kann sie nicht richtungweisend für menschliche Verhaltensformen sein. In diesem Sinn wird sie nicht zum Geber, sondern vielmehr zum Gegenstand von Gesetzen, die durch menschliche Beobachtung auf eine Formel gebracht werden. Genaugenommen gibt es keine Gesetze in der Natur, sondern lediglich in der menschlichen Wissenschaft. De Sades Argumentation ist auf den ersten Blick irreführend und ein Widerspruch in sich selbst. Man kann kaum umhin zu glauben, daß sie zumindest teilweise ironisch gemeint ist. Denn nach ihr brauchte die ideale Republik, um Robespierres Idealen zu folgen, nur noch eine gebührende Anzahl weiterer Morde (und de Sade würde allem Anschein nach sehr bald zu den Opfern gehören) und weitere amtlich sanktionierte Räubereien (von denen er durch die Konfiskation seiner Güter bereits hinreichend betroffen war), um Utopia in kurzer Zeit zu erreichen. War dieser glückliche Zustand erst einmal erreicht, würde nur noch ein Heuchler verlangen können, vergleichsweise geringfügige Vergehen wie Inzest oder Sodomie zu bestrafen.

Was immer auch de Sades Absicht gewesen sein mag, das Resultat liest sich wie eine sexuelle Parodie von Platons ›Republik‹. Das oberste Ziel seiner literarischen Rache war für ihn allerdings inzwischen unerreichbar geworden. Einen Tag, nachdem man de Sade gesucht hatte, um ihn zu guillotinieren, war Robespierre selbst verhaftet und exekutiert worden. Der Terror war damit noch nicht beendet, aber seine Tage waren gezählt.

In der Gefängniszelle von Picpus widmete sich der Gefangene selbstversunken seinem literarischen Werk. Dennoch fand er Zeit, ein Schreiben an das Komitee für öffentliche Sicherheit zu richten und seine Freiheit zu fordern. Die Sektion des Piques, die ihn wenige Monate vorher noch einstimmig verurteilt hatte, gab nun dem Komitee Anweisung, den Bürger Sade freizulassen. Am 15. Oktober, nach zehnmonatiger Gefangenschaft, verließ de Sade Picpus. Freiheit und bitterste Armut erwarteten ihn.

Charenton

Was war schon die beschwerliche Armut, die de Sade mit allen Adeligen teilen mußte, als er 1790 aus dem Gefängnis entlassen wurde, gegen die trostlosen Aussichten, denen er sich 1795 nach neuerlichem Gefängnisaufenthalt gegenübersah! Er war nicht nur arm, er war bettelarm. La Coste lag in Trümmern, seine Ländereien erbrachten keine Einkünfte, und wenn es solche gegeben hätte, war da kein Gaufridy mehr, der sie ihm geschickt hätte. Der Advokat saß als mutmaßlicher Sympathisant der Royalisten im Gefängnis, und obgleich de Sade all seinen Einfluß geltend machte und schließlich Gaufridys Freilassung erreichte, konnte dieser nichts mehr für seinen verarmten Klienten unternehmen. Inzwischen hatte das Regime de Sades Kindern ihr eigenes Vermögen zurückerstattet, doch er selbst kämpfte weiterhin um seinen Besitz. Er hatte eine Mätresse und deren Sohn zu ernähren und verlangte sein rechtmäßiges Eigentum und keine Mildtätigkeit.

De Sade kehrte zu Marie-Constance zurück. Er bewarb sich bei allen möglichen Behörden um Anstellung, doch seine Bitten blieben erfolglos. Seine Stücke wurden von den Theaterleitern mit gleichbleibender Beharrlichkeit abgelehnt. Andererseits erreichte er, daß die Drucklegung von *Aline und Valcour* nach fünf Jahren endlich beendet wurde und der Roman 1795 erschien. Die Veröffentlichung des Buches brachte ihm merkliche finanzielle Erleichterung, konnte aber über seine verzweifelte Lage nicht hinwegtäuschen.

Das romantische Abenteuer der revolutionären Demokratie war ausgeträumt, und der ihm folgende Aderlaß, geführt im Namen der Tugend, überstanden. Der Idealismus verblaßte mehr und mehr. Die Wirtschaft stand vor dem Ruin, und Frankreich schien von den feindlichen Kräften des royalistischen Europa eingekreist zu sein. Und als wenn das alles noch nicht genug wäre, brachten die ersten Monate des Jahres 1795 einen der kältesten Winter des gesamten 18. Jahrhunderts. De Sades Armut war erschreckend. Er konnte nicht einmal für sich selbst sorgen, geschweige denn für Marie-Constance und ihr Kind. An Gaufridy und dessen Söhne schrieb er Briefe, die in ihrer Verzweiflung schon beinahe hysterisch waren und in welchen er sie Diebe und Lügner schalt, die ihm seinen Reichtum vorenthielten.

Die Wohnung, in der er mit Marie-Constance hauste, konnte nicht geheizt werden, weil es am Geld für Brennstoff fehlte. Das Zimmer war so kalt, daß sogar die Tinte einfror.

Ohne Anstellung, als Dramatiker abgelehnt, als Landbesitzer entrechtet, war de Sade dennoch überzeugt, daß er die dreizehnjährige Gefangenschaft unter dem alten Regime und die fast einjährige Haft im Schatten der Guillotine nicht überstanden hatte, nur um wenige Wochen nach seiner Entlassung an Kälte und Hunger zu sterben. Immerhin hatte die Revolution mit einigen Tabus gebrochen und den Markt für erotische und pornographische Schriften geöffnet. *Justine* und eine Fülle minderwertiger Publikationen füllten die Buchstände von Paris und die Regale der Läden in ganz Frankreich. Vielleicht war das Publikum jetzt aufnahmebereit für jene düsteren sexuellen Dramen, welche de Sade bis dahin nur in seinem Gedächtnis aufbewahrt hatte. Er wandte sich wieder der Arbeit an der *Philosophie im Boudoir* zu und begann, das Werk für den Druck vorzubereiten.

Als das Buch 1795 erschien, traf de Sade einige der üblichen Vorsichtsmaßnahmen, um sicherzugehen, daß es nicht mit seiner Person in Verbindung gebracht werden könnte. Wohl schrieb er die Neuerscheinung dem Autor der *Justine* zu, behauptete aber gleichzeitig, daß dieser verstorben sei. Als dann *Philosophie im Boudoir* erschien als Konzession für jenen Leserkreis, der von Philosophie nicht allzuviel hielt, reichlich mit erotischen Illustrationen geschmückt, wurde das Buch auf der Titelseite als ›posthumes Werk‹ des Autors der *Justine* angekündigt. Um den Ursprung vollends zu verschleiern, behauptete man darüber hinaus, daß es ›auf Kosten des Verlages‹ in London gedruckt und publiziert worden sei.

De Sade mag von dem Buch viel erwartet haben, wenigstens aber ein laufendes Einkommen, doch er wurde enttäuscht. Es mag ein paar politisch bewußte Bürger gegeben haben, die vorgaben, das Buch wirklich nur wegen seiner republikanisch-politischen Theorie gekauft zu haben, und sich heimlich an den erotischen Szenen freuten. Aber die meisten Käufer zogen vermutlich andere erotische Bücher vor, die nicht mit langen politischen Schmähreden oder wortreichen Erklärungen über Recht und Unrecht von Theismus und Atheismus überladen waren.

Mit dieser Tatsache konfrontiert, suchte de Sade bei seinen letzten finanziellen Möglichkeiten Zuflucht. Er teilte Gaufridy mit, daß La Coste und alles, was irgendwie verkäuflich war, veräußert werden mußte. Das war leichter gesagt als getan. De Sade hatte La Coste seit der Plünderung des Schlosses nicht mehr gesehen, doch selbst er mußte sich darüber klar sein, daß man es nur noch als Ruine, zu der ein gewisser Teil Landbesitz gehörte, verkaufen konnte. Dennoch hatte er der Regierung eine Ablösesumme zahlen müssen, um überhaupt wieder die Kontrolle über seinen Besitz ausüben zu können. 1796 gelang es ihm, das Schloß La Coste an einen Monsieur de Rovère, einen ›Vertreter des Volkes‹ zu verkaufen, doch der Erlös war so gering, daß er Gaufridy bestürmte, auch die restlichen provençalischen Besitzungen abzustoßen. Es gelang, den größten Teil des Landbesitzes zu verkaufen. Der Rest blieb de Sades Eigentum.

Aber auch diese Transaktionen brachten de Sade keinen unmittelbaren Gewinn. Als Vater von zwei emigrierten Söhnen blieb er ein verdächtiges Subjekt, dessen Eigentum nach wie vor unter das Konfiskationsgesetz fiel. Die Montreuils waren 1794 kurz nach de Sades Inhaftierung ebenfalls verhaftet worden. Sie hatten die Gefangenschaft überlebt, doch Herr de Montreuil war bald danach gestorben. Die Folge war, daß de Sade nun allein für das ›unpatriotische‹ Verhalten seiner Söhne verantwortlich gemacht wurde. Die Tatsache, daß die beiden jungen Männer juristisch gesehen keine Emigranten waren, störte jene nicht, die mit begehrlichen Blicken auf den kläglichen Rest seines ehemaligen Reichtums sahen.

De Sades älterer Sohn Louis-Marie lebte als Student in Paris und vertrug sich mit seinem Vater erstaunlich gut. Für de Sade war er ein angenehmer Gesellschafter, der Gefallen an Musik und Malerei fand. Donatien-Claude-Armand hielt sich noch im Ausland auf und traf trotz de Sades öffentlicher Mißbilligung keinerlei Anstalten heimzukehren. Die neuen Herrscher der Provence hatten also genügend Vorwand, de Sades Besitzungen zu plündern, doch suchten sie ihre Position weiterhin zu legalisieren, indem sie 1797 de Sade selbst zum Emigranten erklärten.

Nach dem bitterkalten Winter 1795 teilte de Sade Gaufridy mit, daß er für ein paar Monate aufs Land gehen wolle, um ein Buch zu beenden. Er verriet nicht, wovon er existieren und was er schreiben wollte. Wahrscheinlich lebten er und Marie-Constance vom Verkaufserlös der *Philosophie im Boudoir*. Es bestehen

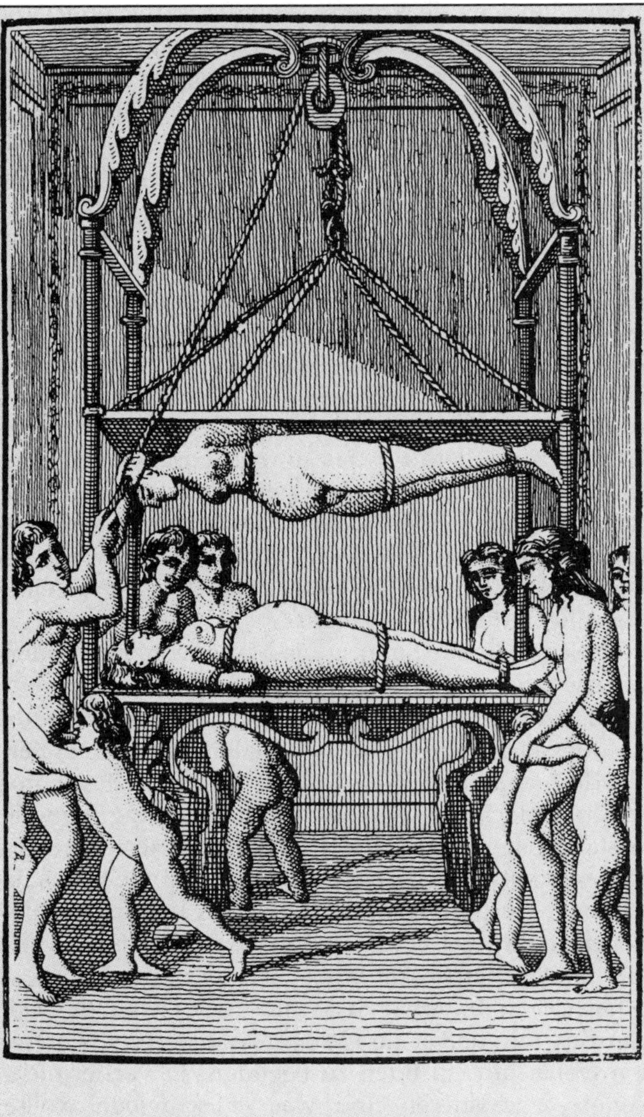

Illustration zur Erstausgabe der ›Juliette‹ (1797)

kaum Zweifel, welches Buch er beenden wollte. Wenn der Umfang eines Buches allein Maßstab für Qualität sein würde, entstand jetzt de Sades Meisterwerk. Es hatte etwa den doppelten Umfang von *Krieg und Frieden,* und wenn allein die Kraft einer fixen Idee Genie ersetzen könnte, gab es hier Genie im Überfluß. Es sollte de Sades großes literarisches Testament werden, eine endgültige ironische Aussage über die reine, absolute Revolution, deren Herrschaft sich über Moral, sexuelles Verhalten und jeden anderen Bereich menschlicher Belange genauso erstreckte wie über Politik und Regierung.

Der erste Teil des Romanes war die mittlerweile dritte und erweiterte Version von *Mißgeschick der Tugend,* das er 1787 in der Bastille begonnen hatte und das 1791 als *Justine* erschienen war. *Die neue Justine oder das Unglück der Tugend* war etwa fünfmal so lang wie die ursprüngliche Erzählung und war nur ein Prolog für das folgende und weitaus umfangreichere Werk, welches den Titel erhielt: *Die neue Justine oder das Mißgeschick der Tugend, gefolgt von der Geschichte ihrer Schwester Juliette oder das Gedeihen des Lasters.*

In der ursprünglichen Erzählung und auch in der zweiten Version war Juliette eigentlich nur ein literarisches Hilfsmittel, um die Erlebnisse ihrer tugendhaften Schwester effektvoller darstellen zu können. Der Welt in frühester Jugend bereits auf Gnade oder Ungnade ausgeliefert, gehen die beiden Schwestern verschiedene Wege. Es wird kurz beschrieben, daß Juliette sich jeder Art von Laster hingibt, einen vornehmen Mann heiratet, ihn aus dem Wege räumt und im übrigen reich, jung und schön ist. Juliette begegnet einer armen, jungen, offenbar tugendhaften Frau, die zum Tode verurteilt ist, und überredet diese ›Sophie‹ oder ›Thérèse‹, ihre Erlebnisse zu schildern. Es ist die Erzählung der vom Laster verfolgten und mißbrauchten Unschuld und so detailliert geschildert, daß Juliette in

›Sophie‹ oder ›Thérèse‹ schließlich ihre eigene Schwester Justine erkennt.

Selbst in ihrer stark erweiterten Form gehört die Geschichte zu den Erzählungen der vorrevolutionären Zeit, die sich mit Voltaires *Candide* oder Samuel Johnsons *Rasselas* vergleichen lassen. Der Held oder die Heldin, unschuldig, naiv und optimistisch, erleben bei ihrer Reise durch die Welt Heimsuchungen und Enttäuschungen, aus welchen der Leser eine Moral ziehen soll. De Sades Heldin überstand alle Schicksalsschläge mit mehr oder weniger intaktem Glauben an die Tugend.

Um die Geschichte zeitnaher zu gestalten, mußte noch eine nachrevolutionäre Komponente hinzugefügt werden, die weder Voltaire noch Johnson vorweggenommen haben konnten.

Justine schilderte Leiden und Qualen, für die man letzten Endes das Schicksal verantwortlich machen konnte, und machte die Erlebnisse des Opfers zum Mittelpunkt der Erzählung. Seit 1789 aber hatte de Sade ausreichend Zeit gehabt, den Geist und die Macht der Revolution aus eigener Anschauung kennenzulernen. Natürlich hatte es auch unter dem alten Regime Männer gegeben, die ihre Opfer mit Billigung der Gesetze folterten und töteten, doch wurden solche Übergriffe vor der Öffentlichkeit verborgen. Die Revolution führte das Schauspiel von Mord und Folter, in dem eher der Folterknecht als das Opfer die Hauptrolle spielte, einem begeisterten Publikum vor. In de Sades neuem, eindringlichem Roman wurde folgerichtig das Hauptgewicht nicht mehr auf das unschuldige Opfer gelegt, sondern auf die triumphierende Grausamkeit des Unterdrückers. *Juliette oder das Gedeihen des Lasters* bot der Welt eine totale, unverhüllte Revolution. Wie Verneuil in *Die neue Justine* erklärt, sind die wahren und bewundernswerten Revolutionäre Männer wie Tiberius oder Nero, die gewissenlos bereit waren, sämtliche moralischen Werte über Bord zu werfen, und die sich nicht damit begnügten, ein politisches System durch ein anderes zu ersetzen. Es ist falsch, Moral und Natur miteinander in Einklang bringen zu wollen, verkündet Noirceuil in *Juliette;* denn das Grundgesetz der Natur ist das Verbrechen und somit das einzige ›System‹, durch welches das Universum funktionieren kann. Wie Madame Delbène der jungen Juliette erklärt, liegt das wahre Glück im Verbrechen – »Was du nicht willst, daß man dir tu, das füge du den andern zu«. Politisch ausgedrückt ist es völlig richtig und natürlich, daß der Starke den Schwachen unterdrückt, gemäß dem Gesetz der Natur, wie Dorval es Juliette erläutert. Die Schwachen sind berechtigt, sich gegen die Starken zusammenzuschließen, falls sie dazu fähig sind, doch wird ihre Sache dadurch weder tugendhafter noch natürlicher. Wie einer der Helden in *Die neue Justine* empfiehlt, wird jeder vernünftige Tyrann Maßnahmen ergreifen, um eine Reaktion zu verhindern und wird versuchen, dieses ›Ungeziefer‹ unter Kontrolle zu bringen oder auszurotten.

Unerschütterlich und besessen von seiner Idee präsentiert de Sade dieses Thema in sämtlichen zehn Bänden der Doppel-Erzählung. Hin und wieder nur gestattet er einen Seitenblick auf einen anderen Standpunkt. Dazu gehört zum Beispiel seine Attacke gegen Lamettrie, auf dessen Philosophie er sich bisher gestützt hatte. Nun wirft er ihm plötzlich vor, nicht begriffen zu haben, daß nur das Verbrechen geeignet sei, die menschliche Maschine in Gang zu halten. Im Fall des Noirceuil wird dem Leser empfohlen, Lamettries Ansichten nicht allzu ernst zu nehmen, da es die Spezialität dieses Mannes sei, absurde Behauptungen mit genialen Argumenten zu begründen.

Mag auch seine Idee mehr oder weniger intakt bleiben, die Logik des Buches bleibt es nicht. Im gleichen Augenblick, in dem er seinen Personen den überlieferten Glauben an das ewig Göttliche nimmt, beschert er seinen Helden einen neuen, andersartigen Glauben. Saint-Fond glaubt an die höhere Macht des Bösen und hält das Fegefeuer sowohl für glaubhaft als auch für bewundernswert. Auch Juliette glaubt an eine höhere Gewalt des Bösen, und es ist nicht überraschend, daß sie Papst Pius VI. dazu bringt, im Petersdom eine Schwarze Messe zu zelebrieren. In dieser Hinsicht enthält der Roman nur wenig, das nicht an den altbekannten Teufelskult erinnern würde.

Niemand weiß, was de Sade mit seinem Buch bezweckte, jedenfalls leugnete er ständig und ganz energisch, dessen Autor zu sein. Als literarisches Erzeugnis zielt es augenscheinlich darauf ab, den Leser auf einen Standpunkt zu bringen, der dem Juliettes und ihrer Freunde entgegengesetzt ist. Im Europa des 18. Jahrhunderts schienen der finsterste Despotismus und selbst die engherzigste Bigotterie noch um vieles akzeptabler zu sein, als die in dem Roman geschilderte moralische Revolution. Der Triumph des Verbrechens und die Auslöschung jeglicher Menschlichkeit können politisch nicht überzeugen, genauso wie die Fäkalien-Kost des Kannibalen Minski auf sexuellem Gebiet für die Mehrheit nicht attraktiv ist. Allem Anschein nach will de Sade eher abstoßen als anziehen.

Vielleicht versuchte de Sade für die Französische Revolution das zu tun, was George Orwell später mit seiner *Farm der Tiere* für die Russische Revolution getan hat. Aus de Sades Briefen geht jedenfalls hervor, daß er die extremen revolutionären Doktrinen der Jakobiner scharf ablehnte. Zwischen der ›Gesellschaft der Freunde der Verfassung‹ und der ›Gesellschaft der Freunde des Verbrechens‹ in *Juliette* besteht eine burleske Ähnlichkeit.

Teile des Romans kann man als Groteske bezeichnen. Da ist zum Beispiel Minski, der sich nicht nur von den schönsten Mädchen seines Harems ernährt, sondern sie auch zwingt, ihre Körper derart miteinander zu verschlingen, daß sie Stühle und Tische formen, als Kerzenständer benutzt werden können oder als Abstelltische für die heißen Platten der Mahlzeit. Wenn die Schmausenden Wein verlangen, kommen die Sideboards unbeholfen angewatschelt, denn auch sie bestehen aus ineinander verschlungenen Mädchenleibern. Die Komik der lebenden und gehorsam durch den Raum schlurfenden Möbel wird durch gleichzeitig geschilderte Grausamkeiten wieder abgeschwächt. Es wird erzählt, daß die ›Tische‹ erschauern, wenn die heißen Platten auf Brüsten und Hinterteilen abgestellt werden, die ihre Oberfläche bilden. Minskis Gäste beginnen ihr enormes Diner mit einer »zweipfündigen Portion Knabenschinken«, und am Ende des Abends hat Minski sein kannibalisches Mahl mit dreißig Flaschen Burgunder hinabgespült.

Bei anderen Gelegenheiten wird der düstere Humor des Buches völlig der Grausamkeit untergeordnet. Während ihrer Reise südlich von Neapel genießen Juliette und ihre Gefährten die Gastfreundschaft einer schönen Witwe und ihrer drei Töchter. Sie bringen diese Unschuldigen in ihre Gewalt und unterwerfen sie jeder erdenklichen Form von Leiden und sexueller Erniedrigung, wie man sie nur in einem von de Sades Dramen erwarten kann. Die Frau wird zur Mithilfe gezwungen, als man ihre Töchter vergewaltigt und sodomiert, und als mit der Mutter in gleicher Weise verfahren wird, müssen die Töchter assistieren. Schließlich wird die Mutter gezwungen, ihre Töchter zu foltern, während die ›Helden‹ der Szene ihr das Hinterteil mit Dolchen kitzeln, um keine Zweifel darüber aufkommen zu lassen, welches Schicksal ihr bevorsteht. Diese und zahlreiche Szenen der gleichen Art haben de Sade berüchtigt gemacht. Ob er ein Freund oder Feind der Revolution war, ob auf dem Gebiet der Moral oder Religion revolutionär oder konterrevolutionär, der erzählende Teil seiner Romane ist unleugbar von erotischer Grausamkeit.

Eingeleitet durch *Die neue Justine,* erschien *Juliette* 1797 in einer zehnbändigen Ausgabe mit etwa hundert Illustrationen. Im September des gleichen Jahres übernahm das Direktorium in einem Staatsstreich die Macht über die französische Republik und bestimmte, daß nach dem Tumult von Freiheit und Gleichheit jetzt Gesetz und Ordnung wieder Geltung haben sollten. Das war nur der erste Schritt auf dem Wege zur Konsolidierung der absoluten Macht: Zwei Jahre später mußte dann das Direktorium einem Ersten Konsul in Person Napoleon Bonapartes weichen. Vorläufig aber war de Sade zufrieden. Fünf gebundene Exemplare seines neuen Romanes ließ er an die Mitglieder des Direktoriums schicken.

Nicolas Restif de la Bretonne,
Stahlstich nach einer Zeichnung von Binet

Nachdem die Revolution die Zensur abgeschafft hatte, konnte man in allen Pariser Buchläden erotische Romane, die jedem sexuellen Geschmack entsprachen, ungehindert kaufen. Es war nicht abzusehen, ob dieser Status erhalten bleiben würde, doch als die *Neue Justine* und *Juliette* erschienen, bestand weder für den Autor noch für den Verleger die Gefahr einer Verfolgung.

Aber selbst wenn man keine Verfolgung zu befürchten hatte, gab es immerhin noch reichliche Gelegenheiten, der öffentlichen Mißbilligung anheimzufallen. Restif de la Bretonne, der in den *Nuits de Paris* (1788) bereits sensationell aufgemachte Gerüchte über die Affären in Arceuil und Marseille gebracht hatte, wandte seine Aufmerksamkeit jetzt de Sades literarischen Vergehen zu. Restif selbst hatte beachtliche Erfolge als Pornograph, nun aber behauptete er, daß de Sades Werk einem ehrlichen Beruf Schmach und Schande einbringe. Er nannte de Sade ein »Ungeheuer« und veröffentlichte 1798 *Die Anti-Justine.* Damit wollte er beweisen, daß man einen durchaus adäquaten pornographischen Roman schreiben konnte, ohne in derartigen Exzessen zu schwelgen, wie es de Sades Manier war. Und während er noch über de Sades Grausamkeiten und Unanständigkeiten jammerte, bescherte er der Welt sein eigenes kleines Potpourri von Gruppensex, lesbischer Liebe, Inzest und Sodomie.

Man darf ruhig annehmen, daß Restif weit eher von Neid als von moralischer Empörung erfüllt war, aber es fanden sich andere, die nun begannen, de Sade öffentlich als den Verfasser der *Justine* zu schmähen. Seine Urheberschaft war nach wie vor umstritten. In ihrer Ausgabe vom April 1798 behauptete zum Beispiel die Zeitschrift ›Le Cercle‹ in einer Todesanzeige für den Bürger Langle, daß dieser der Verfasser der *Justine* gewesen sei. Das ›Journal de Paris‹ erwiderte spöttisch, »jedermann wisse, wer der richtige Autor sei, »ein gewisser Herr de Sade, der am 14. Juli durch die Revolution aus seiner Zelle in der Bastille befreit wurde.« Überdies sei der in der Todesanzeige genannte Bürger Langle noch am Leben.

Drei Tage später schrieb de Sade an das ›Journal de Paris‹ und beklagte sich über die »Beleidigung«. Er setzte hinzu: »Es ist falsch, absolut falsch, mich als den Autor des Buches *Justine oder das Mißgeschick der Tugend* zu bezeichnen.« In Zukunft, so warnte de Sade die Leser, sei er entschlossen, gesetzliche Schritte zu unternehmen »gegen die erste Person, die glaubt, sie könne mich als den Autor dieses üblen Buches bezeichnen und ungeschoren damit durchkommen«.

1799, im Jahr darauf, berichtete die Presse, daß de Sade, der Autor der berüchtigten *Justine,* tot sei. Ärgerlich schrieb de Sade an den ›Ami des Lois‹, daß sie ihn mit dieser Feststellung verunglimpft und getötet hätten. »Ich hoffe, Sie werden die Güte haben, diesen Beweis meiner Existenz zusammen mit meiner entschiedenen Verneinung, Autor der berüchtigten *Justine* zu sein, zu veröffentlichen.« Er schrieb an den Herausgeber des ›Tribunal d'Apollon‹ und versprach, ihm mit ein paar Stockhieben zu beweisen, wie lebendig er, de Sade, noch sei. »Zu behaupten, ich sei der Autor der *Justine,* ist eine Unterstellung«, fügte er hinzu. Und da die Revolution so gut wie überstanden war, unterzeichnete er als Ex-Comte de Sade.

Doch damit war die Angelegenheit noch nicht erledigt. 1800 veröffentlichte er eine Sammlung von Erzählungen, die er *Verbrechen der Liebe* nannte, eine Arbeit des öffentlich respektablen de Sade. Die Sammlung wurde am 22. Oktober 1800 im ›Journal des Arts, des Sciences et de la Littérature‹ rezensiert. »Ein abstoßendes Buch«, schrieb Villeterque, »das Werk eines Mannes, den man verdächtigt, einen noch abstoßenderen Roman geschrieben zu haben.«

Das war, welchen Maßstab man auch anlegen mochte, eine unfaire Kritik. Die Erzählungen waren nicht abstoßend. De Sade erwiderte, daß Villeterque ein Schreiberling sei und das zur Rezension vorliegende Buch gar nicht gelesen habe. Und was die *Justine* betreffe, forderte er ihn auf, doch zu beweisen, daß er, de Sade, der Autor dieses »noch abstoßenderen Romanes« sei.

Vielleicht leugnete de Sade die Urheberschaft an diesem Buch so hartnäckig, weil er fühlte, daß nicht er, sondern sein düsteres *alter ego* es geschrieben hatte, doch sein Leugnen nützte wenig. Den meisten Lesern war klar, wer der Autor war, leider war aber auch klar, daß ihm sein Werk nicht die finanzielle Sicherheit gebracht hatte, die er erhofft hatte. Um Marie-Constance, ihren Sohn und sich zu erhalten, hatte er vergebens versucht, eine Anstellung als Verwalter einer Bibliothek oder eines Museums zu finden. 1798 war alles Geld, das er für seine Bücher erhalten hatte, aufgebraucht, und er mußte sein Quartier in Saint-Ouen bei Paris verlassen.

Im Januar 1799 schrieb er an Gaufridy und schilderte ihm sein tiefes Elend. Er war völlig außerstande, für sich und seine Familie eine Unterkunft zu finden. Marie-Constance hatte bei Freunden Unterschlupf gefunden und ging einer Arbeit nach, um wenigstens ein bißchen Geld zu beschaffen. De Sade, das Kind und eine ehemalige Hausangestellte lebten in Versailles in einer Scheune. Sie hielten sich mit vier Sous pro Tag, die de Sade als Handlanger am Theater verdiente, und dem Geld, das Marie-Constance ihnen senden konnte, am Leben. Sie war, wie de Sade erklärte, ein wahrer Engel.

Seine Armut hatte ein solches Ausmaß erreicht, daß ihm der kalte Winter von 1795 vergleichsweise als eine Zeit des Überflusses erschien. Zu Neujahr 1800 schrieb er an Gaufridy, er sei halbverhungert aufgefunden worden und befinde sich jetzt in einem ungeheizten Saal eines öffentlichen Hospitals. Immerhin hatte er noch die Kraft, mit bitterem Zorn das Elend zu beschreiben, in das seine sogenannten Freunde ihn gebracht hatten. Was immer er je besessen hatte, war vom Staat kassiert worden, und doch versuchte dieser Staat im Februar 1800, ihn wegen seiner Schulden einzusperren. Wie hätte er keine Schulden haben sollen? Die Summen, die er schuldete, waren enorm und für ihn völlig unwirklich. Als Folge seiner Trennung von Renée-Pélagie schuldete er ihr hundertsechzigtausend Livres. Es hätten ebensogut hundertsechzig Millionen sein können. Jetzt, im Alter von sechzig Jahren, wurde er selbst von amtlicher Seite als »völlig mittellos und gebrechlich« bezeichnet.

Dennoch gelang es de Sade, seine Gesundheit und auch seine Solvenz wenigstens so weit wiederherzustellen, daß er mit Marie-Constance nach Saint Ouen zurückkehren konnte. Während seiner Zeit in Versailles hatte es einen weiteren Staatsstreich gegeben, durch den Frankreich unter die Herrschaft Napoleon Bonapartes kam. Jetzt war weniger von Freiheit und Gleichheit als von straffer Führung und moralischer Besserung die Rede. Am 6. März 1801 erhielt de Sade im Hause seines Verlegers einen unerwarteten Besuch: Es waren Polizeibeamte, die ihn verhafteten – zum siebentenmal innerhalb von achtunddreißig Jahren.

Es ist nicht ganz sicher, ob der Grund für de Sades Verhaftung *Juliette* oder ein angeblich von ihm stammendes Pamphlet *Zoloé und die zwei Akolythen,* das sich mit Nepoleon und Josephine befaßte, war.

Allem Anschein nach und auch de Sades eigener Behauptung nach schien *Juliettte* die Ursache zu sein. Wenn man vorhatte, die Pariser Buchläden zu ›reinigen‹, konnte es wohl kaum ein lohnenderes Ziel geben als die berüchtigte *Juliette* und ihren nicht weniger berüchtigten Verfasser. Folglich hatte die Polizei die Geschäftsräume von de Sades Verleger, Nicolai Massé, durchsucht, wo sie Kopien von *Juliette* und anderer erotischer Schriften in de Sades Handschrift fanden. Massé zog es vor, mit den Behörden zusammenzuarbeiten und wurde daraufhin wieder freigelassen. De Sade aber wurde eingesperrt, zuerst im Gefängnis von Saint-Pélagie, dann in Bicêtre.

Marie-Constance schwor, ihn niemals verlassen zu wollen, aber die Zukunft sah wenig vielversprechend aus. Die Polizei behauptete, daß sie in dem Haus in Saint-Ouen verschiedene obszöne Kunstgegenstände gefunden habe, darunter auch einen Wandteppich, auf welchem die schlüpfrigsten Szenen aus *Juliette* dargestellt waren. Während seiner Haft in Saint-Pélagie schrieb de Sade an Napoleons Justizminister Fouché und verlangte wieder einmal, entweder vor Gericht gestellt oder freigelassen zu werden. Zwei Jahre vergingen, dann öffneten sich die Tore von Saint-Pélagie, jedoch nur, um ihn nach Bicêtre zu verlegen. Grund für die Überführung waren Beschwerden von Mithäftlingen, die behaupteten, daß de Sade sie sittlich verderbe.

Im März 1803 traf de Sade in dem neuen Gefängnis ein, doch sollte er dort nicht lange bleiben. Die Familie de Sade hatte sich mit der Regierung Napoleons arrangiert. Man war sich einig darüber, daß es für den dreiundsechzig Jahre alten ehemaligen Marquis nicht passend sei, bis ans Ende seiner Tage in dem schmutzigsten aller Pariser Gefängnisse zu sitzen – besonders in einer Zeit, die begann, Aristokratie wieder für vornehm zu halten. Falls die Regierung de Sades Verlegung in das Irrenhaus von Charenton zustimme, werde die Familie sich jeder Unterstützung seiner Petitionen um Freilassung enthalten. Auf diese Weise würde er sicher verwahrt sein, aber, wie es sich für einen Edelmann schickte, einen eigenen Raum und Zugang zum Garten haben. Er sollte Besucher empfangen und sogar Marie-Constance bei sich behalten dürfen. Natürlich werde die Familie für alle Kosten aufkommen. Es war die reine Ironie: Nachdem de Sade nun in sicherer Verwahrung saß, hatte man der Familie den Rest ihres Vermögens zurückgegeben.

Man muß diese Art von Wiedergutmachung wohl für ein höchst akzeptables Abkommen gehalten haben. De Sade würde in einem Stil leben, um den ihn die meisten seiner Landsleute beneiden mußten, während die Gesellschaft von seinen ausschweifenden Taten und noch ausschweifenderen Gedanken verschont blieb. Das Alter der durchschnittlichen Lebenserwartung hatte er bereits überschritten, wahrscheinlich hatte er nicht mehr allzulange zu leben. Und was besonders wichtig war: Bedurfte nicht gerade er ganz besonders der Beobachtung jener Ärzte und deren Assistenten, die auf Behandlung von Geisteskranken spezialisiert waren?

De Sade hatte bei der ganzen Angelegenheit wenig mitzureden, doch wußte er, daß Charenton um vieles angenehmer sein würde als Bicêtre. Mit einer gewissen Form von Überwachung mußte er natürlich rechnen, auch durfte er nicht nach eigenem Ermessen mit den übrigen Insassen zusammentreffen. Aber man würde ihn wenig belästigen und sich noch weniger in sein Leben einmischen. Wenn auch er selbst Charenton nicht verlassen durfte, konnte er doch Besuch empfangen, und Marie-Constance stand es frei, in Paris Besorgungen zu machen und alles, was de Sade wünschte, einzukaufen.

Natürlich hörte er nicht auf, in Petitionen an Napoleon selbst, aber auch an subalterne Beamte seine Freiheit zu verlangen, doch sein Ton war jetzt eher wehmütig als empört. Die wahre Freiheit hatte für de Sade immer in seinem Geist gelegen, und die offiziellen Übergriffe auf dieses individuellste Gebiet trafen ihn am heftigsten. Bald wurde er zum Streitobjekt zwischen dem Leiter der Anstalt, Abbé de Coulmier, der Geisteskrankheiten gegenüber aufgeklärt und human war, und den Vertretern von Gesetz und Ordnung, die de Sade am liebsten für den Rest seines Lebens in der finstersten Zelle von Saint-Pélagie oder Bicêtre gesehen hätten. Der Polizeipräfekt Dubois beklagte sich bitter über de Sades Bevorzugung, denn er hielt ihn nicht für verrückt, es sei denn, daß der Zustand ständiger sexueller Raserei Irrsinn sei. Die Polizei hielt sich auf ihre Weise schadlos, indem sie de Sades Zimmer durchsuchte und beschlagnahmte, was an Schriften zu finden war. Der Marquis war fassungslos vor Zorn.

Der Abbé de Coulmier dagegen war ein angenehmer, kultivierter Mann. Er glaubte, man könne Geisteskrankheiten mit bestimmten Therapien heilen, und hielt das Theater für eine der erfolgreichsten therapeutischen Methoden. Wie auch immer sich die Helden in de Sades Romanen geäußert haben mochten, er selbst bewunderte Männer wie Coulmier und Pater Massilon. Ihre Predigten las er mit Vergnügen und hielt beide weder für fanatisch noch bigott, sondern für humane, intelligente Geistliche. Zum Erstaunen vieler und zur Empörung einiger, zu denen auch der Polizeipräfekt gehörte, kehrte de Sade zu den Sakramenten der Kirche zurück. Dubois war entsetzt, als er hörte, daß man dem verrufenen Autor gestattet hatte, am Ostersonntag des Jahres 1805 praktisch in aller Öffentlichkeit die Kommunion zu empfangen. Dubois behauptete, daß dieser Vorgang alle Anwesenden in Zorn versetzen und sogar einen Aufstand hätte bewirken können.

De Sade blieb weiterhin dabei, seine Urheberschaft an jenen Werken, welche der finstersten Seite seiner Phantasie entsprungen waren, abzuleugnen. Wie vorher in Vincennes und in der Bastille war er auch jetzt in zwei Persönlichkeiten gespalten, die beide ihr eigenes Werk produzierten. Für die Öffentlichkeit war er der Autor von *Verbrechen der Liebe, Oxtiern,* zahlreichen, niemals aufgeführten Theaterstücken und einer Reihe politischer Pamphlete, die er im Auftrag der Sektion des Piques geschrieben hatte, und damit sollte es sein

Bewenden haben. Tatsächlich waren alle, die ihm in Charenton begegneten, überzeugt, daß diese Seite seiner wahren Natur entsprach. Über die Frage, ob de Sade die anderen willentlich irreführte, um seine Freiheit zu erlangen, oder ob er zu dieser Zeit bereits selbst an seine Behauptungen glaubte, lassen sich nur Vermutungen anstellen.

In der Anstalt verfügte de Sade über eine umfangreiche Privatbibliothek, konnte den Garten benutzen, empfing Besucher und genoß etlichen Komfort. Er wandte sich jetzt dem Schreiben historischer Romane zu, aber das Ergebnis war langweilig und in keiner Weise sensationell. Inzwischen war ihm wieder bewußt geworden, daß das große, geheime Drama, welches er in *Die 120 Tage von Sodom* und später in *Die neue Justine* und in *Juliette* darstellen wollte, noch immer nicht für kommende Generationen gesichert war. Als er sich zum drittenmal diesem Thema zuwandte, wollte er sich nicht wiederholen, sondern ein verlorengegangenes Werk ersetzen. Soweit er wußte und die ganze Welt hundert Jahre lang vermutete, waren *Die 120 Tage von Sodom* beim Sturm auf die Bastille 1789 vernichtet worden. Sämtliche Kopien von *Die neue Justine* und von *Juliette,* einschließlich de Sades Originalmanuskript, hatte die Polizei in Massés Verlag beschlagnahmt und vernichtet. Natürlich gab es noch ein paar Exemplare in privater Hand, aber diese bildeten keine Garantie für das Überleben eines Buches. In England hatte es ein paar sehr populäre erotische Bücher gegeben wie *Die Schule der Venus,* die seit ihrer gerichtlichen Verfolgung 1740 völlig verschwunden waren.

Im Frühling 1806 ging de Sade zum drittenmal daran, das düstere Melodrama zu formulieren, das sich – sobald er seiner Freiheit beraubt war – seinem geistigen Auge so lebhaft darstellte. Er bekannte sich als Autor der *Justine* und entlieh aus seinen früheren Büchern, so als seien sie sämtlich verlorengegangen, Fragmente

Napoleon I.
in seinem Arbeitszimmer,
Gemälde von
Jacques Louis David
(National Gallery of Art, Washington)

und Personen und mischte sie zu einem monströsen Werk, an welchem er nach seinen eigenen Angaben dreizehn Monate lang arbeitete. Das fertige Werk füllte beinahe hundert Notizhefte. De Sade nannte es *Die Tage von Florbelle oder die entschleierte Natur.* In den Roman eingebaut waren zwei Erzählungen, in denen er die Hauptpersonen zu Wort kommen ließ: die *Memoiren des Abbé de Modose* und *Die Abenteuer der Emilie de Volnange.* Für die Abenteuer auf Schloß Florbelle selbst verwandte de Sade Personen aus seiner *Philosophie im Boudoir.* Madame de Mistival wurde gefoltert und umgebracht (was de Sade nicht näher beschreibt), während sich ihre Tochter, die fünfzehnjährige Eugénie, begeistert jeder Form von sexueller Ausschweifung hingibt. Offenbar enthielt das Buch Episoden, die selbst für de Sade neue Dimensionen erreichten und in denen wie in einem römischen Zirkus nackte Frauen mit wilden Tieren kämpfen mußten.

Im Juni 1807, kurz nach Beendigung des Buches, durchsuchte die Polizei wiederum de Sades Zimmer in Charenton. Sie beschlagnahmte etliche Manuskripte, darunter auch *Die Tage von Florbelle,* die sie für obszön und blasphemisch erklärte. Die Notizhefte wurden der übrigen Kollektion de Sadescher Schriften beigefügt, die sich in Verwahrung der Polizei befanden und die teilweise aus der Razzia in Massés Verlag im Jahre 1801 stammten. De Sade sah sein Werk niemals wieder. Nach seinem Tode bemühte sich sein jüngerer Sohn, Donatien-Claude-Armand, der während der Revolution nach Malta gegangen war, den guten Namen der Familie wiederherzustellen. Er wandte sich an das Justizministerium und verlangte, daß derartiges Material wie *Die Tage von Florbelle* verbrannt werden solle. Die Polizei war damit einverstanden und verbrannte die Notizhefte in Anwesenheit des besorgten Edelmannes. Das gleiche Schicksal erlitten andere Manuskripte de Sades, welche Donatien-Claude-Armand im Besitz der

Königlichen Bibliothek, der späteren Nationalbibliothek, entdeckte.

Der Siebenundsechzigjährige in Charenton mochte über die Eingriffe in sein literarisches Schaffen toben, soviel er wollte. Er war nicht in der Lage, sich einer polizeilichen Durchsuchung zu widersetzen, und es war klar, daß er niemals wieder die Chance haben würde, ein Buch wie *Die Tage von Florbelle* fertigzustellen oder gar zu veröffentlichen. Die Polizei war davon überzeugt, daß er den Roman nicht nur zu seinem Vergnügen geschrieben hatte. Vielmehr schien er im Geheimen geplant zu haben, das Manuskript nach draußen zu schmuggeln, es per Schiff nach Deutschland zu bringen und es in Leipzig drucken zu lassen. Von dort aus konnten die Kopien dann nach Frankreich zurückströmen und ihren Platz neben *Die neue Justine* und *Juliette* einnehmen, die noch in den Regalen unbotmäßiger Buchhändler in der Provinz zu finden waren.

Natürlich hatte man von offizieller Seite nichts dagegen, wenn de Sade harmlose Romane schrieb und sie sogar veröffentlichen ließ, wenn er das wollte. Das würde zumindest seinen Geist wohltuend beschäftigen. Sowohl seine Familie als auch die Behörden waren darauf bedacht, den hungernden, zügellosen Autor in einen zahmen, wohlgenährten Schreiberling zu verwandeln. Die Beschlagnahme und Zerstörung solcher Manuskripte wie *Die Tage von Florbelle* folgten diesem Ziel. Ein einziges Notizheft überlebte die endgültige Verbrennung. Ein Polizist schenkte es als Andenken an das ›Monster‹ von Charenton einem Freund. Es enthielt de Sades Entwurf, gerade genug, um den Umriß der Handlung und ein paar Hinweise auf einige der Hauptpersonen und Ereignisse erkennen zu lassen.

Seine Bewacher fanden einen anderen, behutsameren Weg, de Sades literarische Exzesse zu zähmen. Er war von jeher an der Geschichtsforschung interessiert gewesen. Als er von den sechziger in die siebziger Jahre überging, schien sein Interesse an historischen Themen zuzunehmen. Also stellte man ihm eine ausgezeichnete Bibliothek zur Verfügung, die geeignet war, seine Gedanken in diese Richtung zu lenken. Im Herbst 1807 begann de Sade denn auch sich mit dem Projekt eines historischen Romanes zu beschäftigen und schrieb schließlich *Die Marquise de Gange,* ein Buch, das ohne Einwände 1813 veröffentlicht wurde. Es basierte auf einer wahren Begebenheit, welche sich Mitte des 17. Jahrhunderts zur Zeit des unmündigen Königs Ludwig XIV. zugetragen hatte. Vor den Hintergrund düsterer, drohender Gewalt stellt die Erzählung ein unschuldiges, verfolgtes Mädchen: Euphrasie, Marquise de Gange. In dieser Hinsicht erinnert das Buch an die beliebten romantischen Romane zu Anfang des 19. Jahrhunderts. Von der Familie und ihrem Ehemann gequält, wird die Heldin eingesperrt, mißhandelt und schließlich von ihren Peinigern gezwungen, Gift zu nehmen. Der Nachklang von *Das Mißgeschick der Tugend* ist nicht zu überhören, doch in diesem Falle ereilt die Rache des Himmels die Schuldigen. In dem Buch stellt de Sade sich wieder als öffentlicher Autor und Moralist dar.

Danach, im Herbst 1812, schrieb de Sade *Adelheid von Braunschweig, Prinzessin von Sachsen.* Er war nun zweiundsiebzig Jahre alt, und wenn man bei der Lektüre feststellt, daß seine Geisteskraft zu schwinden begann, urteilt man noch milde über die Qualität dieses Romanes. Die Charaktere sind verschwommen, und die Wanderungen der Heldin durch das Europa des 11. Jahrhunderts werden sehr bald langweilig. Der Roman wurde erstmals 1954 – denn zu dieser Zeit ließ sich von de Sade einfach alles verkaufen – als englische Übersetzung in den Vereinigten Staaten veröffentlicht. Er enthielt nicht die kleinste Unzüchtigkeit oder Ungehörigkeit, seine Moral besagt tatsächlich, daß nur Gottes Hilfe die Menschheit vor dem äußersten Elend bewahren kann, aber die Darstellung ist reichlich ermüdend. Das gleiche gilt für de Sades letzten Roman: *Die geheime Geschichte der Isabella von Bayern, Königin von Frankreich.* Vom Frühling 1813 bis in den Herbst 1814 war er mit dem Schreiben und Korrigieren dieser Erzählung beschäftigt. De Sade stellte die Königin, die im ausgehenden 14. und zu Beginn des 15. Jahrhunderts lebte, fast als eine ›Juliette‹ dar, die in allem Bösen schwelgt. In ihrem Privatleben sucht sie Befriedigung in Bordellen, im öffentlichen Leben beteiligt sie sich an verschiedenen Verbrechen. Sie betreibt den Sturz Richard II. von England und die Verurteilung der Jeanne d'Arc. Frankreich erduldet die Wirren eines Bürgerkrieges und die Schrecken einer Invasion. Nach dem Sieg Heinrichs V. bei Azincourt wird das französische Reich kaum mehr als ein Unterpfand des englischen Königs. Obgleich wirklich viele Sensationen geschildert werden, ist dennoch leicht zu verstehen, warum auch dieser Roman bis in die 1950er Jahre unveröffentlicht blieb.

Daneben versuchte sich de Sade in Charenton an verschiedenen Theaterstücken. Dabei konnte er seine Energie nutzbringender einsetzen als bei der Produktion von historischen Romanen. Laut Bericht des Kavallerieoffiziers Hippolythe de Colins, der Charenton besuchte und 1812 über das Leben in der Anstalt berichtete, wurden die Insassen grundsätzlich nicht selbst als Schauspieler eingesetzt. Einigen von ihnen (er erwähnte besonders de Sade) wurden zwar Rollen übertragen, im allgemeinen jedoch verließ man sich auf Berufsschauspieler und Tänzer, die in Charenton Gastrollen übernahmen. Die Therapie durch Schauspiele beschränkte sich demnach für die meisten Patienten auf bloßes Zuschauen ohne eigene Aktivitäten, Colins bezweifelte denn auch den Wert dieser Veranstaltungen, denn er befürchtete, daß ein aufregendes Drama den meisten Insassen von Charenton eher schaden als sie beruhigen könne.

Es ist gut möglich, daß die progressiven Ansichten des Abbé de Coulmier von den eingeladenen Gästen höher geschätzt wurden als von den Patienten selbst. De Sade lud eine ganze Reihe von Bekannten in das Theater von Charenton ein, unter anderen auch Madame de Cochelet, eine Hofdame der Königin von Holland. Schließlich muß sich wohl Napoleons zuständiger Minister der Ansicht Colins' über den eher nachteiligen Effekt des Schauspiels auf die Geisteskranken angeschlossen haben, denn von 1813 an wurde jede weitere Aufführung verboten.

Für den Rest seines Lebens blieb de Sade Marie-Constance treu ergeben. Das einzige Mitglied seiner eigenen Familie, für welches er aufrichtige Zuneigung empfand, war sein ältester Sohn Louis-Marie. Der junge Mann befaßte sich nicht nur mit Musik und Kunst, er hatte auch bereits den ersten Band einer *Geschichte der französischen Nation* geschrieben und veröffentlicht. Ohne Zweifel wäre er ein gern gesehener Besucher in Charenton gewesen, und de Sade mag gehofft haben, Louis-Marie werde seinen Einfluß für die Freilassung seines Vaters verwenden. Doch der junge de Sade hatte patriotische Pflichten. Er war wieder der Armee beigetreten und nahm an Napoleons Feldzügen teil. Er machte 1806 die Schlacht von Jena mit und wurde im Jahr darauf in den Kriegsberichten erwähnt. Es schien, als könne er alle die unerfüllten militärischen Ambitionen seines Vaters erfüllen. 1809 sandte man ihn in die politisch unruhigen italienischen Provinzen des neuen napoleonischen Weltreichs. Am 9. Juli wurde er in der Nähe von Otranto in Apulien aus dem Hinterhalt überfallen und getötet.

Übrig blieben der zweite Sohn, Donatien-Claude-Armand, und die Tochter Madeleine-Laure. Madeleine-Laure blieb unverheiratet. Sie starb 1844 und wurde im Grab ihrer Mutter in Echauffour beigesetzt. Donatien-Claude-Armand de Sade, der künftige Erbe seines Vaters, hatte 1808 beschlossen, seine Cousine Louise-Gabrielle-Laure de Sade zu heiraten. Aus seiner Verwahrung in Charenton heraus mißbilligte der Marquis diese Verbindung heftig, aber seine Erlaubnis war nicht gefragt, und seine Proteste verhallten ungehört. Zwischen Donatien-Claude-Armand und seinem Vater gab es kaum Sympathie und noch weniger Verständnis. Als am 7. Juli 1810 Renée-Pélagie starb, kann dieses Ereignis ihren siebzigjährigen Ehemann kaum mehr berührt haben. In seinen berüchtigten Romanen hatte er Mitgefühl und Erbarmen stets belächelt. Dennoch schrieb er in ein privates Tagebuch, daß er am 40. Todestag seines Vaters bitterlich geweint habe, und er weinte auch, als Marie-Constance krank wurde und er befürchten mußte, daß sie sterben könnte.

Zum Glück erholte sie sich wieder. Sie war jetzt eine etwas behäbige Frau mittleren Alters, die zwischen Paris und Charenton hin und her pendelte, entweder in eigener Angelegenheit oder um für den ältlichen Edelmann, der ihr Gefährte war, Besorgungen zu erledigen. Von Zeit zu Zeit drohte man de Sade mit dem Gefängnis von Bicêtre, für den Fall, daß er sich unbotmäßig benehme, und es mag wohl in erster Linie der Gedanke an die Trennung von seiner Gefährtin gewesen sein, der ihn veranlaßte, sich zu fügen und seinen Zorn hinunterzuschlucken. Man darf bezweifeln, daß diese Drohungen ernst gemeint waren. De Sades Familie war gegen eine Rückführung in das Gefängnis, und selbst Donatien-Claude-Armand, der die Bücher seines Vaters verabscheute, wollte nicht als Sohn eines Gefängnisinsassen bekannt werden.

1809 hoffte de Sade immer noch, aus Charenton freizukommen. Er war halb erblindet und litt an Gicht und Rheumatismus. Er schrieb an Napoleon Bonaparte und bat, aufgrund seiner angegriffenen Gesundheit entlassen zu werden. Napoleon überlegte sich den Fall und entschied dann, daß de Sade für den Rest seines Lebens in Charenton bleiben müsse. Nach dieser Entscheidung hatte es wenig Sinn, noch weiterhin zu hoffen. De Sade und Marie-Constance schmiedeten zwar sehnsüchtige Pläne für die Zeit nach seiner Entlassung, aber das waren bloße Tagträume.

Ein höchst bemerkenswerter Umstand aus de Sades letzten Jahren in Charenton wurde erst 1970 nach der Veröffentlichung seines privaten Tagebuchs bekannt. Eine der Angestellten in Charenton war Madame Le-

Imaginäres Porträt de Sades von Man Ray, 1938

clerc, mit irgendwelchen Aufgaben in der Verwaltung der Anstalt beschäftigt. Sie hatte eine Tochter, Madeleine, die gerade erst zwölf Jahre alt war, als sie de Sade zum ersten Male auffiel. Nichts weist zunächst auf eine Verbindung zwischen dem zwölfjährigen Mädchen und dem achtundsechzigjährigen Marquis hin, aber als Madeleine ein oder zwei Jahre älter war, erlaubte ihr die Mutter, de Sades Mätresse zu werden. Marie-Constance hatte ihr eigenes Schlafzimmer, so daß de Sade das Mädchen unbemerkt von ihr empfangen konnte, wann immer ihn danach gelüstete. Madeleine arbeitete tagsüber als Näherin und verlegte ihre Besuche auf die Abende. Es scheint, daß Mutter und Tochter sich durch de Sades Beziehungen zum Theater Protektion für eine Bühnenlaufbahn Madeleines erhofften. Kein Wunder, daß auch Madeleine schwor, ihn niemals zu verlassen, als sie hörte, daß er mit Marie-Constance Pläne für die Zeit nach seiner Entlassung schmiedete.

Im Herbst 1814 war Madeleine siebzehn und de Sade vierundsiebzig Jahre alt. Man weiß nicht, was sie dazu bewog, eine willige Schülerin seiner bizarren sexuellen Ambitionen zu werden. Die Details, die er seinem Tagebuch anvertraute, befassen sich mit ihren geistigen Anlagen, ihrem Benehmen und selbst mit so trivialen Angelegenheiten wie der Rasur ihrer Schamhaare. Mit Marie-Constance, die alle Besorgungen für ihn erledigte, mit Madeleine, die sich seinen sexuellen Launen unterwarf, mit reichlich Essen und Trinken, einer guten Bibliothek, einem Garten und sogar einem Theater zu seiner Unterhaltung gelang es de Sade auf seine spezielle Weise, das Märtyrertum mit dem Komfort eines zivilisierten Lebens zu verbinden. Seine Besucher in Charenton begrüßte er manchmal – wie er auch den Erzbischof von Paris begrüßt hatte – mit feierlichen Lobeshymnen. Ein andermal wieder erschien er als unbeugsamer alter Gentleman, der beschwor, daß alle

Gerüchte, die ihn mit derartigen Büchern wie *Justine* in Verbindung brachten, pure Verleumdungen seien. Dr. L. J. Ramon, der während der letzten Wochen von de Sades Leben in Charenton weilte, traute es dem stolzen, mürrischen alten Mann, dem er hin und wieder begegnete, keineswegs zu, Autor der berüchtigtsten Bücher seiner Zeit zu sein.

Wie üblich besuchte Madeleine Leclerc de Sade auch am 17. November 1814. Er hatte sich schon seit einer Woche nicht recht wohl gefühlt und klagte ihr sein Unbehagen. Seine siebzehnjährige Mätresse bemühte sich, ihn von seinem Kummer abzulenken, und als sie wieder gegangen war, vermerkte de Sade begeistert in seinem Tagebuch, daß er einen Abend vollkommener »Libertinage« mit ihr verbracht habe. Sie hatte versprochen, am Sonntag oder Montag, am 3. oder 4. Dezember, ihn wieder zu besuchen. Am 30. November, einem Donnerstag, notierte de Sade, man habe ihm einen Verband angelegt, wahrscheinlich um die Schmerzen seiner Gicht zu lindern. Am Samstag, den 2. Dezember, einen Tag vor Madeleines versprochenem Besuch, erschien Donatien-Claude-Armand und verbrachte einige Zeit bei seinem Vater. Als er wegging, ersuchte er Dr. Ramon, während der Nacht bei seinem Vater zu bleiben. Der junge Arzt war gerne bereit, einem so wichtigen Besucher einen Gefallen zu tun.

Später am Abend besuchte Abbé Geoffroy den Patienten und fand ihn bei guter Laune. Vielleicht erfreute ihn bereits der Gedanke an den bevorstehenden Besuch von Madeleine Leclerc. Allerdings fiel Dr. Ramon auf, daß de Sades Atmung sehr beengt war. Um ihm Erleichterung zu verschaffen, gab er ihm einen heißen Kräutertee zu trinken. Gegen Mitternacht wurde de Sades Atem schwach. Dr. Ramon ging zu ihm hinüber und stellte fest, daß de Sade gestorben war.

Wie so vieles in de Sades Leben stand auch sein Tod im Gegensatz zu allem, was man erwarten konnte. Er entsprach weder dem Klischee von der Reue am Sterbebett noch dem weitaus beliebteren Klischee vom kühnen Atheisten, der furchtlos dem Tod entgegensieht. Er starb still und unerwartet, ganz ohne dramatische Effekte. Für den nächsten Tag hatte er noch zwei Verabredungen getroffen: die eine mit dem Priester, die andere mit seiner siebzehnjährigen Geliebten. Wie in so vielen Fällen ließ er den rivalisierenden Parteien der Nachwelt genügend Spielraum, seinen Tod zu deuten, wie sie es für richtig hielten.

De Sade hatte acht Jahre zuvor ein Testament unterzeichnet, das genaue Anweisungen für sein Begräbnis enthielt. Seine Leiche sollte vierundzwanzig Stunden im Sterbezimmer aufgebahrt bleiben und der Sarg nicht vor Ablauf dieser Frist geschlossen werden. Wenn man den damaligen Stand der Medizin bedenkt, waren Vorsichtsmaßnahmen gegen ein übereiltes Begräbnis durchaus vernünftig. Nach Ablauf der Frist sollte sein Leichnam an einem bestimmten Platz in Malmaison auf de Sades eigenem Land begraben werden. Er wollte weder irgendwelche Feierlichkeiten noch einen Grabstein. Auf dem Platz sollten Eicheln ausgesät werden, so daß jede Spur des Grabes verwischt sein würde, »wie ich hoffe, daß auch die Erinnerung an mich aus dem Gedächtnis der Menschen getilgt wird, ausgenommen jene wenigen, die mich bis zu meinem Ende liebten. Die liebevolle Erinnerung an sie nehme ich mit in mein Grab«. Wichtiger als diese Einzelheiten war ein Legat, welches er seiner treuen Marie-Constance hinterließ, die vierundzwanzig Jahre lang seine Gefährtin gewesen war. Wie über seine meisten Werke ließ sich auch über die Mehrdeutigkeit seines Testaments streiten. Lehnte er nur die großen Förmlichkeiten ab oder überhaupt jede Zeremonie? Der feine Unterschied ließ sich nicht übersehen. Sein Sohn löste die Frage, indem er die gesamte Verfügung ignorierte. De Sade wurde entsprechend dem Ritus der

Kirche auf dem Friedhof von Charenton begraben, und auf seinem Grab wurde ein steinernes Kreuz errichtet. Entweder sagte de Sade die Wahrheit, als er behauptete, das Laster nur beschrieben zu haben, um den Menschen die Notwendigkeit der göttlichen Existenz begreiflich zu machen, oder er war ein Verfechter des Lasters und Verbrechens. Der Ungewißheit dieser Aussage angemessen ist die Behandlung seiner sterblichen Überreste. Ist sie eine wohlberechtigte Rache für Justine und die übrigen Opfer oder der Beweis für die spätere Anerkennung einer außerordentlichen Persönlichkeit? Es steht durchaus im Einklang mit seinen Werken, daß auch die Nachwelt nicht entscheiden kann, was angebrachter wäre: die Rache oder die Anerkennung.

Jedenfalls war die Angelegenheit für die Nachwelt noch nicht erledigt. Wenige Jahre nach dem Begräbnis wurde es nötig, in diesem bestimmten Teil des Friedhofs die Gebeine zu exhumieren. Dr. Ramon hörte davon und wartete auf die Ausgrabung von de Sades Gebeinen. Es gelang ihm, dessen Schädel in seinen Besitz zu bringen. Er ließ ihn von dem Phrenologen Spurzheim untersuchen, und dieser lieferte ein Gutachten über den Charakter des Mannes, dem der Schädel gehört hatte. Er hatte weder Anzeichen für exzessive Sexualität noch für Streitsucht oder Grausamkeit gefunden. Die auffallendsten Merkmale deuteten auf Nächstenliebe und Religiosität hin. Der Schädel war in allen Punkten dem eines Kirchenvaters ähnlich.

Sowohl das Grab als auch der Schädel verschwanden. Von letzterem erzählte man, er sei nach Amerika gebracht worden. Dort seien Abgüsse für die Lernfächer Anatomie und Phrenologie von ihm gemacht worden. Die Modelle wurden offenbar als Beispiel eines speziellen Typs verkauft – des menschenfreundlichen, religiösen Typs –, ohne daß die Studenten auch nur ahnten, wessen Schädel sie vor sich hatten.

Mit der Auflassung von de Sades Grab erfüllte sich schließlich doch noch sein Wunsch nach einer nicht gekennzeichneten Begräbnisstätte. Dennoch war es unwahrscheinlich, daß man sich seiner nicht erinnern würde, und in dieser Hinsicht drückt sein Testament eine falsche Bescheidenheit aus. Das prunkvollste Grabmal hätte seinen Namen nicht so bekannt machen können wie *Die 120 Tage von Sodom* oder die Verwendung seines Namens in dem Wort ›Sadist‹. Auf seinem Grab stand nur wenige Jahre lang ein Kreuz ohne Inschrift, aber in Charenton hatte de Sade sein eigenes Epitaph verfaßt. Mit einer Klarsicht, die man sonst selten bei ihm findet, spricht de Sade darin aus, was ihn – ob bewundert oder gefürchtet – für die Nachwelt interessant und faszinierend macht.

Du, der Du vorübergehst,
knie nieder hier und bete
nahe dem elendsten aller Menschen.
Im vorigen Jahrhundert wurde er geboren
und starb im jetzigen Jahrhundert.
Tyrannei, mit ihrer grausen Fratze,
verfolgte ihn zu jeder Zeit.
Wie ein eklig Ungeheuer wollte sie
sein Leben nehmen in des Königs Namen.
Unter dem Terror stand sie wieder auf,
um Sade in des Todes Schlund zu stürzen,
unter dem Konsul lebt sie immer noch,
und ihr ewiges Opfer blieb de Sade.

Die Tatsache, daß de Sade sich selbst, beinahe schon absurd und unvermeidlich, stets als zentrale Figur eines tragischen Martyriums sah, entkräftet nicht die Berechtigung seiner Klagen. Und die sich engagieren und seinen Heroismus rühmen oder seine Infamie beklagen, können bis in alle Ewigkeit darüber streiten, wer nun der wahre Verfolger und wer das Opfer gewesen ist. Nur das Leiden ist über jeden Streit erhaben.

Die Bücher

Läßt man de Sades politische Schriften, seine konventionellen Verse, die unaufgeführten Dramen und alles, was er nur so am Rande schrieb, einmal beiseite, so kann man seine literarische Leistung in zwei Richtungen ordnen.

Da ist zuerst de Sade als öffentlich anerkannter Schriftsteller, in *Aline und Valcour* ein Nachfolger Richardsons, mit seinem *Unglück der Tugend* ein Rivale Voltaires und in den anekdotischen Erzählungen ein Anwärter auf den Titel eines ›Französischen Boccaccio‹. Hierhin gehört auch de Sade als Verfasser historischer Romane über die finstersten, blutgetränkten Seiten der Geschichte Frankreichs – doch auf diesem Gebiet war ihm der geringste Erfolg beschieden.

Daneben gab es den privaten de Sade, den geheimen Chronisten sexueller Alpträume voll lüsterner Grausamkeiten. Der gleiche Roman, nämlich *Das Unglück der Tugend,* der angeblich das Walten der Vorsehung rechtfertigen soll, kann ebensogut gegenteilig als satanischer Triumph der Tyrannei, des Verbrechens und der Qual über die Hilflosen und Unschuldigen interpretiert werden. In der Welt, die in den *120 Tagen von Sodom* oder in *Juliette* enthüllt wird, gibt es weder Gott, Mitleid oder Moral. Allein in einem verdunkelten Universum, in dem Leiden elementares Gesetz ist, mußte der Mensch sich entweder für die Rolle des Peinigers oder für die des Opfers entscheiden. Eine andere Wahl gab es nicht.

In denselben Büchern, in denen de Sade den finsteren Aberglauben der Religion am heftigsten attackiert, läßt er zugleich jene Höllenqualen wieder aufleben, welche das Mittelalter voller Emphase geschildert hatte und die den Philosophen der Aufklärung so anstößig erschienen. »Wenn es Gott nicht gäbe, müßte man ihn erfinden«, sagte Voltaire. Wie in einer grotesken Parodie darauf demonstriert de Sade, daß die Menschheit offenbar der Erinnerung an alle Höllenqualen bedarf. Er unterhielt sie mit den Berichten seiner Schurken, die einem Mädchen Spülungen oder Einläufe mit kochendem Öl verabreichten, rotglühende Eisen in seinen Körper stießen oder es zwangen, heiße Kohlen zu schlucken. »Mit glühenden Zangen zwickte er sie, konzentrierte sich dabei auf ihren Busen, ihre Brüste und ihren Schamberg.« Diese Details stammen zwar aus dem Buch *Die 120 Tage von Sodom*, aber sie könnten genausogut zu einem Gemälde von Hieronymus Bosch passen. Die ewigen Höllenstrafen bereits auf unsere Erde zu verlegen, war das private Anliegen de Sades. Sie hielt er in den Büchern fest, die er versteckte oder verleugnete und in dem Verzeichnis seiner Werke sorgfältig ausließ. Der Welt gegenüber zeigte er ein anderes Gesicht und andere Werke, und mit diesen muß man die Aufzählung seiner Bücher beginnen.

1. Das Mißgeschick der Tugend

Obwohl de Sade zur gleichen Zeit auch *Aline und Valcour* schrieb, ist *Das Mißgeschick der Tugend* wahrscheinlich sein erster fertiggestellter Roman. In der Zelle der Bastille schrieb er ihn innerhalb von vierzehn Tagen und beendete ihn am 8. Juli 1787. Er wurde erst 1930 zum erstenmal veröffentlicht.

In seinen Eingangssätzen erklärt de Sade den Sinn des Buches:

Es wäre ein Triumph der Philosophie, wenn sie es vermöchte, Licht auf die dunklen Wege zu werfen, deren die Vorsehung sich bedient, um durchzusetzen, was sie den Menschen zugedacht hat; wenn sie also bestimmte Verhaltensmaßregeln aufstellen könnte, die den unglücklichen – von den Launen des Schicksals, wie man sagt, despotisch hin und her geworfenen – Zweifüßler darüber aufklären könnten, wie er die über ihn gefaßten Beschlüsse der Vorsehung deuten und welche Bahn er einzuschlagen habe, um den bizarren Launen jener Fatalität zu entgehen, die man mit zwanzig verschiedenerlei Namen belegt, ohne daß man sie bislang zu definieren vermochte.

Den größten Teil des Buches nimmt die Geschichte ein, welche ›Sophie‹, alias Justine, ihrer Schwester Juliette erzählt. Nach dem Tode der Eltern von Freunden der Familie und respektablen Dienstherren herablassend behandelt, wird Sophie, die jung, tugendhaft und schön ist, zu Unrecht des Diebstahls bezichtigt. Sie wird eingesperrt, kann aber entfliehen, als die Kriminelle Dubois das Gefängnis anzündet. Gegen ihren Willen wird sie zur Helfershelferin der Dubois und deren Komplizen. Sophie kann der Bande entlaufen und versteckt sich in einem Wald, wo der homosexuelle Bressac und dessen Partner sie aufstöbern. Bressac beabsichtigt, seine Mutter zu töten. Er will, daß Sophie ihm dabei hilft, doch sie versucht, seinen Plan zu vereiteln.

Zur Strafe wird Sophie von Bressac und dessen Freund ausgepeitscht und all ihrer Habe beraubt. Bressac führt den geplanten Mord aus, gelangt dadurch an das Vermögen seiner Mutter und wird ein reicher Mann. Sophie findet schließlich Aufnahme im Haus des Arztes Rodin, der zu Forschungszwecken lebende junge Mädchen seziert.

Als Sophie eines der Mädchen rettet, brennt der Arzt ihr mit einem Brandeisen das Zeichen ein, mit dem sonst Diebinnen gebrandmarkt werden, und schickt sie fort.

Sophie, immer noch jungfräulich und tugendhaft, findet Unterschlupf bei den Mönchen von Saint-Marie-des-Bois in der Nähe von Auxerre. Nun wirkt ihr Mißgeschick bereits so komisch und durchsichtig wie Candides Enttäuschungen in Voltaires Roman. Denn natürlich sind die Mönche Wüstlinge, die sich unter dem Deckmantel der Mildtätigkeit bereits einen ganzen Harem junger Mädchen eingefangen haben und sie für jede erdenkliche sexuelle Spielart mißbrauchen. Wie eines der Mädchen erzählt, gibt es nur eine Art der Züchtigung: die Auspeitschung. Sophie verliert ihre Jungfräulichkeit, nachdem sie vorher auf jede mögliche Art mißbraucht worden ist, und wird anschließend freigelassen.

Zwei der Mönche werden nämlich mit einträglichen und einflußreichen Stellungen bedacht, und der Harem von Sainte-Marie-des-Bois wird aufgelöst. Sophie gerät in eine Bande von Falschmünzern, zu denen auch der mörderische Dalville gehört. Er schießt auf seine ehemalige Mätresse, die eines langsamen, qualvollen Todes stirbt. Zugleich mit den Falschmünzern wird auch Sophie verhaftet.

Nach einer neuerlichen Begegnung mit der verbrecherischen Dubois und einem der Mönche von Sainte-Marie-des-Bois trifft Sophie in Lyon ein, wo sie des Diebstahls, des Mordes und der Brandstiftung angeklagt wird. Hier wird sie von Juliette, jetzt Comtesse de Lorsange, einer wahren, aber unentdeckten Mörderin, gefunden und aufgefordert, ihre Erlebnisse zu erzählen. Nach dem Bericht erkennt Juliette, daß ›Sophie‹ ihre Schwester Justine ist. Sophie wird freigelassen, es gibt ein rührendes Zusammentreffen der Schwestern, und nach all den überstandenen Leiden wird die Heldin von einem Blitz getroffen und getötet. Bei allen Schicksalsprüfungen, allen Leiden und selbst dem Tod zum Trotz, zum Schluß bleibt allein die Tugend bewundernswert.

Madame de Lorsange verläßt alsbald das Haus. Sie läßt einen Wagen anspannen, nimmt etwas Geld mit und überträgt alles übrige Herrn de Corville, mit der Maßgabe, fromme Stiftungen anzulegen. Sie eilt nach Paris und tritt dort bei den Karmeliterinnen ein, für die sie in wenigen Jahren sowohl wegen ihrer großen Frömmigkeit als auch wegen ihrer weisen Einsicht und außergewöhnlichen Sittenstrenge ein Musterbeispiel wird. Herr de Corville wird verdientermaßen mit den höchsten Ämtern seines Vaterlandes ausgezeichnet und wirkt ausschließlich zum Wohl des Volkes wie zum Ruhm des Herrschers und zum Glück seiner Freunde...

Oh Ihr, die Ihr diese Geschichte leset, vermöchtet Ihr doch denselben Nutzen daraus zu ziehen wie jene weltgewandte, jedoch bekehrte Dame! Könntet Ihr doch zu ihrer Überzeugung gelangen, daß wahres Glück nur im Schoße der Tugend zu finden ist, deren Verfolgung – wenn überhaupt – Gott nur billigt, um ihr im Himmel um so glänzenderen Lohn zu bescheren.

Das Mißgeschick der Tugend enthält aber auch eine andere Aussage, die mit Philosophie nichts zu tun hat und zum Erfolg des Buches – wie später auch zur noch größeren Beliebtheit der *Justine* – entscheidend beitrug: Es war das Thema der verfolgten Schönheit, das sich von Richardson bis Laclos durch alle größeren Romane zog, das die modische Schauerliteratur beherrschte und dem Leser, wie Maeterlinck es beschrieb, das Gefühl vermittelte, bei der Ermordung der Jungfrau in einem verschlossenen Gewölbe dabeizusein.

De Sade schrieb das *Mißgeschick der Tugend* zwei Jahre vor der Erstausgabe des Buches *Queen of Terrors* von Ann Radcliffe, Meisterin des Schauerromans mit Werken wie *The Mysteries of Udolpho* (1794) und *The Italian* oder *The Confessional of the Black Penitents* (1797). M. G. Lewis, ein weiterer Romancier dieses Typs, den de Sade gelesen und kommentiert hatte, veröffentlichte seine skandalöse Erzählung *The Monk* erst 1796. Aber diese Art von Romanen existierte zumindest bereits seit Horace Walpoles *The Castle of Otranto* aus dem Jahre 1764, und mit seinen verschiedenen Versionen der

Justine lieferte de Sade eine wichtige Abart dieses Romantyps.

Da diese Bücher vor allem für Leserinnen aus dem Mittelstand, welche die Leihbibliotheken frequentierten, gedacht waren, nahm der Schauerroman seine Erfahrungen aus dem täglichen Leben, putzte sie möglichst extravagant auf und machte daraus ein Ersatzabenteuer. Trotz der düsteren Schlösser, deren Silhouette gegen den blitzdurchzuckten Himmel der Apenninen ragte, trotz finsterer Blicke und grauenvollem Stöhnen, das von fernher zu hören war, endeten alle derartigen Erzählungen höchst anständig. Schurken mit Namen wie Montoni oder Schedoni waren nicht schlimmer als ein widerlicher Onkel des Alltagslebens. Die Heldinnen waren normale, ganz alltägliche Mittelklasse-Mädchen aus England und hießen Julia oder Emilie. Die zitternde Schöne in der Gewalt des Tyrannen war nichts als eine aufgeputzte Version des lästigen Mädchens, das ohne Abendessen zu Bett geschickt wird.

De Sades Beschreibung von Örtlichkeiten wie Sainte-Marie-des-Bois nimmt Ann Radcliffes Schilderung des Schlosses von Udolpho oder der Gewölbe von San Stefano in *The Italian* vorweg. Für Sophie jedoch gibt es keine Rettung in letzter Minute. De Sade schließt den Schreckenskreis von Vergewaltigung, Sodomie und Auspeitschung. Als Dalville das Mädchen zu dem Schloß der Falschmünzer bringt, führt der Weg durch eine Radcliffesche Landschaft von Felsenschluchten, bis das furchteinflößende Gebäude in Sicht kommt: »Am Rande eines entsetzlichen Abgrunds, schien es auf dem Gipfel eines zerklüfteten Felsens zu schweben und glich eher einem Geisterschloß als einer menschlichen Wohnstätte.« Doch von der bürgerlich betonten Anständigkeit romantischer Romane ist nichts zu merken, sobald die Heldin sich als Gefangene in Dalvilles Schloß befindet. Im Schloßhof ist ein großes Rad, mit

Frontispiz zu Band I der Gesamtausgabe der Werke de Sades

welchem Wasser aus einem Brunnen in eine Zisterne geschöpft wird und das normalerweise von Ochsen oder Eseln in Bewegung gehalten wird. Doch hier sind es Sophie und zwei weitere Mädchen, die erst entkleidet und dann ins Joch gespannt werden, so daß sie dem Getätschel der Banditen ebenso ausgesetzt sind wie den Peitschenhieben, die Dalville austeilt. De Sade schildert, wie manche der Peiniger ironischerweise eine gewisse Anziehungskraft auf seine Heldin ausüben, eine Andeutung von Masochismus. Sophie verliebt sich in Bressac, der sie auspeitscht. Schlimmer noch, er ist homosexuell und ein Frauenhasser und somit ein Mann, den sie niemals haben kann. Sie zeigt auch Anhänglichkeit für die Verbrecherin Dubois und sogar einen Schimmer von Interesse für Antonin, einen der Mönche von Sainte-Marie-des-Bois. Ihre Ergebenheit in alle Leiden, denen sie ausgesetzt ist, läßt sie jedoch allen Anfechtungen des Bösen widerstehen. Bei der ersten Begegnung mit der Dubois schwört Sophie, daß sie lieber jede Peinigung hinnehmen will, die ihr tugendhaftes Verhalten nach sich zieht, als sich an weltlichem Reichtum zu erfreuen, der durch Verbrechen gewonnen wurde. De Sade behauptet, daß der Himmel sie dafür belohnen werde, doch vom Standpunkt des Sado-Masochismus aus erhält sie ihre unmittelbare Belohnung bereits im Laufe der Erzählung.

2. *Aline und Valcour*

Das längste seiner Werke, zu welchen de Sade sich öffentlich bekannte, sein ›philosophischer Roman‹, beschäftigte ihn in der Bastille von 1785 bis 1788. Der Roman erschien in acht Bänden im Jahre 1795, nachdem seine Drucklegung durch die Verhaftung und Exekutierung des ursprünglichen Verlegers, Girouard, zunächst verzögert wurde.

De Sade plante ursprünglich in einem Briefroman die vom Unglück verfolgte Liebe zwischen Aline und Valcour zu schildern, im Stil Richardsons *Clarissa* sehr ähnlich, das de Sade sehr bewunderte.

Aline, Tochter des Herrn de Blamont, verliebt sich in den armen, aber tugendhaften Valcour. Ihre Mutter begünstigt die Verbindung, doch der materialistische, lüsterne Vater Blamont ist dagegen. Er will statt dessen eine Heirat zwischen dem unschuldigen jungen Mädchen und einem seiner Kumpane, dem verderbten, dreimal verwitweten Dolbourg, arrangieren. Ihm ist jedes Mittel recht, um Aline seinen Willen aufzuzwingen, genau wie seiner Frau, die er schließlich durch ein verführtes Hausmädchen vergiften läßt. Er versucht, Valcour zu bestechen, dann ihn zu ermorden. Am Ende bringen er und Dolbourg Aline in ein einsam gelegenes Haus, um sie dort weiteren Repressalien auszusetzen. In ihrer aussichtslosen Lage und ganz auf die Gnade ihrer Peiniger angewiesen, sucht sie Zuflucht bei dem einzigen Mittel, das ihr noch zur Verfügung steht, um sich selbst und Valcour treu zu bleiben: Sie begeht Selbstmord.

Die Erzählung enthält eine Reihe unbedeutender weiblicher Figuren, deren interessanteste noch eine Sophie ist. Blamont hält sie für seine uneheliche Tochter, was ihn nicht hindert, sie zu schlagen und sexuell zu mißbrauchen. Eine Spur von Inzest gelangt somit in die Erzählung. Auch die spätere Entdeckung, daß Sophie doch nicht Blamonts Tochter ist, ändert daran nichts.

Die Haupthandlung von *Aline und Valcour* ist ein ausführlicher Bericht über das mißliche Geschick der Tugend. Bei diesem Bericht sind de Sade die besten Charakterisierungen gelungen, und das Buch ist ein bemerkenswerter Versuch, den sentimentalen Roman, wie Richardson ihn pflegte, weiterzuentwickeln. Allerdings wird das Hauptthema von zwei ausführlichen

Reiseberichten überlagert, die im Vergleich zu diesem so farbig und bizarr sind, daß vor allem sie die Aufmerksamkeit des Lesers fesseln. Das sind die Erzählungen von Sainville und Léonore.

Sainvilles Geschichte liest sich wie eine Analogie zu *Gullivers Reisen,* erweitert nach Kapitän Cooks Reisen in den Pazifik. Die Berichte Kapitän Cooks hatte de Sade tatsächlich sofort nach ihrem Erscheinen gelesen. Sainville besucht Butua in Westafrika und Tamoe in der Südsee und entdeckt phantastische, barbarische Kulturen, die – wie Gullivers Abenteuer bei Swift – dazu herhalten müssen, europäische Verhältnisse zu kommentieren. De Sades Absicht ist es, darzustellen, daß es einen universalen Moralkodex nicht geben kann und somit jede Form von Moralität oder Tugend eine logische Absurdität ist. Mit den Gebräuchen des Landes Butua wird Sainville durch Sarmiento, einen Portugiesen, vertraut gemacht, der dort wie ein Eingeborener lebt.

So plaudernd schlenderte Sarmiento mit mir von Raum zu Raum, und ich sah auf diese Weise den ganzen Palast mit Ausnahme der geheimen Gelasse des Harems, der das Schönste enthielt, was es unter beiden Geschlechtern gab, zu dem jedoch kein Sterblicher je Zutritt erhielt.

»Die Frauen des Prinzen«, fuhr Sarmiento fort, » – insgesamt sind es zwölftausend – sind in vier Klassen unterteilt; er selbst teilt sie ein, sobald er die Frauen aus den Händen dessen empfängt, der sie für ihn auswählt. Die Größten, Kräftigsten, Bestgestaltetsten werden der Truppe zugesellt, die seinen Palast bewacht. Die sogenannten fünfhundert Sklaven setzen sich aus Wesen zusammen, die weniger Wert besitzen als die eben beschriebenen. Diese Frauen sind gewöhnlich zwischen 25 und 30 Jahren alt, und ihnen fallen der Innendienst im Palast, die Gartenarbeiten und ganz allgemein alle Plackereien zu. In die dritte Klasse weist er 16- bis 20jährige ein; sie sind die Opfer; aus ihren Reihen holt man die, die für den Gott hingeschlachtet werden. In der vierten Klasse schließlich findet sich das Allerdelikateste und Allerhübscheste vom Kindesalter bis zu 16 Jahren. Da gibt es das, was im besonderen seinen Vergnügungen dient. In diese Klasse kämen die Weißen, wenn er sie hätte...«

»Hat er welche gehabt?« unterbrach ich ihn schnell.

»Noch nicht«, antwortete der Portugiese. »Es verlangt ihn jedoch leidenschaftlich danach, und er versäumt keine Gelegenheit, weißer Frauen habhaft zu werden...«

Und bei seinen Worten wollte in meinem Herzen die Hoffnung wieder erwachen.

»Trotz dieser Aufteilung«, begann der Portugiese von neuem, »dienen alle diese Frauen – ganz gleich welcher Klasse – der Befriedigung der Brutalität des Despoten. Hat er Appetit auf die eine oder die andere, so schickt er einen seiner Offiziere aus, damit er der begehrten Frau 100 Peitschenhiebe versetze; diese Gunst entspricht dem Taschentuch des Sultans von Byzanz: Sie unterrichtet die Favoritin von der Ehre, die ihr zuteil werden soll. Sofort begibt sie sich an den Ort, an dem der Prinz sie erwartet. Und da er im Laufe eines Tages oft eine große Anzahl von ihnen verbraucht, erhalten jeden Morgen viele die soeben beschriebene Nachricht...«

Bei diesen Worten erzitterte ich. »O Léonore«, dachte ich bei mir, »wenn du in die Hände dieses Ungeheuers fielest, und wenn ich dich nicht vor ihm zu schützen vermöchte, so könnte es geschehen, daß die Reize, die ich anbete, auf eine so unwürdige Weise geschändet werden... Großer Gott, nimm lieber mir mein Leben, als daß Léonore einem solchen Unglück ausgesetzt wird! Tausendmal lieber kehrte ich in den Schoß der Natur zurück, als mit anzusehen, wie all das, was ich liebe, so grausam vergewaltigt wird.«

»Freund«, hub ich an, noch ganz erfüllt von den grausigen Gedanken, die der Portugiese in mir aufgeworfen hat, »ich werde mit diesen ausgeklügelten Greueltaten doch hoffentlich nichts zu tun haben?...«

»Nein, nein«, sagte Sarmiento auflachend, »nein, all das obliegt dem Chef des Serails. Deine Aufgaben haben mit den seinen nichts gemein. Durch die Auswahl, die du unter den jährlich hier ankommenden fünftausend Frauen triffst, setzt du für ihn das Zweitausend zusammen, über das er befiehlt; danach habt ihr nichts mehr miteinander zu schaffen.«

»Gut«, antwortete ich. »Müßte ich nämlich diese Unglücklichen auch nur eine Träne vergießen lassen – das sage ich dir schon jetzt –, ich würde noch am selben Tage fliehen. Ich werde meine Pflicht pünktlich erfüllen«, fuhr ich fort; »da meine Gedanken jedoch einzig der einen zugewendet sind, die ich anbete, werden diese Geschöpfe hier bestimmt weder eine Züchtigung noch eine Gunst von mir erfahren...«

Ich folgte meinem Führer: Er hieß mich in eine Strohhütte eintreten, die so ziemlich im gleichen Stil gebaut war wie die des Prinzen, jedoch war sie sehr viel weniger weiträumig. Zwei junge Neger servierten das Abendessen auf Binsenmatten, und wir setzten uns nach afrikanischer Art; denn unser Portugiese hatte die heimatliche Lebensart vollkommen vergessen und die Sitten und Gebräuche des Volkes, unter dem er lebte, angenommen.

Man trug ein Stück gebratenes Fleisch auf. Mein frommer Gastgeber hatte das ›Tischgebet‹ gesprochen (denn niemals verläßt der Aberglaube einen Portugiesen) und bot mir ein Filetstück von der Platte an, die man gerade auf den Tisch gesetzt hatte. Unwillkürlich packte mich eine Unruhe, der ich mich nicht entziehen konnte. »Bruder«, sagte ich mit einer Erregung, die ich nicht zu verbergen vermochte, »bei deiner Ehre als Europäer: Das Mahl, das du mir da anbietest, ist doch wohl nicht etwa zufällig ein Stück von der Hüfte oder dem Gesäß einer jener Damen, deren Blut vor kurzem den Altar des Gottes deines Herrn tränkte?« »Na und«, antwortete phlegmatisch der Portugiese, »würden dich solche Lappalien stören? Bildest du dir ein, du könntest hier leben, ohne dich dieser Kost zu unterwerfen?«

»Unglückseliger!« rief ich ehrlich empört, indem ich mich vom Tisch erhob. »Bei deinem Gastmahl schüttelt's mich ... Lieber sterbe ich, als daß ich das da berühre ... Für dieses fürchterliche Gericht wagtest du den Segen des Himmels zu erbitten? ... Schrecklicher! Bei dieser Mischung von Aberglauben und Verbrechen ... Du hast deine Nationalität nicht einmal zu verleugnen gesucht ... Geh, ich hätte dich erkannt, ohne daß du mir den Namen nanntest.« Und ich wollte entsetzt sein Haus verlassen. Doch Sarmiento hielt mich zurück. »Halt«, sagte er zu mir. »Ich halte deinen Abscheu deinen Gewohnheiten, deinen nationalen Vorurteilen zugute; aber du darfst dich nicht derartig gehenlassen. Hör auf, hier den Schwierigen zu spielen, und sei so klug, dich der Situation anzupassen. Widerwille ist nur Schwäche, mein Freund ... Die kleinen Krankheiten des Organismus, die in der Jugend nicht ausgeheilt wurden, beherrschen uns, wenn wir ihnen einmal nachgegeben haben ... Ich bin hier angekommen wie du, halsstarrig an albernen nationalen Vorstellun-

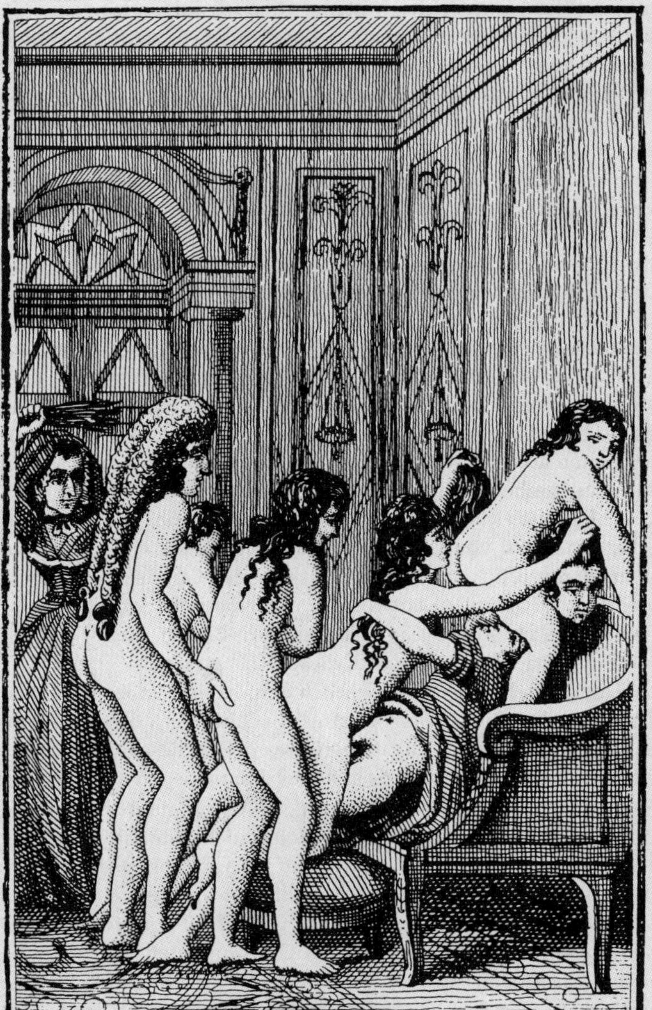

Illustration zur Erstausgabe der ›Juliette‹ (1797)

gen festhaltend; ich tadelte alles ... Alles fand ich absurd: Die Gebräuche dieses Volkes erschreckten mich wie seine Sitten, und jetzt tue ich es ihm in allem gleich. Wir gehorchen der Gewohnheit in einem noch stärkeren Maße als der Natur, mein Freund; jene hat uns geschaffen, die andere bildet uns. Es ist eine Torheit zu glauben, daß das moralisch Gute an sich existiere. Jede Art, sich zu verhalten, die in sich völlig indifferent ist, wird gut oder schlecht, je nachdem, wie das Land sie beurteilt. Der weise Mensch muß jedoch, wenn er glücklich leben will, die Lebensart der Zone annehmen, in die das Schicksal ihn verschlägt. Ich hätte mich in Lissabon vielleicht wie du verhalten ... In Butua verhalte ich mich wie ein Neger ... Und was zum Teufel möchtest du, daß ich dir zum Abend zu essen gebe, wenn du nicht essen willst, was alle essen ... Ich habe da noch einen alten Affen; er wird jedoch zäh sein. Ich werde befehlen, daß man ihn dir brät.«

Ob man solche Passagen für schwarzen Humor hält, hängt einzig und allein vom Leser selbst ab. Zweifellos können de Sades Erzählungen es mit den ausgefallenen utopischen Satiren von Swift oder Samuel Butler aufnehmen. Ausführlich ergeht er sich in Betrachtungen der völlig unlogischen Vorliebe europäischer Fleischesser für Kühe, Schafe und Schweine, während sie Katzen, Hunde, Ratten oder Mäuse, ja sogar einen saftigen Jungfrauenbraten, ablehnen. Man kann diese Überlegungen mit Swifts grausamer Ironie in dessen *Modest Proposal* (1792) vergleichen, wo er vorschlägt, die hungernde Bevölkerung Irlands könne sich doch von ihren eigenen Kindern ernähren, nachdem sie die schmackhaftesten an ihre Großgrundbesitzer verfüttert habe.

Während er Sarmiento mit Sainvilles Erziehung fortfahren läßt, wendet de Sade sich wiederholt dem Thema der ›Frau als untergeordnete Rasse‹ zu und der Ungereimtheit, eine schwangere Frau entweder zu bewundern oder schonend zu behandeln. In dieser Betrachtung ist Schwangerschaft eine rein körperliche Funktion und als solche weder lobens- noch tadelnswert. Es ist durchaus logisch, wenn die einen diesen Zustand bestrafen und lächerlich machen, während andere ihn schützen und unterstützen. Schwach bevölkerte Länder mögen die patriotische Rolle der Mutterschaft betonen, damit genügend Söhne zur Verteidigung des Vaterlandes geboren werden. Überbevölkerte Länder könnten Schwangerschaft für ein Verbrechen gegen die Gesellschaft halten. Diesen Standpunkt vertritt man auch in Butua, hier wird eine schwangere Frau verspottet und verachtet. Schwangerschaft behindert die Frauen in ihren übrigen Pflichten, zu denen – wie Sainville beobachtete – gehört, daß sie vor den Pflug gespannt und von der Peitsche ihres Mannes angetrieben werden.

Léonore, die von ihrem Liebhaber Sainville getrennt wurde, hat zwar eine Fülle von Erlebnissen, doch ist ihre Geschichte langweilig im Vergleich zu Sainvilles Entdeckungen auf Butua. Ihr Drama erreicht den Höhepunkt, als sie (als Negerjunge verkleidet) ihrer Exekution vor dem König von Sennar entgegensieht. Léonore und ihr Begleiter, Dom Gaspard, wie auch eine Gruppe anderer Männer und Frauen haben das Verbrechen begangen, sich einem Tempel zu nähern, in dem das ›Zeugungsorgan des Mahomet‹ verwahrt wird. Der König und sein Harem warten auf die Exekutionen, bei denen die Opfer mit einem Pfahl von hinten durchbohrt werden. Dom Gaspard stellt Léonore, die sich Gesicht und Hals schwarz gefärbt hat, als Sohn eines befreundeten afrikanischen Landes vor, doch der König besteht darauf, das Todesurteil auch über sie zu verhängen. Und doch überlebt Léonore auf so unwahrscheinliche Weise, wie sie selbst Hollywood kaum besser ersonnen haben könnte.

Alle meine Gedanken waren bei Sainville. »Oh, unglücklicher Geliebter«, rief ich, »ich werde dich nie wiedersehen. Was hier geschehen wird, ist schlimmer als ein Messer in einem venezianischen Kerker. Laßt mich möglichst schnell sterben. Aber gepfählt zu werden!« Ich weinte unaufhörlich, obwohl Gaspard, der über meinem Unglück sein eigenes vergaß, sich bemühte, meine Tränen zu trocknen. Unsere kleine Gruppe war von der gleichen Verzweiflung ergriffen. Die Männer fluchten und tobten, die Frauen, die immer und selbst im Leiden sanfter sind, schluchzten und weinten. Nichts als Verwünschungen und Weinen hörte man in diesem traurigen Raum, und das war ohne Zweifel süße Musik in den Ohren des Henkers, der uns opfern sollte. Tatsächlich hatten er und seine Frau sich im angrenzenden Zimmer zum Essen niedergelassen, um uns in Muße belauschen zu können. Schließlich war die Schicksalsstunde da, in welcher wir den Tod erleiden sollten. Ich konnte den Stundenschlag nicht ohne Schaudern hören und klammerte mich an Gaspard. Es schien, daß er nun, da auch er sterben mußte, mich noch besser stützen könne. Der Fürst nahm seinen Platz ein und überblickte die Arena des Todes. Das Ungeheuer sah zu, wie zwei Türken, vier Europäer und drei arabische Mädchen getötet wurden. Nur Gaspard und ich waren noch übrig. Man holte mich zuerst...

Zur Ausführung des Rituals, das in gewisser Hinsicht Ähnlichkeit mit der Züchtigung von Kindern hat, wird der rückwärtige Körperteil unterhalb der Taille entblößt. Man tut das, damit der Pfahl ungehindert in den Körperteil gestoßen werden kann, welcher für diese Tortur vorgesehen ist. Vor den Augen des Monarchen werden sämtliche Kleidungsstücke, die diesen Körperteil bedecken, entfernt. Stellen Sie sich vor, wie mir zumute war; als auch ich entblößt war, hörte ich Tumult und Schreie aus der Menge, und selbst der Henker wich voller Schrecken vor mir zurück. Von meiner mißlichen Lage völlig überwältigt, hatte ich nicht vermutet, derartiges Entsetzen hervorrufen zu können, indem ich ein schneeweißes Hinterteil vorwies, während mein Gesicht rabenschwarz war. Der Schrecken hatte alle ergriffen. Einige hielten mich für eine Göttin, andere für eine Zauberin. Aber alle miteinander flohen. Nur der König war weniger abergläubisch als die anderen. Er befahl, mich zur sofortigen Inspektion zu ihm zu bringen. Gaspard wurde geholt, die Dolmetscher traten vor, und ich wurde befragt, was meine Zweifarbigkeit zu bedeuten habe, für die es in der Natur bisher kein Beispiel gab. Es gab keine Möglichkeit zu lügen, ich mußte die Wahrheit sagen. Vor den Augen des Königs mußte ich die schwarze Farbe abwaschen und Frauenkleider anlegen. Unglücklicherweise gefiel ich ihm in dieser neuen Aufmachung, und er teilte mir mit, ich müsse mich auf die Ehre vorbereiten, in der kommenden Nacht seinem Vergnügen zu dienen.

Es erübrigt sich zu sagen, daß Sainville und Léonore überlebten, um nach Europa zurückzukehren und dem erstaunten Zeitalter der Aufklärung die Nachricht von jenen finsteren Praktiken zu bringen, die in entfernten Teilen der Welt von Natur und Logik gutgeheißen werden.

3. Verbrechen der Liebe und Erzählungen und Schwänke eines provençalischen Troubadours

De Sades gesamtes Werk an Kurzgeschichten und Novellen kann man der Einfachheit halber zusammenfassen. *Verbrechen der Liebe,* eine Sammlung von elf Erzählungen, erschien in vier Bänden mit einem einleitenden *Essay über den Roman* im Jahre 1800. Die Sammlung *Erzählungen und Schwänke eines provençalischen Troubadours* wurde 1927 veröffentlicht. Aus diesen beiden Titeln wählte de Sade die mehr tragischen oder melodramatischen Erzählungen 1800 zur Veröffentlichung aus.

Seine Betrachtungen im *Essay über den Roman* sind in diesem Kapitel zum Teil schon vorweggenommen worden. Er lobt die englischen Romanciers, besonders Richardson und Fielding, »die uns gelehrt haben, daß nur ein gründliches Studium des menschlichen Herzens, dieses wahrhaften Labyrinths der Natur, den Romanautor inspirieren kann«. Überdies zeige Richardson in *Clarissa,* wie man in einem Roman die Schönheit der Tugend und die Häßlichkeit des Lasters auch ohne den Triumph des Guten darstellen könne. »Hätte der unsterbliche Richardson nach zwölf oder fünfzehn Bänden ein *tugendhaftes* Ende vorgesehen, indem er Lovelace bekehrte und ihn *ohne Aufhebens* mit Clarissa verheiratete, hätte je ein Leser dann diese köstlichen Tränen vergießen können, die der Roman jedem empfindsamen Wesen jetzt entlockt?«

De Sade sieht den Schauerroman mit seinen übertriebenen Schrecken als »die unausweichliche Folge des Schocks, den ganz Europa nach der Revolution verspürte«. Unter den Autoren dieser Gattung hält er M. G. Lewis mit *The Monk* in jeder Weise »den bizarren Flügen von Mrs. Radcliffes Phantasie« für überlegen. Bei der Betrachtung einer weiteren Stufe revolutionärer Literatur befaßt de Sade sich mit seinem Feind und Rivalen, Restif de la Bretonne. Er schreibt ihm einen »gewöhnlichen, langweiligen Stil« zu, ebenso »Abenteuer der abstoßendsten Sorte, stets der niedrigsten Gesellschaftsschicht entnommen: kurz, nichts als Langatmigkeit, wofür ihm lediglich die Liebhaber ›heißer Pornographie‹ dankbar sein können«. Und beim Gedanken an derartige Störenfriede wie Restif protestierte de Sade: »Niemand soll noch länger versuchen, mir die Urheberschaft an *J(ustine)* zuzuschieben. Ich habe Bücher dieser Art noch nie geschrieben und schwöre, daß ich derartiges auch niemals tun werde.«

Die unheimlichen Erzählungen, die dem einleitenden Essay in *Verbrechen der Liebe* folgen, sind sehr verschieden in Qualität und Ausführung. Die beste davon ist wahrscheinlich *Eugénie de Franval*. Aus ihr ist zu ersehen, daß de Sade sich mit dem Thema des Inzests zwischen Vater und Tochter intensiv befaßte. Eugénie wird von frühester Jugend an durch ihren Vater systematisch verdorben und dazu erzogen, ihre eigene Mutter als Rivalin zu hassen und zu verachten. Sie wird darauf vorbereitet, die Geliebte des Vaters zu werden, und mit vierzehn Jahren wird sie wirklich seine Mätresse. Anders als in de Sades sonstigen Betrachtungen zu diesem Thema werden hier alle detaillierten Schilderungen sexueller Akte vermieden, Gewalt und Ausschweifung sind eher geistig als physisch.

Frau de Franval bestach eine von Eugénies Frauen: ein gesicherter Lebensabend, ein angenehmes Schicksal, der Anschein einer guten Tat, das alles bestimmte dieses Geschöpf, sich bereitzufinden, Frau de Franval schon in der kommenden Nacht in die Lage zu versetzen, nicht mehr im Zweifel über ihr Unglück sein zu müssen.

Der Augenblick kommt. Die unglückliche Mutter wird in eine Kammer geführt, die dem Zimmer, darin ihr treuloser Gatte jede Nacht die Ehe und den Himmel schändlich beleidigt, benachbart ist. Eugénie ist mit ihrem Vater zusammen; mehrere Kerzen bleiben in einer Ecke angezündet – sie werden das Verbrechen beleuchten ... Der Altar ist bereitet, das Opfer nimmt seinen Platz darauf ein, der Opferpriester folgt ihm. Frau de Franval bleibt nichts als ihre Verzweiflung, ihre erzürnte Liebe und ihr Mut ... Sie bricht die Türen auf, die sie zurückhalten, und wirft sich in das Zimmer; dort fällt sie zu Füßen des Blutschänders auf die Knie: »O ihr! Die ihr mein Leben unglücklich macht«, rief sie aus und wandte sich zu Franval: »Sie, von dem ich solche Behandlung nicht verdient habe ... Sie, den ich noch liebe, trotz der Beleidigungen, die ich von Ihnen empfangen habe, sehen Sie meine Tränen ... Und stoßen Sie mich nicht von sich. Ich bitte um Gnade für jene Unglückselige, die von ihrer eigenen Schwäche und von Ihren Verführungskünsten in die Irre geführt wurde und das Glück in der Schamlosigkeit und im Verbrechen zu finden glaubt ... Eugénie, Eugénie, willst du das Eisen in den Schoß stoßen, aus dem du hervorgegangen bist? Sei nicht länger mitschuldig an einem Verbrechen, dessen Scheußlichkeit man dir verbirgt! ... Komm! Eile zu mir! ... Sieh meine Arme bereit, dich zu empfangen. Sieh deine unglückliche Mutter auf den Knien; sie beschwört dich, nicht wider die Ehre und die Natur zu handeln ... Aber wenn ihr mich beide zurückstoßt«, fuhr die verzweifelte Frau fort und setzte sich einen Dolch auf ihr Herz, »werde ich mich durch dieses Mittel den Entehrungen entziehen, mit denen ihr mich überhäufen wollt, und nur über meinen traurigen Leichnam werdet ihr eure Frevel vollbringen können!«

Wie Franvals verhärtete Seele diesem Schauspiel widerstehen konnte, das werden diejenigen leicht glauben, die diesen Schurken zu kennen beginnen; aber wie Eugénie ungerührt blieb, das ist unbegreiflich.

»Madame«, sagte dieses sittenlose Mädchen mit grausamster Kaltblütigkeit, »ich gestehe, ich kann die lächerliche Szene, die

Sie soeben Ihrem Gatten gemacht haben, nicht mit Ihrer Vernunft in Einklang bringen. Ist er nicht Herr seiner Handlungen? Und wenn er die meinigen billigt, haben Sie dann ein Recht, sie zu tadeln? Forschen wir denn Ihrem Verhältnis zu Herrn de Valmont nach? Stören wir Sie in Ihren Vergnügungen? Respektieren Sie also gefälligst die unsrigen und seien Sie nicht erstaunt, wenn ich Ihren Gatten als erste dazu anhalte, Maßnahmen zu ergreifen, die Sie dazu zwingen könnten...«

Franval bedarf keiner Aufforderung. Nachdem er seine Frau an den Haaren aus dem Zimmer geschleift hat, wirft er sie die Treppe hinunter und läßt sie dort bewußtlos liegen; eine ihrer Frauen findet sie dort. Schließlich überredet er Eugénie, ihre Mutter zu vergiften. Doch das Verbrechen wird bestraft: Eugénie stirbt an Gewissensbissen, und Franval begeht Selbstmord.

De Sades *Erzählungen und Schwänke eines provençalischen Troubadours* sind das heitere Gegenstück zu den Melodramen in *Verbrechen der Liebe.* Die sechsundzwanzig Geschichten dieser Sammlung reichen von kurzen Anekdoten bis zu ausführlicheren Erzählungen, die düster sein mögen wie *Emilie de Tourville* oder erheiternd wie *Der gefoppte Präsident.* Mit dieser letztgenannten Erzählung, die de Sade in der Bastille schrieb, suchte er sich an allen Richtern, Präsidenten und Rechtsanwälten zu rächen, die seiner Ansicht nach ein unglaubliches Ausmaß an Voreingenommenheit, Unehrenhaftigkeit, Bosheit und purer Dummheit bei der Beurteilung der angeblichen Verbrechen, deren sie ihn für schuldig befanden, gezeigt hatten. In der Person des Herrn de Fontanis, Präsident des Hohen Gerichtshofes in Aix, prangerte de Sade das Gesetz an. Er beschreibt dieses »Ungeheuer« als »schafsköpfig, starrsinnig, hoffärtig, feige, geschwätzig und einfältig von Charakter... Haltung wie eine Gans, schnarrend wie Pulcinell, dünnleibig bis zur Ungeschicklichkeit, lang, dürr und stinkend wie ein Kadaver.«

Mit diesem alten Narren verheiratet der Baron de Terozé seine jüngere Tochter, deren Liebhaber, der Graf d'Elbène, Offizier bei den Dragonern, darüber in großen Zorn gerät. Elbène und seine Freunde beschließen, den Vollzug dieser Heirat mit allen Mitteln zu verhindern, um Herrn de Fontanis schließlich so weit zu bringen, daß er selbst um Annullierung der Ehe ersucht. Vor der Hochzeitsnacht bietet man ihm einen Trunk an, der mit einem Abführmittel versetzt ist, so daß der Bräutigam das ganze Bett überschwemmt, ehe er sich der Braut überhaupt nähern kann. Am nächsten Abend gelingt es der jungen Frau, ihre Vorbereitungen für die Nacht so lange hinauszuziehen, bis der betrunkene Präsident eingeschlafen ist. Mit einer sinnreichen Maschinerie wird sein Bett zwanzig Fuß hoch in die Luft gehoben; als er nachts aufwacht und das Nachtgeschirr sucht, kippt das aufgehängte Bett um, und er fällt auf Matten, die man auf dem Boden ausgebreitet hatte. Am nächsten Morgen versichert man ihm, daß ein derartiger Vorfall gar nicht passiert sein könne, und so hält er sein Erlebnis für eine Täuschung. Tags darauf fällt er in einen Schweinestall, wird dann zwölf Tage lang von einem angeblichen Arzt behandelt, und schließlich schmuggelt man im Dunkeln anstelle der jungen Frau eine alte Negerin ins Bett. De Sade schiebt hier sogar einen der Streiche aus den *120 Tagen von Sodom* ein: Man hat den Sitz des Abtritts mit einem so stark wirksamen Leim bestrichen, daß der Präsident festklebt und nicht mehr loskommt. Unter dem Vorwand, ihn befreien zu wollen, hält einer seiner Plagegeister eine kleine Spiritusflamme unter ihn – sehr zum Vergnügen der umstehenden Damen und Herren. Durch die Bemühungen der Diener wird Fontanis schließlich befreit, doch nicht ohne einen Kranz seiner Haut auf dem leimbedeckten Sitz zurückzulassen.

Wie vorherzusehen war, verfehlten die Possen ihre Wirkung nicht. Der Präsident sucht um Annullierung seiner Ehe nach, die junge Heldin ist frei, und der Heirat mit ihrem Liebhaber steht nichts mehr im Wege. Am bezeichnendsten für de Sade ist jener Abschnitt, in welchem Fontanis veranlaßt wird, ein paar lästige Geister zu vertreiben, die im Schloß seines Schwiegervaters spuken. Die »Geister« sind natürlich Komplizen des Grafen d'Elbène, die Fontanis mit der Aufzählung seiner eignen Verbrechen und Perversionen verfolgen, ehe sie ihn packen und verprügeln.

Im Jahre 1750 verurteilte er einen Unglücklichen, aufs Rad geflochten zu werden, der niemals ein anderes Unrecht begangen hatte, als ihm seine Tochter zu verweigern, die dieser Schurke mißbrauchen wollte. Im Jahre 1754 bot er einem Manne an, ihm für 2000 Taler das Leben zu retten, da dieser sie ihm nicht zahlen konnte, ließ er ihn hängen.

Im Jahre 1760, als er hörte, daß ein Mann aus seiner Stadt einige Dinge über ihn in Erfahrung gebracht hatte, verurteilte er diesen ein Jahr später als Sodomiten zum Tode auf dem Scheiterhaufen, obwohl der Unglückliche eine Frau und eine Schar von Kindern hatte, wodurch das ihm vorgeworfene Verbrechen widerlegt wird.

Im Jahre 1772 wollte ein vornehmer Jüngling aus der Provinz sich an einer Kurtisane auf spaßhafte Weise rächen, sie hatte ihm ein schlechtes Geschenk gemacht; er ließ sie durchbleuen. Der würdelose Rohling hier machte aus diesem Scherz eine kriminelle Angelegenheit; er behandelte die Sache als einen Mord, sogar als einen Giftmord, und überredete all seine Amtsbrüder, diese lächerliche Ansicht zu teilen; er stürzte den jungen Mann ins Verderben, ruinierte ihn und verurteilte ihn – da er seiner Person nicht habhaft werden konnte – in Abwesenheit zum Tode.

Dadurch enthüllt de Sade das Motiv seiner Erzählung, nämlich die Ungerechtigkeit, die ihm nach der Affäre in Marseille vom Hohen Gerichtshof in Aix widerfahren war. Die ›Geister‹ diskutierten laut darüber, was sie mit Fontanis tun könnten. Sollte man ihn aufs Rad flechten, wie einer von ihnen vorschlug, sollte man ihn hängen oder auf dem Scheiterhaufen verbrennen, wie die anderen meinten? Schließlich bestimmte der Anführer der Geister, »Milde und Mäßigkeit« walten zu lassen, und verordnete ihm fünfhundert Peitschenhiebe. Als die Verschwörer wieder auftauchen, behaupten sie, gleichfalls von den Geistern mißhandelt worden zu sein. Wenn auch nicht so schlimm wie der arme Fontanis. Sie reden ihm zu, bei seinen Amtsbrüdern, die doch zu allen Zeiten ein großes Interesse an ausgepeitschten Gesäßpartien bewiesen hätten, gerichtlich Klage gegen die Geister einzureichen. So wie einst Demosthenes den Busen einer schönen Angeklagten vor den Richtern entblößte, müsse er seine Striemen dem Gerichtshof vorführen. Vor allem müsse er sich den Richtern von Paris zeigen, die doch weltbekannt seien für das große Interesse, das sie im Jahre 1769 für Rose Kellers Hinterteil bezeigten.

Von allen Kurzgeschichten de Sades nähert sich diese am stärksten einer Komödie. Sie verbindet den Elan persönlicher Rachegelüste mit dem Gespür für eine sorgfältig inszenierte Farce – eine Kombination, die den meisten seiner Bühnenstücke gutgetan hätte. Hier und in einer Reihe seiner kürzeren Erzählungen zeigt sich, daß es durchaus innerhalb seiner Fähigkeiten gelegen hätte, der französische Boccaccio des späten 18. Jahrhunderts zu werden.

Auf einer völlig anderen Ebene als *Das Mißgeschick der Tugend, Aline und Valcour* und die kurzen Erzählungen bewegten sich de Sades geheime Romane. Ihre Manuskripte verbarg er vor der Welt und leugnete jede Verbindung, wenn eines als Buch veröffentlicht wurde. Es gibt keinen Zweifel an seiner Urheberschaft. Privat gab er zu, die *Justine* geschrieben zu haben. Bruchstücke aus *Die 120 Tage von Sodom* erscheinen in seinen anderen Büchern. Die Polizei beschlagnahmte eine Kopie der *Juliette* in de Sades eigener Handschrift. *Philosophie im Boudoir* wurde mit dem Vermerk, daß sie von dem verstorbenen Autor der *Justine* stamme, angepriesen, und dieser Autor war de Sade, auch wenn er es leugnete. Warum de Sade es vorzog, als Autor sich selbst in zwei verschiedene Personen zu spalten, indem er sich zu einem Teil seiner Werke bekannte, die übrigen aber verleugnete, bleibt der biographischen Spekulation überlassen. Daß es so war, ist eine feststehende Tatsache und so sicher, wie eine literaturhistorische Tatsache nur sein kann.

4. Die 120 Tage von Sodom oder Die Schule der Libertinage

Dieser unvollendete Roman wurde nach Entwürfen, die de Sade offenbar im Sommer und im Frühherbst 1785 verfaßt hatte, im Oktober und November des gleichen Jahres in der Bastille geschrieben. Zwischen den Steinen der Zellenwand versteckt, überlebte die lange Manuskriptrolle den Sturm auf die Bastille und erschien – obwohl de Sade sie nicht wiedersah – in Buchform als Teil der neuen psychologischen und ›sexologischen‹ Literatur im Jahre 1904. Das Buch wurde in Berlin publiziert und war nach Angabe der Verleger ausschließlich für Ärzte, Wissenschaftler und Rechtsanwälte bestimmt. Erst 1931 erschien der erste Band einer gewissenhafteren genauen Ausgabe in Frankreich, herausgegeben von Maurice Heine. Auch diese Auflage war limitiert und gehörte in den nächsten dreißig Jahren – so wie *Das Kapital* und Freuds *Traumdeutung* – zu jener besonderen Art von Büchern, die mehr besprochen als gelesen werden.

Hauptdarsteller des Dramas, das sich in Schloß Silling abspielt, sind vier libertine Helden im Alter von 45 bis 60 Jahren: der Herzog von Blangis, sein Bruder, der Bischof von X..., der Präsident Curval und der Bankier Durcet. Dazu kommen ihre vier Töchter Constance, Adelaide, Julie und Aline; vier erfahrene Kurtisa-

Illustration zur Erstausgabe der ›Juliette‹ (1797)

nen, welche die Gesellschaft mit ihren Erzählungen amüsieren sollen, und vier Kupplerinnen, die den Doppel-Harem überwachen sollen. Einen Harem aus acht Mädchen zwischen zwölf und 15 Jahren und einen Harem von acht Jungen im gleichen Alter. Schließlich agieren noch vier stramme junge Männer, die als Stellvertreter der ermüdeten Helden verschiedene Akte auszuführen haben. Als Auftakt arrangieren die vier Helden eine ausgeklügelte Reihe von Heiraten, bei denen sie untereinander ihre Töchter verkuppeln.

Der Herzog, Julies Vater, wird Gatte der Constance, der Tochter von Durcet;

Durcet, Vater der Constance, wird der Gatte von Adelaide, der Tochter des Präsidenten;

Der Präsident, Vater der Adelaide, wird der Gatte von Julie, der ältesten Tochter des Herzogs;

und der Bischof, Onkel und zugleich Vater von Aline, wird der Gatte der drei andern und stellt Aline seinen Freunden zur Verfügung, nur hielt er sich auch weiterhin die gleichen Rechte auf sie bevor.

Die Hauptdarsteller und der Rest der Gesellschaft machen sich beizeiten auf den Weg, um am 1. November, dem ersten der 120 Tage, in Schloß Silling (welches Durcet gehört) einzutreffen. Wie de Sade diese Burg schaurig-romantisch schildert (wie auch vorher schon die Schlösser in *Mißgeschick der Tugend* und in *Justine*), ist eine Meisterleistung.

Man mußte, um zu ihr zu gelangen, erst einmal nach Basel fahren; dort überschritt man den Rhein, an dessen anderem Ufer sich der Weg so stark verengte, daß man gezwungen war, die Wagen zu verlassen. Bald darauf war man im dunkelsten Schwarzwald. Auf einem schwierigen, gewundenen und ohne Führer völlig unbeschreitbaren Pfad drang man ungefähr fünfzehn Meilen vorwärts. Auf dieser Höhe ungefähr lag ein finsterer Weiler von Köhlern und Waldwächtern. Dort begann der Besitz des Herzogs; schon der Weiler gehörte ihm. Da die Bewohner dieses kleinen Fleckchens fast sämtlich Diebe und Wegelagerer waren, fiel es Durcet nicht schwer, sie sich zu Freunden zu machen. Als erstes Gebot gab er ihnen die strikte Anweisung, nach dem 1. November niemanden – wer auch immer es sei – ins Schloß gelangen zu lassen; denn dies war der Zeitpunkt, zu dem die Gesellschaft vollzählig vereint sein sollte... Sobald man die Köhler hinter sich gelassen hatte, begann der Aufstieg zu einem Berge, der fast so hoch wie der Sankt Bernhard, aber von weitaus schwierigerem Zugang war; denn es war unmöglich, den Gipfel anders als zu Fuß zu erreichen. Das hieß nicht, daß auch Maultiere den Aufstieg nicht bewältigten, doch war der Pfad, den man einschlagen mußte, auf allen Seiten so von Abgründen umgeben, daß man sich auf dem Rücken dieser Tiere der äußersten Gefahr aussetzte. Sechs derselben, die man die Nahrung und Ausrüstung transportieren ließ, fanden ebenso wie zwei Arbeiter, die zwei der Tiere hatten besteigen wollen, den Tod. Fast fünf Stunden brauchte man, um den Berggipfel zu erklimmen, der eine andere Merkwürdigkeit aufwies, nämlich ein neues – durch die Vorsichtsmaßregeln, die man traf – derart unübersteigbares Hindernis, daß nur Vögel allein dasselbe noch überwinden konnten. Diese eigenartige Laune der Natur bestand aus einer Felsspalte von mehr als 30 Klaftern zwischen der Nord- und Südseite der Bergesspitze, so daß es ohne kunstvolle Hilfsmittel nach der Besteigung unmöglich war, auf der anderen Seite den Abstieg anzutreten. Durcet hatte die beiden Felsen, die ein Abgrund von mehr als tausend Fuß trennte, durch eine ansehnliche Holzbrücke miteinander verbinden lassen; sie wurde nach Ankunft der letzten Lasttiere abgebrochen, und von diesem Augenblick an bestand keinerlei Möglichkeit mehr, nach Schloß Silling zu gelangen.

Das Schloß selbst ist von einem Wassergraben und einer hohen Mauer umgeben. Doch hat man diese düstere Außenseite erst einmal hinter sich gelassen und ist ins Innere vorgedrungen, befindet man sich plötzlich mitten im Luxus üppig ausgestatteter Harems, alles ist für die Befriedigung aller Arten wollüstiger Wünsche vorbereitet. Dazu gehört auch der Versammlungsraum, in welchem die Kurtisanen ihre Geschichten erzählen sollen und die Mädchen seufzen oder weinen würden, je nachdem, was man von ihnen verlangte.

Er hatte die Form eines Halbkreises: im runden Teil befanden sich vier breite und je mit einer vorzüglichen Ottomane ausgestattete Spiegelnischen. Diese vier Nischen lagen durch ihre Bauweise genau der geraden Wand gegenüber, die den Halbkreis abschloß. Ein vier Fuß hoher Thron lehnte sich an die Wand, die dem Durchmesser des Halbkreises entsprach; er war für die Erzählerin bestimmt. Diese Anordnung machte jene nicht nur von den vier für die Zuhörer bestimmten, gegenüberliegenden Nischen gut sichtbar, sondern entfernte sie auch nicht allzuweit von ihnen; denn der Kreis war klein und ermöglichte es, daß kein Wort der Erzählung verlorenging. Die Erzählerin befand sich dort wie eine Schauspielerin auf der Bühne, und die in den Nischen sitzenden Zuhörer wie in einem Amphitheater. Auf den Stufen zu Füßen des Thrones sollten sich die Lasterobjekte niederlassen, die man mitgebracht hatte, um die durch die Erzählung erzeugte Erregung der Sinne zu kühlen: Diese Stufen waren – ebenso wie der Thorn selbst – von schwarzen Veloursteppichen mit goldenen Fransen bedeckt; die Nischen hatte man mit einem gleichen und ebenso kostbaren, aber tiefblauen Stoff ausgelegt. Unten in der Mitte jeder Nische führte eine kleine Tür in ein Kabinett, das dafür vorgesehen war, gewünschte Objekte einzulassen, die man von den Stufen des Thrones hierherkommen ließ, wenn man die Wollüstigkeit, für die man sie holte, nicht vor aller Welt befriedigen wollte. Diese kleinen Gemächer waren mit Kanapees und allen anderen für Unzüchtigkeiten jeder Art notwendigen Möbeln ausgestattet. Zu beiden Seiten des Thrones erhob sich je eine einzelne Säule, die bis an die Decke reichte. Diese Säulen waren dafür vorgesehen, jemanden, dessen Fehler eine Bestrafung notwendig machten, daran festzubinden. Alle für eine Züchtigung notwendigen Instrumente hingen an der Säule, und dieser eindrucksvolle Anblick diente dazu, die so wesentliche Unterwürfigkeit aufrechtzuerhalten, jene Unterwürfigkeit, aus der für die Seele der Peiniger fast aller Zauber der Wollust entstand.

Dieses luxuriöse Amphitheater innerhalb einer furchterregenden Festung, hoch oben in den wilden, unzugänglichen Berggipfeln Europas gelegen, erscheint in seiner Wintereinsamkeit losgelöst von Zeit und Raum. Es wird zur Kulisse einer schrecklichen Phantasie, die alles übertrifft, was etwa *The Mysteries of Udolpho* oder auch *Das Mißgeschick der Tugend* in dieser Hinsicht zu bieten haben. Die Schilderung gleicht dem Entwurf zu einem Bühnenstück. Vor allem aber, und das ist wichtig, gibt sie uns eine detaillierte Topographie der Gedanken und Neigungen des Gefangenen de Sade.

Halb entschuldigend warnt de Sade seine Leser, sich »auf die unzüchtigste Geschichte vorzubereiten, die je erzählt wurde«, doch muß man bald feststellen, daß weniger die Unzüchtigkeit als vielmehr Grausamkeit die Szene beherrscht. Da gibt es ein verstecktes, unterirdisches Verlies, das für die schlimmsten Quälereien eingerichtet ist und in dem die schwerwiegenden Verstöße auf eine Art geahndet werden, die der Versammlungsraum nicht zulassen würde. Die Einrichtung des Gewölbes wird beschrieben, und der Herzog (der bereits die 22jährige Constance, eine »römische Schönheit«, und mehrere junge Mädchen und Knaben mit Beschlag belegt hat) erfreut sich in rascher Folge dreier Orgasmen hintereinander, als ihm die Folterkammer geschildert wird.

De Sade gliedert seinen Roman, den vorgesehenen Monaten entsprechend, in vier Teile. Der November sollte der Beschreibung und Ausführung der 150 einfachen Passionen gewidmet sein, der Dezember gehörte den 150 komplexeren Passionen zweiten Grades, der Januar den 150 verbrecherischen Passionen, und für den Februar waren die 150 mörderischen Passionen vorgesehen. De Sade beendete nur den ersten Teil, die restlichen drei hinterließ er in Form von skizzenhaften Entwürfen. Die vier älteren Mädchen, die »Ehefrauen«, hatten sich den Passionen der Libertins von Anfang an zu unterwerfen, dagegen durften die anderen Sklavenmädchen nur dem Zeitplan entsprechend, der in der Liste der Passionen festgehalten war, benutzt werden.

In diesem Roman, in welchem de Sade versucht, eine Welt moralischer Anarchie zu errichten, kommt seine Manie, alles in Systeme und Ordnungen einzuteilen, am deutlichsten zum Ausdruck. So werden zum Beispiel die Knaben und Mädchen, lange bevor sie ihre Unschuld verlieren dürfen, unter den vier Libertins aufgeteilt. In der Welt von Schloß Silling wird das Eigentum genauso respektiert wie anderswo. Jeder der Hauptakteure hat seine bestimmte Farben, und ein Knabe, der diese Farbe trägt, ist für den Besitzer dieser Farbe reserviert. Die Mädchen werden durch die Art, in der sie die farbigen Bänder tragen, gekennzeichnet. Im Falle des Herzogs zum Beispiel tragen Fanny, Zelmire, Sophie und Augustine die Bänder vorne in der Frisur. Rosette, Hébé und Michette tragen die Bänder am Hinterkopf, »wo ihr Haar in den Nacken fällt«.

Am gelungensten ist der Roman beim Aufbau der Szenerie und damit der Erwartung, die er angesichts der bevorstehenden Grausamkeiten erweckt. Wie viele andere Schauerromane fällt er ab, sobald die Drohungen in die Tat umgesetzt werden. Ein Großteil des ersten Monats wird von Akten des Erbrechens und Sichentleerens ausgefüllt, die ganz entschieden nicht erotisch anregend wirken. Dazwischen eingestreut sind kurze, burlesk beschriebene Hochzeiten, Tändeleien, Begattungen und Hinweise auf Bestrafungen, die nicht genauer erläutert werden. Sogar de Sade bemerkt, als er die im ersten Teil des Buches begangenen Fehler notiert, daß er bei der Beschreibung der körperlichen Funktionen seiner Personen »nicht genügend zurückhaltend« gewesen sei und den Analverkehr zu sehr zum Hauptthema der Diskussion werden ließ.

Natürlich ist es ungerecht, einen nicht vollendeten Roman, den der Autor nicht veröffentlichen wollte und eigentlich nur für sich selbst schrieb, so zu kritisieren, als gehe es um einen veröffentlichten Roman. Tatsächlich handelt es sich weit mehr um private Aufzeichnungen von Gedanken und Phantasien. Stellt man de Sade jedoch nicht als Literaten, sondern als Mensch in den Mittelpunkt der Betrachtung, sind die charakteristischen Merkmale der *120 Tage von Sodom* von größter Bedeutung. Darüber hinaus sind Fehler und Ausführungen dieses Buches oft deckungsgleich mit jenen seiner anderen, veröffentlichten Romane.

Sein Versagen als erotischer Schriftsteller ist ganz offensichtlich. Jedenfalls ist nicht anzunehmen, daß der Großteil der Leser, deren sexuelle Bereitschaft nicht automatisch durch Grausamkeit oder unappetitliche Scheußlichkeiten ausgelöst wird, sich von den Schilderungen angesprochen fühlt. Wenn de Sade in dem fertiggestellten ersten Teil seines Romanes überhaupt erfolgreich ist, dann in jenen Absätzen, in denen bloße Grausamkeit und Perversität zurückgedrängt sind und Episoden im Stile von Chaucer oder Rabelais Platz machen. Die Eröffnung des 20. Tages entspricht diesem Stil. In die Episode verwickelt ist der Herzog und seine 18jährige Frau Aline mit »ihrem lebhaften kleinen Gesicht, der Stupsnase und den munteren braunen Augen« und eines der jungen Mädchen, Sophie, 18jährig, reizend und schüchtern. Aline steht dem Herzog natürlich jederzeit zur Verfügung, dagegen muß Sophie den Regeln nach noch für eine bestimmte Zeit unberührt bleiben. In den einfachen Vergnügungen des ersten Monats ist Gruppensex noch nicht enthalten. Die Geschehnisse einer Nacht werden, obwohl es dabei um de Sades spezielles Thema, den Analverkehr, geht, in einer Art beschrieben, als wären sie in Chaucers *The Reeve's Tales* oder bei Rabelais passiert:

Während der Nacht passierte ein amüsanter Zwischenfall. Der Herzog war völlig betrunken, und anstatt in sein eigenes Bett zu finden, war er in Sophies Bett geraten. Was immer das junge Mädchen auch einwenden mochte, denn sie wußte sehr wohl, daß sein Verhalten gegen die gegebenen Regeln verstieß, er weigerte sich, seinen Platz aufzugeben, und beharrte darauf, daß er im Bett bei seiner Frau Aline sei, wo er eigentlich auch hingehörte. Natürlich waren ihm bei Aline alle Vergnügungen erlaubt, die ihm bei Sophie einstweilen noch nicht gestattet waren. Als er die arme Kleine nun aufforderte, sich in die entsprechende Position zu begeben, damit er sich in seiner Lieblingsstellung mit ihr vergnügen könne, und als der Herzog versuchte, mit seinem riesigen Glied durch ihr dicht verschlossenes Hintertürchen einzudringen, schrie sie voller Angst und rannte zur Mitte des Schlafsaales. Der Herzog folgte ihr und fluchte wie verrückt, da er immer noch glaubte, Aline vor sich zu haben. »Du kleine Sodomitin«, schimpfte er, »schließlich ist es ja nicht das erste Mal, daß du ihn zu spüren bekommst, wie?« Und als er glaubte, sie erwischt zu haben und sie jetzt bereit sei, fiel er auf Zelmires Bett und hielt nun sie für Aline. Die gleiche Prozedur wie vorher wiederholte sich, denn der Herzog war jetzt entschlossen, endlich zur Sache zu kommen. Als jedoch Zelmire begriff, was ihr bevorstand, folgte sie dem Beispiel ihrer Gefährtin: sie stieß einen Angstschrei aus und rannte um ihr Leben.

Sophie, die zuerst entronnen war, begriff, daß man in dieses Durcheinander nur Ordnung bringen könne, wenn man ein paar Kerzen entzündete und jemanden herbeiholte, der mit klarem Verstand alles wieder ins rechte Lot brachte. Sie begab sich also auf die Suche nach Madame Duclos. Aber die hatte sich abends bei der Orgie wohl übernommen und lag völlig unansprechbar im Bett des Herzogs ausgestreckt. Von ihr war demnach keine Hilfe zu erwarten. Sophie war verzweifelt, sie hörte alle ihre Freundinnen um Hilfe schreien und wußte nicht, an wen sie sich wenden sollte. Sie riskierte, in Durcets Zimmer zu gehen, der Constance bei sich im Bett hatte. Sie berichtete ihr flüsternd, was geschehen war. Constance riskierte es ihrerseits, das Bett zu verlassen, obwohl der betrunkene Durcet sie zurückzuhalten suchte und behauptete, er müsse sie noch einmal haben. Constance nahm eine Kerze und ging zum Schlafraum der Mädchen. In ihren Nachthemden standen sie alle in der Mitte des Saales zusammengedrängt, und der Herzog verfolgte bald die eine, dann wieder die andere, immer in dem Glauben, es müsse Aline sein, die sich – so schwor er – in dieser Nacht in eine Hexe verwandelt habe.

Constance überzeugte ihn schließlich von seinem Irrtum und bat um die Erlaubnis, ihn in das richtige Zimmer zu geleiten, wo er Aline finden werde, die bereit sei, sich allen seinen Wünschen zu unterwerfen. Der Herzog war völlig betrunken und hatte wirklich nichts anderes im Sinn, als Aline zu sodomieren, und so ließ er sich von Constance wegführen. Sein wunderschönes Mädchen nahm ihn in Empfang, und sie gingen zu Bett. Constance zog sich zurück, und im Schlafsaal der Mädchen kehrte wieder Ruhe ein.

Am nächsten Tag amüsierte man sich allgemein über das nächtliche Abenteuer. Der Herzog beharrte darauf, daß man ihn, falls er aus Versehen jemanden entjungfert hätte, nicht hätte bestrafen können, da er nicht Herr seiner Sinne gewesen sei. Die anderen versicherten ihm, daß er sich in einem Irrtum befinde und sie ihm eine gewaltige Buße auferlegt hätten. Danach begab man sich zum Frühstück in den Harem der kleinen Mädchen, die alle gestanden, daß der Herzog ihnen entsetzliche Angst eingejagt habe. Trotz der Störungen der Nacht stellte man fest, daß alle Mädchen sich richtig verhalten hatten.

Abgesehen von den speziellen Neigungen des Herzogs enthält diese Episode viel von Chaucers unverwechselbarer Inszenierung, typisch für das 18. Jahrhundert, und das Thema könnte »Die Irrtümer einer Nacht« genannt werden.

Wahrscheinlich ist es gut, daß de Sade niemals daranging, die Notizen, welche er für die verbrecherischen und die mörderischen Passionen gemacht hatte, in Form eines Romanes zu gestalten. Selbst in der zwielichtigen Welt der exzentrischen Erotik ist es nur schwer vorstellbar, daß zum Beispiel das Brechen eines Armes oder die Amputation der Zehe eines Opfers ein Höhepunkt der Literatur sein können. Grausamkeit kann schockieren oder Widerwillen erregen, aber gerade in der Literatur besteht die Gefahr, daß Gewalttätigkeit bei Wiederholung langweilig und lächerlich wirkt. Die blutigen Tragödien aus der Zeit Jakobs, die romantischen Schauerromane, die Viktorianischen Melodramen sind einer unbeabsichtigten Komik gefährlich nahe. Selbst in Websters *Herzogin von Amalfi* bedarf es einer besonders geschickten Darbietung bei der Exekution der Heldin und ihrer Dienerin, um im Publikum kein Kichern aufkommen zu lassen.

In de Sades Fall wird dieses Problem durch die Art und Weise kompliziert, in welcher das 20. Jahrhundert – in seinen besten satirischen Werken – einige seiner schauerlichsten Ideen zum Bestandteil einer Komödie macht. Da soll bei de Sade zum Beispiel am 12. Tag der mörderischen Passionen einer der strammen jungen Männer, der stellvertretend für die vier Libertins sexuelle Akte auszuführen hatte, getötet werden.

Als Todesart wählt man das Absägen des Kopfes, was natürlich einige Zeit in Anspruch nimmt. Für den Leser des 20. Jahrhunderts ist das unglückliche Opfer Mister Prendergast, der moderne Geistliche, der »Zweifel« hat und Gefängnisgeistlicher wird und in Evelyn Waughs *Auf der schiefen Ebene* von einem irren Häftling mit einer Säge umgebracht wird. Mit dem fortschrittlichen Gefängnisdirektor, der es für therapeutisch wertvoll hält, wenn er einem verrückten Mörder gestattet, in seiner Zelle Laubsägearbeiten zu machen, ist der Hintergrund und die Inszenierung von Prendergasts Schicksal von de Sades Idee allerdings grundverschieden. Ebenso die Art, wie sich die Nachricht über das Geschehen unter den Gefangenen verbreitet, während sie in der Kirche »O God our help on ages past« singen.

»Old Prendy ging zu einem Kerl,
der sagt, er hätt' nen Geist gesehen;
er war verrückt, und er besaß
'nen Hammer und 'ne Säge.

Wer gab dem Irren dieses Zeug?
Der Knastdirektor, wer denn sonst?
Der Kerl wollt gern ein Tischler sein
und sägte Prendys Rübe ab.

Zeit, wie ein ewig währender Strom
rafft jeden einst hinweg;
der arme Prendy brüllte laut
fast eine halbe Stunde lang.«

Illustration zur Erstausgabe der ›Juliette‹ (1797)

De Sade hätte es wahrscheinlich nicht gerne gesehen, seine Ideen in derart burlesker Form in den Romanen eines katholischen Schriftstellers zu finden, der zu den besten englischen Autoren seines Jahrhunderts gezählt wird. Daß de Sades Einfälle immer wieder auftauchen, ohne absichtlich kopiert zu werden, steht außer Frage. Denn was ist Prendergast anderes als das unglückliche Opfer auf Schloß Silling, dem der Kopf abgesägt wird? Und Basil Seal, der in *Schwarzes Unheil* im afrikanischen Dschungel nach Prudence sucht und dem sein Gastgeber, sich wohlig den Magen streichend, nach dem Mahl erklärt: »Sie und ich und die großen Häuptlinge – wir haben sie eben aufgegessen«, ist vergleichbar mit Sainville bei Sarmientos Diner in *Aline und Valcour*. Und Gilbert Pinfold, der von körperlosen Stimmen gequält wird, die alle seine Untaten und Perversionen aufzählen und ihm dann verkünden, daß er auch körperlich bestraft werden müsse, erinnert stark an Fontanis in *Der gefoppte Präsident*.

Diese Parallelen sind rein zufällig, aber sie zeigen uns, daß de Sade selbst in den intensivsten Momenten der 120 Tage von Sodom der unbeabsichtigten Komik gefährlich nahe kommt – eine Gefahr, der das Grand Guignol in allen seinen Formen stets ausgesetzt ist.

5. Justine und Juliette

Als de Sade das *Mißgeschick der Tugend* 1791 zur *Justine* und 1797 zur *Neuen Justine* mit der Fortsetzung *Juliette* umarbeitete, blieb die Grundstruktur des Romanes unverändert. Jedoch bereits in der Version von 1791 wurden so viele neue Personen und Episoden eingefügt, daß die vorher klaren, geradlinigen Umrisse der philosophischen Erzählung zu verschwimmen begannen. Die Philosophie der Schurken, die ständig von der Sinnlosigkeit der Tugend und der Gleichgültigkeit der

Natur gegenüber dem Leiden der Menschheit reden, bleibt unverändert. »Laß uns an der Verbrecherin das Urteil vollziehen, das sie verdient hat. Wir begehen damit kein Verbrechen, es ist eine Wiederherstellung der Ordnung«, sagt Bressac.

Zu den Personen, die dem Roman 1791 zugefügt wurden, gehört Saint-Florent, den Justine, alias Thérèse, vor den Räubern rettet und der ihre Hilfe mit brutaler Bedrohung dankt. Und Monsieur de Gernande wiederum hat die Angewohnheit, jungen Mädchen die Adern zu öffnen und ihr Blut in Schalen aufzufangen, was manchmal mit dem Tod der Mädchen endet. Gegen Ende des Romanes wird auch eine ausgedehnte Orgie geschildert, welche Monsieur de Cardoville, der Richter des Mädchens, inszeniert. Mit einigen seiner Kumpane begibt er sich in die Zelle des Mädchens, mit dem er sich amüsieren will. Für eine »Orgie der Grausamkeit« wird Thérèse ausgezogen und gezwungen, einen Sessel zu besteigen, ihre Knie auf die Armlehnen und ihre Ellenbogen auf die Rückenlehne gestützt.

Andere Teile von *Mißgeschick der Tugend* werden erweitert und ausgeschmückt. Zu den Leiden Thérèses und ihrer Gefährtin Susanne im Schloß der Falschmünzer gehört eine Orgie in einem geheimen Verlies. Von den Mädchen wird verlangt, daß sie sich aufhängen und erst im letzten Augenblick wieder abschneiden lassen. Nach de Sade soll das Opfer dabei besonders intensive körperliche Wollust empfinden, ein Vergnügen, das sich bei den alten Kelten großer Beliebtheit erfreut haben soll.

Auch die Erzählung von Sainte-Marie-des-Bois wird um einige Orgien und die genauere Beschreibung der Bösewichte und ihres Harems erweitert. Obwohl das wenig zur Handlung beiträgt, werden bei einigen Vorgängen die sexuellen Manien der Schurken noch stärker betont. Eine dieser Besessenheiten ist die beinahe hysterische Wut auf ein Mädchen, das schwanger wird und somit Leben schafft, anstatt zu zerstören, überdies ist der Körper einer Schwangeren nicht mehr unbegrenzt als Lustobjekt brauchbar. In Sainte-Marie-les-Bois wurde eine 31jährige Frau bestraft, weil sie im dritten Monat schwanger war. Sie mußte auf einem acht Fuß hohen Sockel stehen, der oben so schmal war, daß sie nur mit einem Fuß darauf balancieren konnte. Da stand sie, nackt, einen Fuß in der Luft, und versuchte, ihr Gleichgewicht mit einer Balancierstange zu halten. Man hatte den Boden ringsum mit Matratzen ausgelegt, um ihren Fall zu mildern, aber die verkommenen Mönche hatten diese drei Fuß hoch mit Brombeerranken, Stechpalmen und dornigen Zweigen bedeckt.

Als literarische Hilfsmittel sind derartige Schilderungen durch ihre eigene Absurdität völlig wertlos. Das gleiche trifft zum Beispiel auch für Cléments Manie zu, der auf dem Rücken eines Mädchens im Zimmer herumreitet. Man kann natürlich einwenden, daß der Roman zwar durch die Einfügung so vielen belanglosen Materials in den beiden späteren Versionen seine Form als Erzählung im Stile von *Candide* verliert, andererseits aber dadurch ein komplexerer Bericht über das Mißgeschick der Tugend wird. Im ganzen gesehen trifft das nicht zu. Viele der Leiden sind einfach zu absurd und zu nahe am Lächerlichen, als daß sie – selbst im Vergleich mit den nicht näher beschriebenen, aber angedeuteten Schrecken, welchen sich Ann Radcliffes Heldinnen in *The Mysteries of Udolpho* und *The Italian* ausgesetzt sehen – überzeugend wirken könnten.

Die Schwächen der Version von 1791 treten in der *Neuen Justine* von 1797 noch deutlicher hervor. Diese Fassung ist doppelt so lang und wird dadurch, daß einige Personen ihre Lebensgeschichte erzählen dürfen und durch die Einschiebung endloser Tiraden über Moral und Unmoral, die de Sades sämtliche Romane ruinieren, zu sehr ausgewalzt. Unwichtige Figuren treten auf: Nach Rodin, für den die Chirurgie mehr ein Hobby als ein Beruf ist, tritt Monsieur de Bandole auf, dessen großartiger Beitrag zur de Sadeschen Medizin darin besteht, daß er den Vorgang des Gebärens und die Schmerzen der Wehen für die Patientinnen erschwert.

Die *Neue Justine* füllt die ersten vier, *Juliette* die folgenden sechs Bände des insgesamt zehnbändigen Romans. *Juliette* kennzeichnet eine neue Entwicklung in de Sades Werk. Nicht daß etwa seine Philosophie sich geändert hätte, doch hier steht das Laster anstelle der Tugend im Mittelpunkt. Während die glücklose Justine alle Verfolgungen der Tugend erleiden muß, feiert ihre Schwester Juliette den Tod der Eltern, indem sie sich begierig einer Laufbahn voller Laster und Verbrechen zuwendet. Sie ist entzückt von lesbischen Orgien und lernt auch bald einige üble, verbrecherische Männer kennen, die als respektable und einflußreiche Bürger gelten. Sie sind so sehr eine Parodie auf jegliche Moral, wie einige der geschilderten Frauen Karikaturen ihres eigenen Geschlechtes sind, wie Madame de Volmar, deren Klitoris so überentwickelt ist, daß sie andere Frauen damit sodomieren kann.

Noirceuil, einer von Juliettes ersten Gönnern, tötet seine Frau, um die Tochter von Saint-Fond heiraten zu können, der seinerseits Juliette übernimmt und der besonderes Vergnügen am Leiden der Armen und Unterdrückten findet. Er bewundert die Inquisition, Machiavelli und sämtliche Formen des Despotismus und der Tyrannei, während er jede Art von Religion, Tugend oder Mitleid verachtet. Aus den Händen dieses Lehrherrn wird Juliette der englischen Lesbierin Frau von Clairwil übergeben und lernt in der ›Gesellschaft der Freunde des Verbrechens‹ die vollkommene Revolution der Moral kennen.

Inzwischen ist sie für eine Heirat wohl gerüstet. Der tugendsame Herr des Lorsange befreit sie und wird ihr

Ehemann. Die Ehe dauert zwei Jahre, und Juliette bringt eine Tochter zur Welt. Danach bereut sie ihre weibliche Schwäche, vergiftet ihren Mann und begibt sich in Gesellschaft des Abbé Chabert, eines der ›Freunde des Verbrechens‹, nach Italien. Fast die gesamte zweite Hälfte des Werkes füllt de Sade mit einem Reisebericht durch die Hauptstädte Italiens aus. Zwar wird die Handlung immer noch durch langatmige, sich wiederholende Tiraden zugunsten des Verbrechens und gegen die Tugend behindert, und alle grausamen oder erotischen Anschläge sind nur allzubald vorhersehbar, doch durch Grotesken wie die Geschichte von Minski wird dies der interessanteste Teil des Romans.

Minski, in Rußland geboren, lebt in einem Schloß auf einer Insel inmitten eines Vulkansees auf einem Berg bei Florenz.

Er ist ein Riese – alle seine Laster, Grausamkeiten und Begierden entsprechen seiner Größe und geben ihm etwas vom Charakter eines Märchen-Ungeheuers. Allerdings besteht ein Unterschied: Er hat einen Harem von hundert Mädchen, die ihm als Lustobjekte, als Nahrung und ebenso als Möbelstücke dienen. Er lädt Juliette und ihre Begleiter zum Essen ein.

»Es ist nichts Besonderes für Sie vorbereitet«, sagt der Riese. »Wenn alle Könige der Erde mich besuchen kämen, so würde ich doch nicht von meinen Gewohnheiten abweichen.«

Aber die Art und Ausstattung des Saales, den wir betraten, verdienen einige Beschreibungen.

»Die Möbel, die Sie hier sehen«, sagte uns der Gastgeber, »sind lebendig. Alle werden sich bei dem kleinsten Zeichen in Bewegung setzen.«

Minski gab ein Zeichen.

Der Tisch bewegte sich vorwärts. Erst befand er sich in einer Ecke des Saales, nun stand er in der Mitte. Fünf Sessel stellten sich um ihn herum. Zwei Lüster kamen von der Decke und schwebten über der Mitte des Tisches.

»Der Mechanismus ist einfach«, sagte der Riese, indem er uns von nahem das Material, aus dem diese Möbel gemacht waren, sehen ließ. »Sie sehen, daß dieser Tisch, diese Lüster, diese Sessel nur aus Mädchengruppen bestehen, die kunstvoll arrangiert sind. Meine Gerichte werden ganz heiß auf die Hüften dieser Geschöpfe gestellt, meine Kerzen stecken in ihren Fotzen, und mein Hintern wird, wenn er sich in den Sessel niederläßt, genauso wie der Ihre, von den weichen Gesichtern oder den weißen Brüsten dieser Mädchen gestützt werden. Deshalb bitte ich Sie, meine Damen, Ihre Röcke hochzuheben und Sie meine Herren, Ihre Hosen herunterzuziehen, damit, nach den Worten der Heiligen Schrift, das Fleisch auf dem Fleische ruhen kann.«

»Minski«, sagte ich zu unserem Moskoviten, »die Rolle dieser Mädchen ist ermüdend, vor allem, wenn Sie lange Zeit zu Tisch sitzen.«

»Es kann sein«, sagte Minski, »daß einige von ihnen krepieren. Diese Verluste sind zu leicht zu ersetzen, als daß ich mich auch nur einen Augenblick damit aufhalte.«

In dem Augenblick, da wir unsere Röcke aufhoben und die Männer ihre Hosen herunterließen, forderte Minski, daß ihm unsere Hinterbacken gezeigt wurden...

Zwölf Mädchen im Alter von zwanzig bis fünfundzwanzig Jahren servierten uns die Schüsseln auf den lebenden Tischen, und da sie aus Silber und sehr heiß waren und die Hintern und Brüste der Geschöpfe, die diese Tische bildeten, verbrannten, entstand eine sehr lustige, zuckende Bewegung, die dem Rollen der Meereswogen glich. Mehr als zwanzig Vorgerichte oder Fleischplatten garnierten den Tisch, und auf Beistelltischchen, die jeweils aus vier Mädchen gebildet wurden und die sich auf das kleinste Zeichen hin näherten, wurden Weine jeder Art bereitgestellt.

»Meine Freunde«, sagte unser Gastgeber, »ich habe Ihnen vorausgesagt, daß man sich hier nur von Menschenfleisch ernährt. Kein Gericht, das Sie hier sehen, besteht aus etwas anderem.«

»Wir werden es probieren«, sagte Sbrigani. »Der Widerwille dagegen ist absurd: er entsteht nur aus Mangel an Gewohnheit. Alle Fleischarten sind dazu da, den Menschen zu ernähren, zu diesem Zweck hält die Natur sie für uns bereit, es ist nicht ungewöhnlicher einen Menschen zu essen als ein Huhn.«

Und während er das sagte, drang mein Begleiter mit einer Gabel in den Teil des Jungen, der ihm besonders gut erschien. Und nachdem er wenigstens zwei Pfund auf seinen Teller gelegt hatte, verschlang er sie. Ich ahmte ihn nach. Minski ermutigte uns. Und da sein Appetit seinen Leidenschaften gleichkam, hatte er bald ein Dutzend Schüsseln geleert.

Minski trank wie er aß. Er war schon bei der dreißigsten Flasche Burgunder, als man die Zwischengerichte servierte, die er mit Champagner übergoß. Aleatico, Falerner und andere kostbare Weine Italiens wurden zum Dessert hinuntergespült. Mehr als dreißig weitere Weinflaschen wurden noch in die Eingeweide unseres Menschenfressers geschüttet, ehe der Wüstling seine Sinne durch diese körperlichen und moralischen Ausschweifungen genug berauscht hatte und uns erklärte, daß er Lust hätte, sich zu entleeren.

Das Monster Minski ist von allen Personen in *Juliette* de Sades bemerkenswerteste Erfindung. Die Enormität seiner physischen Begierden entspricht seiner Gewalt, und er erzählt beinahe entschuldigend von seiner Schwester, die ein Zwerg von sechs Fuß Länge ist. Abgesehen von seiner sexuellen Extravaganz ähnelt er dem Riesen eines Kindermärchens, der einem Roman für Erwachsene angepaßt wurde. *Juliette* und *Jack the Giant-Killer* haben eigentlich mehr gemeinsam, als man vermuten möchte; jedenfalls läßt sich der Ausspruch »Ich werde seine Knochen zermahlen und daraus mein Brot backen« durchaus mit Minskis kulinarischem Geschmack in Einklang bringen.

Um auch seine Grausamkeiten im Riesenmaß zu gestalten, ist Minskis prächtiges Schlafgemach neben unzüchtigen Wandgemälden mit der erstaunlichsten Maschinerie versehen, die de Sade in seinen Romanen jemals erfunden hat.

Am Ende des Saales befand sich eine große Nische, die ganz mit Spiegeln ausgekleidet war und die sechzehn schwarze Marmorsäulen schmückten, an die je ein junges Mädchen gebunden war, das man von hinten erblickte. Mit Hilfe von zwei Schnüren, die wie Klingelschnüre am Kopfende des Bettes unseres Helden hingen, konnte er jeden der Hintern, die sich ihm zeigten, auf andere Art martern lassen; die Marter dauerte so lange, wie er die Schnur nicht losließ... er zog an seinen unheilvollen Schnüren, und die sechzehn Unglücklichen erhielten, indem sie alle gleichzeitig aufschrien, je eine andere Verletzung. Die einen wurden gestochen, verbrannt, ausgepeitscht; die anderen mit glühenden Zangen gezwickt, angeschnitten, gekniffen oder gekratzt, und all das so stark, daß überall Blut floß.

»Wenn ich das verdoppeln würde«, sagte uns Minski, »und das passiert mir manchmal, das hängt davon ab, in welchem Zustand meine Eier sind, aber nun, wenn ich das also verdoppelte, würden im selben Augenblick diese sechzehn Nutten vor meinen Augen umkommen. Ich liebe es, mit dem Gedanken einzuschlafen, daß ich beim leisesten Verlangen danach sechzehn Morde auf einmal begehen kann.«

Eine der Begleiterinnen Juliettes, Augustine, gefiel Minski besonders gut, und er bestand darauf, sie auf der Stelle zu besitzen. Seine Größe erwies sich als tödlich für das arme Mädchen. Dennoch zog der Riese im Augenblick höchster Lust an zwei bestimmten Schnüren, und im gleichen Augenblick wurden sechzehn Mädchen, die an die schwarzen Säulen gefesselt waren, entweder erstochen, erschossen, erhängt oder auf irgendeine andere Weise vom Leben zum Tod befördert.

Nach der Begegnung mit Minski werden die Phantasien des Romans noch wilder. In Rom wird Juliette von Papst Pius VI., der von ihrer Schönheit und Intelligenz völlig überwältigt ist, in Privataudienz empfangen. Er gesteht ihr, daß er ein vollendeter Heuchler ist und noch nie an irgendeine Religion geglaubt habe. Er ist bereit, als Gegenleistung für Juliettes Gunst im Petersdom eine Schwarze Messe abzuhalten. Mit derartigen persönlichen Schmähreden wird der Roman fortgesetzt. Die Schurkengesellschaft kommt schließlich nach Neapel, wo sie sich aufhält, um das Opfer einer Orgie in die Flammen des Vesuvs zu stürzen. Von dort aus reist sie nach Venedig weiter und kehrt schließlich nach Frankreich und zu Noirceuil zurück.

Auf dem Höhepunkt der Handlung arrangiert Juliette die Heirat Noirceuils mit einem siebzehnjährigen Mädchen. Während der Hochzeitsfeier wird die Braut gezwungen, völlig nackt auf einem zugeforenen See vor dem Schloß Schlittschuh zu laufen – ringsum am Ufer stehen bewaffnete Männer mit Peitschen. Sie wird endlich wieder ins Schloß geholt und bei lebendigem Leibe seziert. Juliette gibt Noirceuil ihre eigene Tochter und hilft ihm sogar dabei, das Mädchen lebend zu verbrennen. Von diesen Taten inspiriert, vergiftet das Paar den Wasservorrat der Stadt, obgleich sie es enttäuschend finden, daß nicht mehr als 1500 Menschen an den Folgen sterben. Das Buch endet mit der Ernennung Noirceuils zum Premierminister von Frankreich. Alle seine lasterhaften Freunde werden mit Reichtum und einflußreichen Staatsposten versorgt.

Durch die Länge dieses Werkes zeigen sich in *Juliette* Schwächen auffälliger als in seinen übrigen Schriften. Seine politischen und philosophischen Reden sind selbst im Vergleich mit seinen anderen Romanen unmäßig lang und wiederholen sich ständig, so daß sie unerträglich werden. Es gibt keine Charakterisierung der handelnden Personen im üblichen Sinne, denn sie sind nichts als Personifizierungen von Laster oder Tugend. Und wenn de Sade beim Erfinden einer Phantasiefigur wie Minski erfolgreich ist, so sind ironischerweise die sexuellen Zutaten der Erzählung am wenigsten interessant. Es ist Minski, der Kannibale, und seine groteske Dinnerparty, oder Minskis vielseitig wirkende Mordmaschinerie, die selbst die bizarrsten sexuellen Orgien, welche de Sade ersinnen konnte, in den Schatten stellen.

6. Die Philosophie im Boudoir

Das letzte und in mancher Hinsicht unwichtigste von de Sades privaten Werken, *Philosophie im Boudoir,* wurde 1795 veröffentlicht. Auf dem Titelblatt wird es als posthumes Werk des Autors der *Justine* bezeichnet, und als Erscheinungsort wird London angegeben.

Kernpunkt der sieben Dialoge des Buches ist die sexuelle Erziehung eines fünfzehnjährigen Mädchens, Eugénie de Mistival, durch verschiedene Libertins und durch Madame de Saint-Ange, die allgemeine Heterosexualität mit einer Vorliebe für lesbische Liebe verbindet. Obwohl Eugénie in alle Formen sexueller Praxis eingeführt wird, ist weit weniger von Gewalttätigkeit die Rede als in de Sades anderen vergleichbaren Schriften. Am eigenartigsten in diesem Buch ist wohl de Sades Einfall, zwischen die diversen Orgien eine lange politische Parodie, *Franzosen, strengt euch an, wenn ihr Republikaner sein wollt!,* einzuschieben. Diese Lobpreisung von Mord, Diebstahl, Prostitution, Inzest und Sodomie als die einzig wahre Basis guten Lebens ist an anderer Stelle schon besprochen worden. Ob de Sade nun beabsichtigte, seine Leser zu empören oder zu amüsieren, sei dahingestellt. Wie unpassend der Aufruf war, zeigt am besten der Eifer, mit welchem jene, die de Sade für einen radikalen, politischen Philosophen hielten, diesen Teil des Buches gesondert veröffentlichten, wobei sie die vorhergehenden und nachfolgenden Orgien geflissentlich übersahen.

Was in dem Buch sonst noch passiert, ist leicht vorauszusehen: Eugénie durchschreitet ohne Reue sämtliche Stadien ihrer sexuellen Einführung. Nur der Schlußdialog bringt noch eine neue, unerwartete Teilnehmerin auf den Plan. Madame de Mistival, eine reife Schönheit, erscheint, um nach ihrer Tochter zu sehen. Obwohl sie sich auf ihre Tugend beruft, wird sie sofort gezwungen, die Posse der anderen mitzuspielen. Eugénie, durch die Orgien ein Muster an Verderbtheit geworden, ist von der Idee begeistert. Als Madame de Mistival flehentlich bittend vor ihr kniet, dreht die unverschämte Tochter ihr den Rücken zu und fordert sie auf, ihr den Hintern zu küssen. Die anderen berauben Madame ihrer Kleider, und es erweckt allgemeine Heiterkeit, als man die Spuren einer ehelichen Auspeitschung entdeckt. Sie wird von Dolmancé und ihrer eigenen Tochter mißbraucht, wird bewußtlos geschlagen und zu Eugénies Entzücken wieder zu Bewußtsein geprügelt. Schließlich wird sie auf Eugénies Vorschlag hin zugenäht und mit einem Fußtritt hinausbefördert.

Wie Karl Marx oder Sigmund Freud verdankt de Sade das Überleben seines Namens mehr seinem Ruf als seinem literarischen Werk. In seinem Fall trifft es zu, daß seine Missetaten sein Andenken weit stärker prägten als seine Bücher. Seinen literarischen Ruf verdankt er vorwiegend der zweiten Gruppe seiner Romane, die so geheime Welten wie das Schloß Silling eröffnen. Es läßt sich darüber streiten, ob de Sade besser durch *Das Mißgeschick der Tugend,* durch *Aline und Valcour* und seine kurzen Erzählungen oder durch die sexuellen Alpträume der anderen Werke repräsentiert wird. Es mag Vorteil oder Nachteil sein, doch als Autor dieser Alpträume wurde sein Name während zweier Jahrhunderte bewundert oder verabscheut. De Sades Geschichte endet nicht mit seinem Tod. Man kann behaupten, daß der längere und interessantere Teil seiner Geschichte eigentlich erst im Winter 1814 mit seinem Begräbnis auf dem Friedhof von Charenton beginnt. Bald sollte die erschreckte Welt von den Ungeheuerlichkeiten hören, welche die Moralisten des 19. Jahrhunderts ihm zuschrieben, und voller Ungläubigkeit mußte sie zur Kenntnis nehmen, daß es dennoch Männer und Frauen gab, die danach strebten, Schüler dieses satanischen Ungeheuers zu werden.

Des Teufels Schüler

William Blake, der de Sade in sein Gedicht über die Französische Revolution einbezieht (1791), war einer der vielen, die ein Urteil fällten, ohne den wahren Sachverhalt zu kennen oder auch nur die Werke gelesen zu haben, die de Sade tatsächlich geschrieben hatte. »Die Bastille erzitterte«, verkündete Blake.

> ... und in der Höhle namens Schrecken war ein Mann,
> ein Eisenband um seinen Hals, mit Hand und Fuß
> gekettet an die unbezwingliche Mauer.
> In seiner Seele eine Natter schlang sich um sein Herz,
> dem Licht entzogen, wie in einer Felsenspalte;
> der Mann war eingekerkert, weil er prophetisch schrieb...

Man kann Blake nicht zum Vorwurf machen, daß er de Sade nicht gelesen hatte. Im Jahre 1790 war alles, was de Sade in der Bastille verfaßt hatte, weit mehr durch Gerüchte als durch Veröffentlichung bekannt. De Sade war zu diesem Zeitpunkt nicht wegen seiner Schriften eingesperrt, doch die Vorstellung, daß er für seine Werke büßte, machte seine Person als Heros einer romantischen Revolution brauchbarer. Und natürlich war er weder gefesselt noch angekettet, sondern genoß den Vorzug, schreiben zu dürfen, Kuchen und Delikatessen geschickt zu bekommen und sogar Besuche seiner Ehefrau zu empfangen. Doch de Sades Ruf veranlaßte weder seine Bewunderer noch seine Feinde zur Überprüfung der Tatsachen, geschweige denn zur Genauigkeit.

Im ganzen kümmerte man sich in der ersten Hälfte des 19. Jahrhunderts weniger um den romantischen, revolutionären Helden de Sade als um den Verführer der Unschuldigen oder um de Sade als Verderber des europäischen Geistes. In einem berühmten Artikel in der ›Revue de Paris‹ vom Jahre 1834 verband Jules Janin die pharisäische Anklage gegen den Marquis und seine Werke mit der heimlichen Lust, sich darüber zu verbreiten, was für seine Zeit typisch war. Das öffentliche Interesse an Janins Artikel war so groß, daß er als Sonderdruck herausgebracht wurde.

Nach Janin waren de Sades Schriften – weit mehr als die Umtriebe des Gilles de Rais – für den Tod vieler junger, unschuldiger Menschen verantwortlich. »Wer immer Sie auch sein mögen, lassen Sie sich von mir warnen. Berühren Sie diese Bücher nicht, denn sonst werden Sie keine Nacht mehr ruhig schlafen.« Dabei zeigt Janin keine besondere Sympathie für jene, die »ihre Augen und ihr Herz beschmutzen«, indem sie de Sade lesen, und die, wie er prophezeit, danach für immer vom Grauen verfolgt wurden.

Doch durch solche Warnungen wurden weder Leser noch Schriftsteller abgehalten, de Sade zu lesen. Von *Justine* und *Juliette* erschienen in Europa eine Ausgabe nach der anderen. In England erschien *Juliette* schließlich während der Regierungszeit Georgs IV. Im Jahre 1830 wurde George Cannon angeklagt, weil er eine englische Ausgabe der *Juliette* in Französisch herausgebracht hatte. Der Fall bescherte dem Oberhofgericht etliche Probleme, da die Herren des Französischen nicht genügend mächtig waren, um die lesbischen Verwicklungen Madame de Clairwils voll zu verstehen. Daraufhin steckten die Beamten des Ministeriums ihre Köpfe zusammen und bereiteten für die Geschworenen eine recht gepfefferte Übersetzung, die vor Gericht genüßlich zitiert wurde und in den Reihen der Staatsanwaltschaft oder deren Deputierten ganz unvermutete Talente für Pornographie erkennen ließ. Deren Karriere verlief planmäßig, während der unglückliche George Cannon, der nichts weiter getan hatte, als denselben Stoff in Französisch herauszubringen, zu sechs Monaten Haft verurteilt wurde.

Trotz der Tatsache, daß man de Sade für »unmöglich zu erwähnen« hielt, war ganz offensichtlich, daß er privat ausgiebig gelesen und erwähnt wurde. Im Jahre 1843 versuchte Sainte-Beuve in der ›Revue des Deux Mondes‹ zu beweisen, daß de Sades Werke nicht unterdrückt worden seien. Es gab, so meinte Sainte-Beuve, »für die moderne Literatur zwei Quellen der Inspiration«, die eine anerkannt, die andere geheim. Die Quellen waren Byron und de Sade. Sainte-Beuve war von dieser Einsicht nicht begeistert, doch sie entsprach den Tatsachen, und er fand, daß es an der Zeit sei, endlich darüber zu sprechen. De Sade war nicht vergessen. Seine Werke waren – in welcher Form auch immer – zugänglich und wurden gelesen. An den unwahrscheinlichsten Orten wurden Ausgaben seiner Werke herausgebracht. Der italienische Kritiker Foscolo berichtete, daß er sah, wie in einer ländlichen Drukkerei Ausgaben für einen Pariser Buchhändler hergestellt wurden. Die Korrekturen las die 18- oder 20jährige Tochter des Druckers, die somit gezwungen war, alle Grausamkeiten und Laster, die das Buch schilderte, sich gründlich zu Gemüte zu führen.

Durch Swinburne und andere Figuren am Rande der präraffaelitischen Bewegung wurde bestätigt, daß de Sades Werk den rebellierenden Geistern im viktorianischen England bis ins Detail bekannt war. Überraschender ist die Wirkung de Sades auf eine so geschätzte Persönlichkeit wie Alfred Lord Tennyson, dessen beinahe lächerliche Abneigung gegen den Marquis von Henry James bei einer Luncheon-Party der Poetae

Laureati beobachtet wurde. James war zu der Party von Mrs. Richard Greville mitgenommen worden, die im Verlauf der Mahlzeit eine ihrer französischen Verwandten, Laura de Sade, erwähnte. Tennyson, der dies hörte, begann sogleich eine leidenschaftliche Anklage gegen den Marquis, erwähnte dabei seine Werke und deutete auf seine Laster hin. Da der Name de Sades in der guten Gesellschaft allgemein nicht erwähnt wurde, kamen weder die anwesenden Damen noch die meisten Herren in Verlegenheit – sie hatten einfach nicht die geringste Idee, worüber Tennyson sprach.

Doch Tennysons Wunsch, de Sade wegen seiner Verruchtheit anzuklagen, wurde durch die entgegengesetzte Tendenz anderer viktorianischer Schriftsteller ausgeglichen, die de Sade aus eben diesem Grund priesen. Am 15. Oktober 1861 schrieb der 24jährige Algernon Charles Swinburne an seinen Freund, Richard Monckton Milnes, M. P. (den späteren Lord Houghton), und erinnerte ihn an sein Versprechen, ihm eine Kopie der *Justine* zu leihen. Milnes hatte eine unvergleichliche Sammlung von pornographischen Büchern, Bildern und sogar Statuetten in seinem Landhaus in Fryston Hall in Yorkshire. Beinahe alle Stücke seiner Sammlung waren vom Kontinent nach England geschmuggelt worden. Zu diesem Zweck hatte Milnes den Manager der Covent Garden Oper, Harris, engagiert, der auf seinem Buckel Bände im Quartformat und sogar kleine Statuetten verbergen und damit ganz lässig unter den wachsamen Augen der Beamten die Zollkontrolle passieren konnte. Milnes nutzte auch seine Beziehungen aus, um sich Bücher und Kunstgegenstände im Diplomatengepäck von Paris schicken zu lassen. Diese erreichten ihn unter der Adresse im Außenministerium, nachdem sie in enger Nachbarschaft mit Lord Palmerstons Depeschen gereist waren.

Sir William Hardman, ein gemeinsamer Bekannter, der von Milnes erfuhr, daß der junge Swinburne de Sa-

Aubrey Beardsley,
Frontispiz zu ›Earl Lavander‹ (1890)

des Bücher in die Hand bekommen könnte, war entsetzt bei dem Gedanken, welchen Schaden diese Werke möglicherweise anrichten würden, wobei er selbst eine beachtliche Kenntnis ihres Inhalts zeigte. Offenbar war der Schaden schon viel früher angerichtet worden. Swinburnes Begeisterung für de Sade war in Eton durch die üblichen Züchtigungen mit Birkenruten entstanden, die jeder gute Viktorianer als zweckmäßige Erziehung respektierte. Doch auch ohne die Lektüre von de Sade war Swinburne sichtlich in der Lage, Material zu finden für viktorianische Untergrundpublikationen wie *Reginald's Flogging* in den *Whippingham Papers* oder *Relevations of the School and Bedroom*, 1870 von »einem Experten« aufgezeichnet.

Im August 1862 besuchte der Maler G. P. Boyce Swinburne in dessen Wohnung in der Newman Street, wo er Swinburne, Dante Gabriel Rosetti und eine Gruppe von Freunden vorfand. Gerade wollten Swinburne und Rosetti eine Lesung aus Milnes' Kopie der *Neuen Justine* beginnen. Es herrschte gespannte Erwartung, ging dem satanischen Marquis doch der Ruf voraus, wie Swinburne sagte, »Pfarrer und ihre Schüler zum Wahnsinn und in den Tod zu treiben«. Tatsächlich hörte man, kaum daß die beiden mit der Lesung begonnen hatten, im Zimmer den Ausbruch hysterischer Lachkrämpfe.

»Ich erwartete wirklich, die Liste der Opfer des begabten Autors noch erweitern zu müssen«, schrieb Swinburne später. »Ich fürchtete, vor Lachen zu sterben oder zu zerplatzen oder zu ersticken ... Eine Szene zwischen M. de Verneuil und Mme. de Esterval glaubte ich nicht zu überleben. Ich las sie vor, und die Zuhörer brüllten und wälzten sich vor Lachen. Dann las Rosetti den Abschnitt über Rosalie und ihren Säugling und den Rest dieser erfrischenden Episode. Noch heute wundere ich mich, daß wir nicht das gesamte Haus mit unserem schallenden Gelächter erschreckten.«

Swinburnes Reaktion auf das Übelste, das der dämonische Marquis jemals ersonnen hatte, war die Frage: »Ist das alles?« Denn in sadistischer Raffinesse ließ sich der Marquis nicht mit den viktorianischen Privatschulen vergleichen, nicht einmal mit den in dieser Beziehung eher dilettantischen Public Schools. Swinburnes De-Sade-Besessenheit wurde wie alle Manien mit der Zeit langweilig. In seinen Briefen nannte er Milnes sogar »Mein lieber Rodin«, und er neigte dazu, seine literarischen Einblicke in de Sades Werk mit dem Pomp eines unumstößlichen Urteils zu verkünden. De Sade, behauptete er 1865 donnernd, »sah bis in die hinterste Spalte von Göttern und Menschen«, eine Phrase, die – wenn man die sexuellen Eigenheiten von Meister und Schüler bedenkt – geradezu lächerlich unpassend war. Seine Begeisterung war nichts als Selbst-Parodie. Als Swinburne 1868 mit George Powell, einem walisischen Gutsbesitzer und Verehrer von Wagner-Musik, auf Urlaub in Italien weilte, besuchte ihn Guy de Maupassant, der nachher berichtete, daß die beiden ihr Domizil nach dem Helden aus *Philosophie im Boudoir* ›Dolmancé-Cottage‹ genannt hatten, während die Zufahrt zum Haus Avenue Sade genannt wurde.

Noch seltsamer waren jene Männer und Frauen, die sich nicht nur auf dem Gebiet der Literatur, sondern auch im Leben als Jünger de Sades empfanden. Die Bibliothek von Richard Monckton Milnes war von Captain Frederick Hankey, vorher beim 6. Garderegiment der Dragoner, beliefert worden. Er hatte sich in den 1850er Jahren in die Rue Lafitte zurückgezogen, und sein Wohnsitz wurde als die ›Klitoris von Paris‹ bezeichnet. Sein Vater war der General Sir Frederick Hankey, und sein Bruder, Thompson Hankey, war Direktor der Bank von England. Doch Fred Hankey ähnelte keinem von beiden. Er strebte nicht nur danach, der de Sade des 19. Jahrhunderts zu werden, er war seinem Vorbild auch im Aussehen überraschend ähnlich. Die Brüder Goncourt trafen ihn in der Oper und zogen sich schaudernd zurück. Hankey machte nicht das geringste Geheimnis daraus, daß er von den Mädchen erwartete, sich ungewöhnlichen Praktiken zu unterwerfen. Er erzählte auch freimütig einer Bekannten, daß er und seine Offizierskameraden viele glückliche Nächte in Mary Jeffries Londoner Bordell verbracht hätten, wo sie den »Sport« betrieben, 14- bis 15jährige Mädchen auszupeitschen.

Hankey schrieb einen erotischen Dialog-Roman, *L'Ecole des Biches*, doch war er eher Sammler als Autor. In seiner Sammlung nahmen de Sades Werke einen Ehrenplatz ein, nicht zuletzt ein Band, der angeblich in die Haut eines Mädchens gebunden war. Tatsächlich belästigte er seinen Freund, Sir Richard Burton, ihm von seinen Reisen aus Afrika oder Arabien die Haut eines Mädchens mitzubringen. Diese Haut, erklärte Hankey, müsse einem noch lebenden Mädchen abgezogen werden. Vernünftigerweise hielt Burton das für einen Scherz Hankeys und brachte ihm keine Mädchenhaut mit. Als Entschädigung dafür widmete er nach Hankeys Tod diesem den siebenten Band der Übersetzung der *Arabischen Nächte*.

Wichtiger genommen wurde Hankey als Schüler de Sades von so ernsthaften Schriftstellern wie Gabriele d'Annunzio in *Il Piacere* oder von Joseph Péladan in *La Vertue Suprême;* in diesen Werken wird der kaltblütige englische Sadist kaum verschlüsselt dargestellt. Wie vorherzusehen, findet er sich auch in pornographischen Romanen dieser Zeit wieder, so in *Supplices de Josianne*.

Josianne, eine hübsche, junge Brünette, ermordet ihren tyrannischen Ehemann; zwar wird ihr die Guillotine erspart, doch wird sie zu zehn Jahren Gefängnis und zur Auspeitschung am ersten Tag eines jeden Monats verurteilt. Captain Henry (alias Hankey), Kommandant des Gefängnisses, der in Algerien den Ruf erworben hatte, besonders geschickt im Häuten weiblicher Gefangener zu sein, zwingt die Gefangene, in der Nacht vor jeder Auspeitschung das Bett mit ihm zu teilen. Noirceuil oder Saint-Fond hätten den sardonischen Humor dieses Einfalls kaum noch übertreffen können.

Daß Hankey, wie er selbst freimütig bekannte, ein Schüler de Sades war, steht außer Zweifel. Daß man dies auch anderen Persönlichkeiten des 19. Jahrhunderts, zum Beispiel Wilhelmine Schröder-Devrient, einer der großen Primadonnen ihrer Zeit, in ihren angeblichen Memoiren zuschrieb, ist schon überraschender. Nach Aussage dieser Memoiren hat sich die große Sopranistin, die in *Fidelio* für Beethoven und als ›Venus‹ für Richard Wagner gesungen hatte, als Schülerin de Sades bekannt. Frau Schröder-Devrient starb 1860, das Buch erschien posthum im Jahre 1868. Danach soll das Interesse der Sängerin hauptsächlich den lesbischen Orgien, die in *Justine* und *Juliette* beschrieben werden, gegolten haben, während sie sich für Auspeitschungen nur als Voyeuse begeistern konnte.

Man muß schon, gelinde gesagt, reichlich leichtgläubig sein, um wirklich anzunehmen, daß Wilhelmine Schröder-Devrient jemals derartiges geschrieben habe. Andererseits ist zu verstehen, warum man dies von ihr behauptete: Sie war durch Hosenrollen, z. B. als ›Romeo‹, berühmt geworden, und über die Promiskuität ihres Privatlebens gab es viel Gerede. Selbst wenn an den Gerüchten etwas Wahres gewesen sein mag, kann man die Behauptung, daß sie de Sade bewunderte, bestenfalls als Klatsch werten.

Der wahre Einfluß de Sades manifestiert sich nicht in seiner Wirkung auf Dichter wie Swinburne oder auf die Lebenshaltung von Männern wie Hankey, er schlug sich vielmehr in der französischen Literatur nieder. Sein Erfolg bei den wichtigeren Autoren war fundamental. Es war überwältigend, wie eingehend man sich mit ihm befaßte. Die Brüder Goncourt mochten sich zwar schaudernd von ihm abwenden, doch den allgegenwärtigen Einfluß des Marquis konnten sie nicht übersehen. Gustave Flaubert etwa wurde kurz als der Mann beschrieben, dessen »Geist ständig von de Sade heimgesucht wird, dessen Geheimnis eine unentrinnbare Faszination auf ihn ausübt«. Nach Flauberts Ansicht war de Sade »ein ultra-katholischer Schriftsteller«, eine Einschätzung, die so manchen De-Sade-Kritiker verblüfft haben mag. Wie jedoch Flaubert zeigte, pries de Sade gerade jene Lehren und Institutionen, welche die Kirche in einem freundlicheren Zeitalter selbst modifiziert hatte: die Inquisition, die Folter, die Höllenqualen mittelalterlicher Visionen, die Verachtung des Menschen – all das, was der humanere Katholizismus einer späteren Zeit für unannehmbar hielt. De Sade war demnach nichts anderes als ein großer katholischer Schriftsteller, den die neue Ketzerei der Humanität verdammte.

Flauberts Ansicht wurde nicht allgemein geteilt. Es war ziemlich unwahrscheinlich, daß de Sades Berichte über Sodomie und lesbische Liebe oder seine Spöttelei über den Papst und die Bischöfe ihn bei der Kirche besonders beliebt machen konnten. Ebenso würden die Feinde der Kirche nicht zugeben, sich lächerlich gemacht zu haben, indem sie einen Autor zu ihrem Idol erhoben, der doch offenbar für die feindliche Partei gearbeitet hatte. Die meisten Leser sahen de Sade aus einem ganz anderen Blickwinkel, wie auch Baudelaire es tat.

»Man muß immer wieder zu de Sade zurückkehren«, schrieb er, »um die Menschheit in ihrem natürlichen Zustand zu beobachten und das Wesen des Bösen zu verstehen.«

Selbst nach so viel offenkundigem oder auch heimlichem Interesse an seinen Werken hätte de Sades Ruf lediglich ein literarisches Phänomen des 19. Jahrhunderts bleiben können. Doch zwei Umstände verhinderten das. Da war einmal der Begriff ›Sadismus‹, der ursprünglich nur eine literarische Qualität beschrieb und dann in das Vokabular der Sexualpsychologie zur Beschreibung einer bestimmten Form von erotischer Grausamkeit aufgenommen wurde. Seit der Veröffentlichung von Krafft-Ebings *Psychopathia Sexualis* (1876) bezeichnet der Ausdruck Sadismus wie auch sein Gegenteil, der Masochismus, eine der äußersten Grenzlinien der neuen deutschen Wissenschaft, der Sexualpathologie. Die neue Wissenschaft fand schnell großes Interesse und bewahrte de Sade vor dem Vergessenwerden. Krafft-Ebing wurde nur sechsundzwanzig Jahre nach dem Tod des Marquis geboren, und die *Psychopathia Sexualis* wurde, wie aktuell sie auch erscheinen mag, lange vor Tennysons Gedichten oder Matthew Arnolds Prosa oder selbst einem Roman wie George Eliots *Daniel Deronda* geschrieben.

Der zweite glückliche Umstand, der de Sade davor bewahrte, in Vergessenheit zu geraten, trat ganz unvorhergesehen ein. Die Manuskripte der *120 Tage von Sodom* und vieler kleinerer Werke, die man für verloren hielt, wurden plötzlich entdeckt. Im neuen Klima der medizinischen Wissenschaft, die sexuelle Verirrungen zum legitimen Gegenstand der Forschung werden ließ, wurde es für Ärzte, Wissenschaftler und Rechtsanwälte von größter Bedeutung, Zugang zu diesen Texten zu bekommen. Daneben gab es noch eine große Anzahl von Leuten, die einfach aus Neugierde herausfinden wollten, was es mit diesen Büchern auf sich hatte.

Das 20. Jahrhundert begann mit einer Reihe medizinischer Kommentare über de Sade, sein Leben und seine Werke, angeführt von Albert Eulenberg, Augustin Cabanès und Eugen Dühren. Hinter dem letzten Namen verbarg sich kein anderer als Ivan Bloch, auf dessen Veranlassung hin die erste Veröffentlichung der *120 Tage von Sodom* 1904 in Berlin entstanden war und der natürlich ein berechtigtes Interesse hatte, die Diskussion darüber in Schwung zu halten.

So groß das medizinische Interesse an de Sade auch gewesen sein mag, es wurde sehr bald von der literarischen Begeisterung zeitgenössischer Pornographen übertroffen. Es entstanden Titel wie *Die Freuden der Grausamkeit,* als Fortsetzung nach *Justine* und *Juliette* zu lesen (1898); oder *Sadopaideia,* die Erfahrungen des Cecil Prendergast, Student der Universität Oxford: Es wird gezeigt, wie er auf dem angenehmen Weg des Masochismus zu den höchsten Freuden des Sadismus gelangt (1907).

Doch der wesentliche Einfluß de Sades auf die Literatur sollte auf andere Weise erfolgen als durch die Veröffentlichung seiner bis dahin verloren geglaubten Manuskripte, die Nachahmung durch Pornographen oder den Umstand, daß man eine der bekanntesten Verirrungen menschlichen Verhaltens nach ihm benannt hatte. Im Jahre 1909 brachte Guillaume Apollinaire, Maler, Dichter und in vieler Hinsicht einer der unmittelbaren Vorfahren des Surrealismus, eine Auswahl aus de Sades Werken heraus und erklärte diesen zum »freiesten Geist«, den die Welt je gekannt habe. Als Zeichen seiner eigenen Hochachtung produzierte Apollinaire einen burlesken Roman de Sadescher Art, *Les Onze Mille Verges.*

De Sade war nicht mehr ausschließliches Eigentum der Psychiater und Pornographen, er war zum Propheten einer neuen Revolution in Kunst und Literatur geworden, die sich zu Ende des Ersten Weltkrieges als Surrealismus manifestierte. Seine Führer wie André Breton betrachteten den großen Ikonoklasten als ihren natürlichen Verbündeten. In seiner eigenen Zeit war er abgelehnt worden, und gerade diese Ablehnung machte ihn jetzt akzeptabel. In einer Hinsicht war der Surrealismus der Glaube an eine Revolution, verbunden mit Abneigung gegen die klassischen politischen Dogmen von links und rechts. De Sade wurde also ernsthaft als ein Vorläufer angesehen. Andererseits war die neue Bewegung ein Versuch, die geheiligten Gefühle der bürgerlichen Gesellschaft zu provozieren, und auch darin schien sie de Sade zu folgen. Es gab einen Skandal, als zum Beispiel Buñuel in seinem Film *L'Age d'Or* de Sades Herzog von Blangis nach den Orgien der *120 Tage von Sodom* in dem Gewand von Christus auftreten ließ.

Wie so viele Bewegungen, die sich de Sade zum Ahnherren gewählt hatten, waren die Surrealisten weniger an ihm als an sich selbst interessiert. De Sade sollte ihren Vorstellungen entsprechen, er sollte eher eine passende Legende als ein identifizierbares Wesen, eher der Held eines Kultes als der Autor bestimmter, nachweisbarer Texte sein. Selbst als Legende schien er sowohl für die Ambitionen der Faschisten als auch für die Kommunisten brauchbar zu sein. Wie Nietzsche konnte man ebensogut de Sade zitieren, um die Doktrin von der rassischen Überlegenheit als Überlebenschance im Krieg der Natur zu rechtfertigen, und seine Helden waren die Übermenschen, die sich mit so kleinlichen Überlegungen wie Gesetz oder Moral nicht aufhielten. Ebenso war vorauszusehen, daß der Kommunismus und die extrem linken Gruppierungen sich von ihm fasziniert fühlen mußten. Erging sich de Sade nicht in freudigen Betrachtungen über den Untergang des Bürgertums? Zeigte er nicht wie später Lenin und Stalin auf ihre Weise, daß Mord und Folterungen Mittel waren, um Staat und Gesellschaft zu reinigen? Es schien, als habe de Sade die Tyrannei davor bewahrt, nichts als ein überholtes Werkzeug der Reaktion zu sein, und sie wieder zu einer kräftigen, legitimen Waffe der Revolution gemacht.

Angesichts seiner öffentlichen und privaten Schriften kann man annehmen, daß de Sade sowohl die Politik der Rechten wie die der Linken mit ziemlicher Geringschätzung betrachtet haben würde. Und, so undankbar diese Feststellung auch klingen mag, auch für die Surrealisten hätte er wahrscheinlich keinerlei brüderliche Gefühle empfunden.

Doch sein Einfluß hatte zumindest einen Erfolg, der weit wichtiger war als die aktuelle politische Begeisterung in Europa oder Amerika: Einige der besten Maler und ein paar der weniger berühmten Schriftsteller begannen, sich an de Sades Vorbild auszurichten.

In manchen Fällen ist der Einfluß ganz direkt und deutlich sichtbar. So bei Leonor Fini, einer der ersten Surrealistinnen, in den Illustrationen zu *Juliette* und *Justine* (1950). Die Gewalttätigkeit de Sadescher Helden und die Grausamkeit, mit der die weiblichen Opfer ins Jenseits befördert werden, sind bei ihr lebensvoll in einem Stil dargestellt, der mehr die Grausamkeit als die Erotik des Originals widerspiegelt. Das gleiche gilt für andere Künstler ihrer Zeit wie André Masson. Dem entgegengesetzt sind Clovis Trouilles Gemälde, die in ihrer gegenständlichen Klarheit beinahe fotografisch wirken und die de Sade mehr erotisch und humorvoll interpretieren, ohne den Versuch, sich auf bestimmte Szenen seiner Romane oder überhaupt auf das 18. Jahrhundert zu beziehen.

In einer Ausdrucksform, die kompromißlos modern ist, fängt Trouille in seinen Gemälden etwas von der Ironie de Sades ein. Das zeigt sich zum Beispiel in seinem Bild ›Voyeuse‹: Dargestellt ist ein Kinofoyer, ausstaffiert mit Peitschen, mit Plakaten, auf denen halbnackte Mädchen zu sehen sind, und mit einem ›Standfoto‹ aus *Die 120 Tage von Sodom*. Auf letzterem sieht man einen Edelmann des 18. Jahrhunderts, der sich auf einen Totenschädel stützt, eine Peitsche in der Hand hält und offenbar darüber nachdenkt, welches Mädchen sein nächstes Opfer sein soll. ›Kein Zutritt für Personen unter fünfzig Jahren‹ steht auf einem Schild, während ein junges Mädchen durch einen Vorhang späht, sichtlich fasziniert von den Vorgängen dahinter. ›Hommage für den Göttlichen Marquis‹, steht auf einem Plakat am unteren Bildrand. Diese Art von ›Standfoto‹ findet man auch auf einem anderen Gemälde Trouilles wieder. Es heißt ›Dolmancés Lustträume‹ und zeigt den Helden aus *Philosophie im Boudoir* und einige nackte Mädchen, die seinem Vergnügen dienen sollen. Im Hintergrund sieht man die Ruinen von La Coste.

Den gleichen schwarzen Humor, allerdings ohne speziellen Bezug auf de Sade, kann man in Allen Jones Skulpturen aus Fiberglas entdecken. Mädchenfiguren werden zu Möbeln umgeformt und scheinen in moderner Manier eine der extravagantesten Szenen der *Juliette* in Minskis Schloß darzustellen. Die Skulptur eines Mädchens in Dessous, Stiefeln aus Handschuhen, das kniend und auf die Hände gestützt eine Tischplatte aus Glas auf seinem Rücken trägt, ist zwar weniger extravagant, als es Minskis Möbel waren, aber die Parallele zu *Juliette* ist auffallend.

Im 20. Jahrhundert erfährt de Sade aber auch eine Art der Heldenverehrung. Entweder sieht man ihn als den großen Meister der erotischen Literatur oder den tragischen Helden, der gegen die Macht der Unterdrückung kämpft. In einer Reihe posthumer Porträts beeindruckt vor allem Capulettis Gemälde von de Sade als der zum Widerstand bereite Gefangene und Man Rays surrealistisches Meisterwerk, welches de Sade als Statue zeigt, aus demselben Stein geformt wie das Gefängnis, in dem er festgehalten wird, und das den Eindruck unbeugsamen Mutes und unbezähmbaren Geistes hervorruft.

1939, als André Breton eine Anthologie des schwarzen Humors herausgab und eine Passage aus *Juliette* darin aufnahm, machte er die damals nicht mehr originelle Bemerkung, daß das eigentliche Anliegen de Sades erst im 20. Jahrhundert erkannt wurde. In den unmittelbar danach folgenden Jahren wurde diese Wertschätzung durch das Erlebnis eines totalen Krieges und durch die Grausamkeit, welche *Die 120 Tage von Sodom* noch sanft erscheinen ließen, nur gesteigert. Es schien, als habe de Sade eine erschreckende, aber genaue Diagnose menschlichen Seelenlebens abgegeben. Wenn er, wie Flaubert behauptete, von einem extrem katholischen Standpunkt aus gesprochen hatte, so hatte er die Doktrin vom Fall der Menschheit mit unvergleichlicher Schärfe aufgestellt. Albert Camus vertrat die These, daß die Geschichte und die Tragödie der modernen Welt mit de Sade begann. Eine Ansicht, der man insofern zustimmen muß, wie de Sades Schriften dazu beitragen konnten, der Menschheit die Voraussetzungen bewußt zu machen, die ihr Handeln letzten Endes beeinflussen.

Nach dem Ende des Zweiten Weltkriegs erfuhr de Sade eine verspätete akademische Anerkennung. Hundertfünfzig Jahre lang hatten ihn die Geschichtsbücher über Frankreich und die Französische Literatur totgeschwiegen, eine Unterlassung, die seinen neuen Bewunderern reichlich Spielraum für eigene Interpretationen gab. Von Dichtern wie René Char, von Autoren wie Georges Bataille, Raymond Queneau und Simone de Beauvoir, von Kritikern wie Edmund Wilson und Pierre Klossowski oder Akademikern wie Jean Paulhan kam schließlich das ›Imprimatur‹ aus der literarischen Welt.

Daran war in erster Linie de Sades kommunistischer Bewunderer, Maurice Heine, beteiligt, der in den 1930er Jahren viele der Manuskripte der Vergessenheit entrissen und sie durch Veröffentlichung wieder allgemein zugänglich gemacht hatte, und Gilbert Lely, der nach Heines Tod dessen Werk fortsetzte und der die erste größere Studie über de Sade schrieb.

Auf akademischer Ebene ging die Person de Sades in die Studien über das 18. Jahrhundert ein, und Mario

Praz zeigte (1933) in *The Romantic Agony* den enormen, heimlichen Einfluß des Marquis auf die romantische Literatur des 19. Jahrhunderts. Die Flut von Büchern über den ewig interessanten Marquis wuchs an, bis schließlich akademische Journale ganze Ausgaben der Diskussion seiner Werke widmeten. ›Das Monster‹, das einst nicht erwähnt werden durfte, wurde plötzlich Gegenstand eines gelehrten Kolloquiums an der Universität Aix-Marseille. Trotz der Anklage gegen den Herausgeber im Jahre 1956 war die Zeit gekommen, de Sade und seine Werke komplett und ohne Abstriche der Welt zu übergeben.

Doch nicht durch aufgeklärte Kritiken oder Kollegien an Universitäten wurde de Sade in der Massenkultur der 1960er Jahre populär. In Peter Weiss' Drama *Marat/Sade,* das mit vollem Titel *Die Verfolgung und Ermordung des Marat, aufgeführt von den Insassen des Irrenhauses Charenton unter der Leitung des Marquis de Sade* hieß, wurde er der hartnäckige, skeptische Held. Zu einer Zeit, in welcher das moderne Theater bereit war, Diskussionen über politische Ideen auch als Dramenstoff zu akzeptieren, erwies sich der Konflikt zwischen dem revolutionären Idealismus von Marat und dem weiseren Zynismus von de Sade – mit großer Sorgfalt produziert und dargestellt – als höchst attraktiv für den intelligenten Theaterbesucher. Aber auch jene, die weniger anspruchsvolle Formen der Unterhaltung suchten, wurden nicht vergessen. Für sie gab es 1969 von den American International Films eine Produktion über de Sade, ein Stück in Technicolor, das reichlich nackte Haut zeigte und lediglich eine burleske Ähnlichkeit mit den skandalösen Vorfällen in de Sades Leben aufwies. »De Sade, dieser langhaarige Hippie, ist jetzt der Kino-Marquis eines fleischfarbenen Films geworden, der das Leben des klassischen Erotikers und seinen verrückten Zeitvertreib zeigt«, schrieb der ›Playboy‹ in seinem Bericht über diesen Film.

Die Verfilmung von de Sades Romanen erwies sich, selbst wenn man die Probleme mit der Zensur einmal beiseite läßt, als weitaus schwieriger. Jacques Scandalaris *Philosophie im Boudoir* (1970) nannte sich »nur lose auf de Sades Buch basierend«, doch die Zurschaustellung von viel geschminkter Haut, Peitschen und Lederkleidung weist ihn in Aufmachung und Geschmack als reines Produkt des 20. Jahrhunderts aus. Da gab es nur wenig, was de Sade wiedererkannt oder gar als seines Geistes Kind anerkannt hätte.

De Sade war stets mehr berüchtigt als berühmt, und wohin immer auch der Zeitgeschmack tendieren mochte, de Sade wurde stets in Extremen oder Superlativen beurteilt. Ob er nun als Verderber der Unschuld und Inkarnation des Teufels oder als der erste große Märtyrer eines modernen politischen Systems angesehen wurde, es kam weniger darauf an, was er jeweils verkörperte, als vielmehr auf das, was die Kritiker in ihm sehen wollten. Er hatte eine ganze Portion Mut, aber im wahrsten Sinne war er kein großer Held. Er hatte auch nicht das Zeug zu einem Märtyrer, in Wahrheit neigte er dazu, sich über die geringste Unbequemlichkeit zu beklagen. Im allgemeinen war ihm sein eigenes Wohlbefinden stets wichtiger als das der anderen, eine Schwäche, die durch seine Erziehung bestärkt und durch die Entbehrungen der Gefangenschaft begreiflicherweise noch vergrößert worden war. Er hing an seinen aristokratischen Rechten und Privilegien, und ganz besonders lagen ihm seine Ländereien und Besitzungen am Herzen. Sie waren ihm wichtiger, als es irgendeine Revolution sein konnte, und die übereifrigen Gleichmacher, die sich da einmischten, bezeichnete er kurzerhand als Räuber oder Dummköpfe. Es ist leicht einzusehen, warum de Sade als Kultfigur besonders für jene Bürger des 20. Jahrhunderts attraktiv war, die es vorzogen, die Weltrevolution aus der diskreten Distanz des bourgeoisen Wohllebens zu predigen.

Auch als großer Philosoph ist de Sade eine gleichermaßen unglaubwürdige Erscheinung. Als Schriftsteller ist er eher verbohrt als systematisch, in seiner Argumentation wiederholt er sich ständig und wirkt eher ermüdend als progressiv. Wie bei Wordsworth oder Tennyson sind seine Ideen fest in die Romane eingebettet, und man sollte bei ihm so wenig wie bei den zwei anderen versuchen, ein philosophisches System darin zu entdecken. De Sade war einfallsreich und phantasievoll, nicht logisch oder erläuternd. Selbst viele Argumente in seinen Büchern sind nichts als vorgefaßte

Allen Jones, Stuhl (1969), Photo von Mary Evans

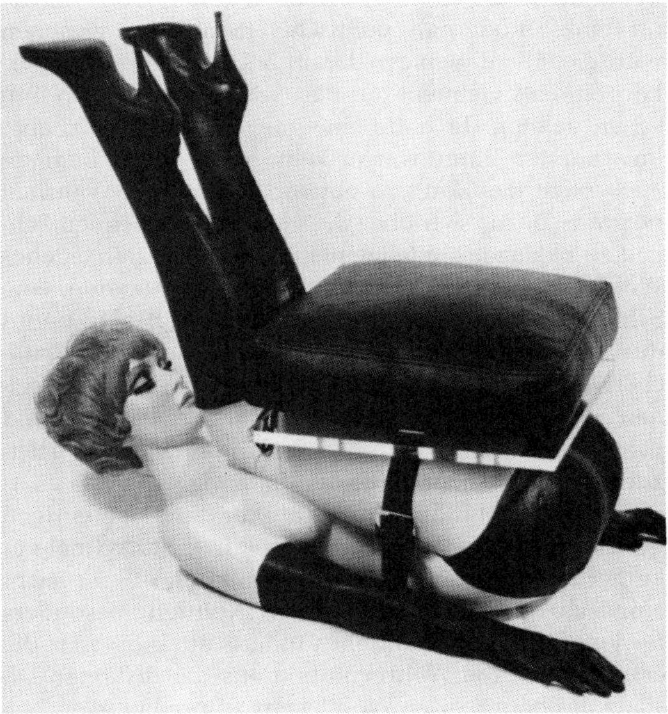

Meinungen, die unter dem Mäntelchen der Vernunft mit hysterischer Intensität vorgebracht werden.

Eine Frage über de Sade und sein Werk steht bis heute noch offen. Meinte er wirklich, was er sagte? Natürlich blieb er nicht stets konsequent, und wenn man diese offene Frage mit hundertprozentiger Sicherheit beantworten könnte, wäre er weit weniger interessant. Auf den ersten Blick scheint er der einzige absolute Revolutionär der modernen Welt zu sein, der einzige Mensch, der eine komplette, logische Alternative zu Moral und sozialer Ordnung anbietet. Im Vergleich zu de Sade waren Männer wie Marx und Hitler, Robespierre und Lenin bloße Pfuscher, die am Gefüge der bürgerlichen Struktur herumwerkelten, gefangen in bestehenden Moralbegriffen, irregeführt durch so absurde Begriffe wie Volkswirtschaft, Nationalismus und andere Schimären. Marx fände in de Sades Welt ohnehin nur in einigen inzestuösen Episoden Platz, Hitler und Lenin bestenfalls in einer homosexuellen Orgie. Damit erschöpft sich ihre revolutionäre Rolle im de Sadeschen Universum.

Man kann de Sade aber ebensogut auch völlig anders auslegen und ihn zum sardonischen Spötter, zum großen Gegenrevolutionär seiner Zeit erklären. Man braucht gar nicht so weit zu gehen wie Flaubert mit seiner Ansicht über de Sades Katholizismus, um festzustellen, daß sein privates Leben dieser Interpretation seiner Werke mehr als jede andere erhärtet. Von dieser Version aus gesehen, macht de Sade seinen Standpunkt in der *Juliette* klar. Die absolute Revolution ist ein Betrug. Revolutionäre, die ihr Volk aus der Unterdrückung befreien wollen, werden – wie immer ihre Schlagworte lauten mögen – vor allem durch den Neid auf die herrschenden Tyrannen motiviert. Sobald eine Revolution des Volkes oder der Befreiungsarmee oder der Gruppe, die eben den Umsturz herbeiführte, in eine effektiv arbeitende staatliche Verwaltung übergegangen ist, können die neuen Herrscher ihren wahren Ambitionen folgen – sie können morden, rauben und foltern, und zwar in einem Ausmaß, das die vorhergehenden Tyrannen niemals exerzierten. Führt man diesen Gedanken konsequent zu Ende, suchen alle politischen Bewegungen Macht über eine andere zu gewinnen, und als wirkliches Motiv bleibt sexuelle Grausamkeit. Individueller und kollektiver politischer Ehrgeiz ist höchste Perversion.

Die endgültige Beurteilung de Sades wird erst recht kompliziert, wenn man unterstellt, daß er möglicherweise geistig zerrüttet war. Man muß nicht gleich an Irrsinn denken, aber es liegt auf der Hand, daß seine Ansichten variabel und keineswegs absolut waren. Jedenfalls scheint er 1787 den traditionellen Tugendbegriff zu verspotten, während er zehn Jahre später die neue materialistische Philosophie bloßstellt. Doch auf die philosophischen Obertöne kommt es letzten Endes nicht an, denn er behielt ausschließlich ein Thema bei, das seither Leser aller Schattierungen aus der Fassung brachte.

Nicht die Visionen der Hölle oder die Folterungen der Inquisition sind das Eigentliche in de Sades Romanen, vielmehr ist es das Bewußtsein der ursprünglichen Sünde in einem Zeitalter der Aufklärung. Europa, das sich mit allen Kräften um Gerechtigkeit, Vernunft und Nächstenliebe bemühte, schwelgte gleichzeitig genußvoll in den Grausamkeiten von *Justine* und *Juliette*. Es herrschte ständiges Verlangen nach diesen Romanen, und zwei Jahrhunderte nach de Sade finden seine Epigonen in einer Sparte, die man als ›sadistische Pornographie‹ abtut, ungeschmälerten Anklang. De Sades Romane werden nach wie vor millionenfach verkauft, vor allem an Leser, die sich um seine Philosophie herzlich wenig kümmern. Wahrscheinlich verdanken Bücher wie *Die Geschichte der O*, deren Heldin, gepeitscht, gebrandmarkt und sexuell mißbraucht, ein Gegenstück zur Justine sein will, ihren Publikumserfolg dem Umstand, daß die sexuelle Grausamkeit hier von allen langweiligen Theorien de Sadescher Prägung frei ist.

De Sade prophezeite der Menschheit nichts weiter als düstere Aussichten und wurde von ihr dennoch akzeptiert. Nicht als Held oder Revolutionär oder als des Teufels Spaßmacher hätte er überleben können. Die einzige unleugbare Qualität seines Werkes besteht darin, daß er den leichtfertigen Optimismus der Philosophen und Fortschrittler auf den Kopf stellte. Nach seiner Ansicht ist der Drang nach Selbstzerstörung die stärkste Kraft der Menschheit und die Vernichtung der Menschen unausweichlich, und es besteht kein Grund, diesen Umstand zu bedauern. Geschichte ist nicht Fortschritt, sondern hilfloses Dahintreiben. Wie Kardinal Newman sah auch de Sade die Menschheit in den Fallstricken eines »schrecklichen, vom Urbeginn an bestehenden Unheils« gefangen. Doch im Gegensatz zu Kardinal Newman schloß er aus eigener Erfahrung, daß die Menschheit nichts anderes verdiene und es in jedem Fall einen feinen Unterschied zwischen einem schrecklichen, von Urbeginn an drohendem Unheil und einem sardonischen, weltumspannenden Scherz gibt.

Zeittafel

1740 Am 2. Juni wird im Hôtel de Condé in Paris Donatien-Alphonse-François de Sade geboren, Sohn von Jean-Baptiste-François, Graf de Sade und Lehnsherr von Saumane und La Coste, und Marie-Eléonore de Maillé de Carman, die einer Nebenlinie des königlichen Hauses von Bourbon angehörte.

1744 Donatien-Alphonse-François wird in die Grafschaft Venaissin im Languedoc zur Großmutter geschickt.

1745 Ende des Jahres übernimmt ein Onkel, der Abbé de Sade von Ebreuil, die Erziehung.

1750 Eintritt ins Collége Louis-le-Grand in Paris.

1754 Mai: de Sade wird als Schüler in die Kavallerie-Vorbereitungsschule der königlichen Garde in Versailles aufgenommen.

1755 14. Dezember: Unterleutnant ohne Sold im Infanterieregiment des Königs.

1757 14. Januar: Kornett im Schützenregiment des Grafen de Provence, in dem er den Krieg gegen Preußen mitmacht.

1759 21. April: Hauptmann in der Kavallerie von Burgund.

1760 De Sade wird anstelle seines Vaters Statthalter des Königs in Bresse, Bugey, Valromey und Gex.

1762 Der Marquis erhält die Zulassung als Gendarmerie-Fähnrich, muß aber seines geringen Vermögens wegen verzichten.

1763 10. Februar: Die Unterzeichnung des Vertrags von Paris beendet den Siebenjährigen Krieg.

16. März: de Sade als Kavalleriehauptmann entlassen.

17. Mai: Verheiratung mit Renée-Pélagie de Montreuil.

29. Oktober: Erste Verhaftung und Internierung im Gefängnis von Vincennes.

13. November: Der König unterzeichnet den Freilassungsbefehl für den Marquis de Sade.

1764	3. April: Dem Marquis wird erlaubt, sich drei Monate in Paris aufzuhalten. Juli: Beginn der Affäre mit der Schauspielerin Colette.
1765	Reisen mit seiner Mätresse Beauvoisin.
1767	24. Januar: Tod des Vaters. 27. August: Geburt des ersten Sohnes Louis-Marie.
1768	3. April: Die Affäre von Arcueil, anschließend Prozeß und Festungshaft in Pierre-Encis. 16. November: Der Marquis de Sade wird auf Befehl des Königs in Freiheit gesetzt.
1769	Dem Marquis, der wieder auf La Coste lebt, wird am 27. Juni der Sohn Donatien-Claude-Armand geboren. September/Oktober: Reise durch die Niederlande.
1771	17. April: Geburt der Tochter Madeleine-Laure. Herbst: Beginn des Liebesverhältnisses mit der Schwägerin Anne-Prospère de Launay.
1772	27. Juni: Die Affäre von Marseille. Juli: Flucht nach Italien. 3. September: de Sade wird in Aix-en-Provence in Abwesenheit zum Tode verurteilt. 9. Dezember: Verhaftung und anschließende Festungshaft in Miolans.
1773	30. April: Flucht aus seinem Gefängnis in Savoyen. Der Marquis verbirgt sich für acht Monate auf La Coste, wo er sich erneut seinen Ausschweifungen hingibt.
1774	Dezember/Januar 75: Skandal der »kleinen Mädchen«.
1775	Juli: Erneute Flucht nach Italien.
1776	Juni: Rückkehr nach Frankreich. Mitte Dezember: Die Affäre Trillet.
1777	14. Januar: Tod der Mutter. 8. Februar: Der Marquis kommt in Paris an. 13. Februar: Verhaftung und Einlieferung ins Gefängnis von Vincennes. »Sicherheitsverwahrung« aufgrund einer königlichen »Lettre de cachet«.
1778	20. Juni: de Sade kommt in Aix an, um die Wiederaufnahme seines Prozesses zu betreiben. Juli: Kassation des Urteils von 1772, aber der Haftbefehl vom 13. Februar 1777 behält seine volle Wirkung. 16./17. Juli: Flucht aus Valence, aber nach 39 Tagen in Freiheit erneute Verhaftung. 7. September: Einlieferung ins Gefängnis von Vincennes, wo er fünfeinhalb Jahre inhaftiert bleibt.

1782	*Étrenues philosophiques*
	Dialogue entre un prêtre et un moribond
1782–1785	*Les 120 journées de Sodome*
1784	29. Februar: Auf Befehl des Königs wird der Marquis de Sade in die Bastille überführt, wo er für weitere fünfeinhalb Jahre eingesperrt wird.
1785–1788	*Aline et Valcour ou le roman philosophique*
1787	*Les infortunes de la vertu*
	La verite
1787–1788	*Historiettes, contes et fabliaux*
	Les crimes de l'amour
1788	*Justine ou les malheures de la vertu*
1789	4. Juli: Der Marquis wird in das Asyl für Geisteskranke in Charenton gebracht.
	14. Juli: Sturm auf die Bastille. Zahlreiche Manuskripte des Marquis werden vernichtet.
1790	13. März: Die Verfassunggebende Versammlung setzt die königlichen Haftbefehle (»lettres de chachet«) außer Kraft.
	2. April: Der Marquis erhält dank des Dekrets der Versammlung seine Freiheit wieder und verläßt Charenton.
	9. Juni: Auf Gesuch Madame de Sades wird die Ehe getrennt.
	25. August: Beginn der langjährigen Verbindung de Sades mit der Schauspielerin Marie-Constance Renelle.
	16. September: Die Comédie-Française nimmt de Sades Komödie *Le Misanthrope par amour ou Sophie Desfrancs* an.
1791	22. Oktober: Die erste Aufführung des Prosadramas *Le Comte Oxtiern ou les Effets du Libertinage* im Théâtre Molière.
1792	17./21. September: Plünderung und Zerstörung von La Coste.
	25. Oktober: Der Bürger de Sade wird von der Section des Piques zum Kommissar ernannt, um das Spitalwesen zu inspizieren.
1793	21. Januar: Ludwig XVI. wird auf der Place de la Revolution guillotiniert.
	16. Oktober: Hinrichtung Marie Antoinettes.
	8. Dezember: Haftbefehl gegen den Bürger de Sade, der in das Gefängnis Madelonettes gebracht wird.

1794 26. Juli: Fouquier-Tinville, der öffentliche Ankläger des außerordentlichen Revolutionstribunals, stellt 28 Männer, darunter de Sade, unter Anklage, aber der Marquis entgeht der Guillotine.

15. Oktober: Der Sicherheits- und Überwachungsausschuß des Nationalkonvents läßt den Marquis de Sade nach 312 Tagen Gefangenschaft frei.

1795 *La philsosophie dans le boudoir* erscheint anonym.

1797 *La nouvelle Justine ou les malheurs de la vertu, souvie de l'histoire de Juliette, sa soeur* erscheint anonym.

1799 24. Januar: Der Marquis hat sich für den Winter in Versailles niedergelassen, wo er nach dem Verlust seiner Besitztümer in bitterster Armut lebt.

1801 6. März: Der Verfasser des »verruchten Romans« *Justine* wird verhaftet und ins Staatsgefängnis Sainte-Pélagie eingeliefert.

1803 14. März: Überführung in die Strafanstalt von Bicêtre.

27. April: Endgültige Einlieferung in das Irrenhaus Charenton-Saint-Maurice in Paris.

1803–1813 Leiter der Theatervorstellungen in der Anstalt.

1806–1807 *Les journées de Florbelle ou la natur dévoilée*

1807–1812 *La marquise de Gange* (erscheint anonym 1813).

1810 7. Juli: Tod der geschiedenen Madame de Sade.

1812 *Adélaïde de Brunswick, princess de Saxe*

1813 *Histoire secrète d'Isabelle de Baviére, reine de France*

1814 2. Dezember: Tod des Marquis de Sade, der auf dem Anstaltsfriedhof von Charenton beigesetzt wird.

Auswahlbibliographie

Die bisher beste und umfassendste Bibliographie zu de Sade, zusammengestellt von Françoise Rosart, erschien in der Zeitschrift ›Obliques‹ 12–13, 1977.

Werke

Œuvres complètes. Edition définitive. Edition établie sur les originaux imprimés ou manuscrits, accompagnée d'études de plusieurs écricains et précédée de la vie d'auteur, avec un examen de ses ouvrages par Gilbert Lely. Paris, Cercle du livre précieux, 1962–1964

Deutsche Übersetzung: Ausgewählte Werke, hrsg. von Marion Luckow, 3 Bde., Hamburg, Merlin Verlag, 1962–1965

Untersuchungen zu de Sade

L'affaire Sade. Compte rendu exact du procès intenté par le ministère public aux éditions Jean-Jacques Pauvert, Paris, Jean-Jacques Pauvert, 1957

Almeras, Henri d': Le marquis de Sade, l'homme et l'écrivain, d'aprés des documents inédits, Paris, Albin Michel, 1906

Amer, Henry: Sur le marquis de Sade, in: Nouvelle Revue française, Nov. 1958

Apollinaire, Guillaume; Fleuret, Fernand; Perceau, Louis: Biblioiconographie des œuvres de Sade et jugements sur lui et son œuvre, in: L'enfer de la Bibliothèque Nationale, Paris, Mercure de France, 1913

–: Les diables amoureux (Le divin marquis), in: Œuvres complètes, Paris, A. Ballard et J. Lecat, 1966

Astorg, Bertrand d': Introduction au monde de la terreur, Paris, Le Seuil, 1945

Baccolo, Luigi: Che cosa ha ›veramente‹ detto de Sade?, Rom, Ubaldi 1970

Bachaumont, N.: Mémoires secrets (Die Affaire von Marseille), Paris, Adolphe Delahaye, 1859

Barthes, Roland: Der Baum des Verbrechens, Reflexionen über das Werk de Sades, in: Die Neue Rundschau 80, 1969

–: Sade, Fourier, Loyola, Paris, Le Seuil, 1970

Bataille, Georges: Dali hurle avec Sade, in: Œuvres complètes II, Paris, Gallimard, 1970

–: Les larmes d'Eros, Paris, Jean-Jacques Pauvert, 1961

–: La littérature et le mal, Paris, 1957

–: Sade et la morale, in: Cahiers du collège philosophique de Grenoble, 1948

–:L'homme souverain de Sade, in: L'érotisme, Ed. Minuit, 1958

Beauvoir, Simone de: Faut-il brûler Sade?, in: Les Temps Modernes VII, 1951/52

Beliard, Octave: Le marquis de Sade, Paris, Ed. du Laurier, 1928

Berman, Lorna: The thought and the themes of the marquis de Sade. A rearangement of the works of the Marquis de Sade, Kitchener, Ainsworth Press, 1971

Blanchot, Maurice: A la rencontre de Sade, in: Les Temps Modernes, Okt. 1947

–: Lautréamont et Sade, Paris, Ed. Minuit, 1949

Bloch, Iwan (= Eugen Dühren): Der Marquis de Sade und seine Zeit. Ein Beitrag zur Kultur- und Sittengeschichte des 18. Jahrhunderts. Mit besonderer Beziehung auf die Lehre von der Psychopathia sexualis, Berlin, H. Bersdorf, 1906

–: Neue Forschungen über den Marquis de Sade und seine Zeit. Mit besonderer Berücksichtigung der Sexualphilosophie de Sades auf Grund des neuentdeckten Original-Manuskriptes seines Hauptwerkes ›Die 120 Tage von Sodom‹, Berlin, M. Harrwitz, 1904

Bonmariage, Sylvain: La seconde vie du marquis de Sade, Lille, Mercure de France, 1928

Breton, André: D.-A.-F. de Sade, in: Anthologie de l'humour noir, Paris, Jean-Jacques Pauvert, o. J.

Brochier, Jean-Jacques: Sade, Paris, Ed. Universitaires, 1966.

Brunet, Pierre-Gustave: Le marquis de Sade, l'homme et ses écrits. Etude bio-bibliographique, Sadopolis, chez Justin Valcourt, à l'enseigne de la vertu malheureuse, l'an 0000 (= Brüssel, J. J. Gay, 1866)

Camus, Albert: L'homme revolté, Paris, Gallimard, 1951
Camus, Michel: Les crimes du Marquis de Sade, in: Encyclopédie internationale du crime et de criminologie, Editoservice, 1975
Cerruti, Giorgio: Il marchese de Sade. La sua recente fortuna e gli ultimi studi critici (1958–1968), in: Studi francesi 13, 1969
Cohen, Henry: Biblio-iconographie des œuvres de Sade, in: Guide de l'amateur de livres à gravures du XVIIIe siècle, Paris, P. Roquette, 1886
Darnton, Robert: Les papiers du marquis de Sade et la prise de la Bastille, in: Annales historiques de la Révolution française, Okt.–Dez. 1970
Dawes, C.-R.: Le marquis de Sade, his life and works, London, R. Holden, 1927
Desmaze, Charles: Le procès-verbal de l'affaire Keller. Le Châtelait de Paris, Paris, Didier, 1863
Doyon, R.-L.: Du Marquis de Sade à Barbey d'Aurevilly, Paris, 1921
Flake, Otto: Marquis de Sade. Mit einem Anhang über Restif de la Bretonne, Berlin 1930
Gear, Norman: The divine demon. A portrait of the Marquis de Sade, London, Frederick Muller, 1963
Gorer, Geoffrey: The marquis de Sade, New York, Liveright, 1934
Heine, Maurice: Le marquis de Sade, hrsg. von Gilbert Lely, Paris, Gallimard, 1950
Henry, Charles: Le vérité sur le marquis de Sade, Paris, E. Dentu, 1887
Juin, Hubert: Les libertinages de la raison, Paris, 1968
Klossowski, Pierre: Sade, mon prochain, Paris, Le Seuil, 1947
Krafft-Ebing, R. V.: Neue Forschungen auf dem Gebiet der Psychopathia sexualis, Stuttgart, 1891
Lely, Gilbert: Introduction aux ›120 journées de Sodome‹, in: Mercure de France, Nov. 1957
–: Vie du marquise de Sade avec un examen de ses ouvrages. Bd. I: De la naissance à l'évasion de Miollans, 1740–1773, Paris, Gallimard, 1952; Bd. II: Les années libertines de La Coste au dernier hiver captif, 1773–1814, Paris, Gallimard, 1957
–: Leben und Werk des Marquis de Sade, Düsseldorf, Karl Rauch Vlg., 1961
–: Le marquis de Sade et Restif de la Bretonne, in: Mercure de France, Okt. 1957
Lennig, Walter: Marquis de Sade in Selbstzeugnissen und Bilddokumenten, Reinbek, Rowohlt, 1967

Pia, Pascal: Sade au XXe siécle, in: Carrefour, 20. Juli 1963
Praz, Mario: La carne, la morte e il diavolo nella letteratura romantica, Florenz, Sansoni, 1948
–: Liebe, Tod und Teufel. Die schwarze Romantik, München, Carl Hanser, 1963
Rabenalt, Arthur Maria: Theatrum sadicum. Der Marquis de Sade und das Theater, Emsdetten, Lechtle, 1963
Restif de la Bretonne, Nicolas-Edmé: Sur Sade, in: Le pied de Franchette, Paris, 1769
–: L'anti-Justine ou les délices de l'amour, Paris, La Bibliothèque privée, 1969
Ribadeau-Dumas, François: Le marquis de Sade et la libération des sexes, Paris, J. Dullis, 1974
Rousseau, Hervé: Le dieu du mal, Paris P.U.F., 1963
Sachez-Paredes, P.: El marques de Sade, un profeta del infierno, Barcelona, ediciones Guadarrama, 1974
Serra, Dante: L'avventurosa vita del marchese de Sade, Mailand, Cesdina, 1950
Siegert, Michael: De Sade und wir. Zur sexualökonomischen Pathologie des Imperialismus, Frankfurt/M., Makol, 1971
Thody, Philip: Der Marquis de Sade im Urteil der Literaturkritik und der Justiz, in: Der Monat, Febr. 1958
Ullerstamm, Lars: Les minorités érotiques, Paris, Jean-Jacques Pauvert, 1965
Villiers de l'Isle Adam, Antoine: Le sadisme anglais, in: Histoires insolites, Paris, Librairie moderne, 1888
Weiss, Peter: Die Verfolgung und Ermordung Jean-Paul Marats dargestellt durch die Schauspielergruppe des Hospizes zu Charenton unter Anleitung des Herrn de Sade, Berlin, Rütten & Loening, 1965

Personenregister